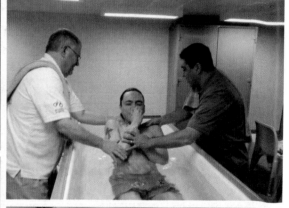

# RESCATADO
## ══ NO ══
# ARRESTADO

Historia Basada En La Vida Real De Roger Munchian

## H. JOSEPH GAMMAGE

Traducción Al Español Por

Luz Varela Melito

# ÍNDICE

**Parte 2: Dios Llama**

**Parte 3: Dios Refina**

**Parte 4: Dios Libera**

# RECONOCIMIENTOS ESPECIALES

Cuando Dios decidió construir su Nación llamó a Abram, cuando Dios quiso rescatar a su pueblo de la esclavitud, llamó a Moisés. Cuando Jesús vino a darle al mundo el mensaje de Salvación llamó a 12 hombres que no eran aptos para el trabajo. No estamos hechos para caminar el camino de la vida solos, y este libro no se escribió sin la ayuda de la oración y el apoyo de muchos guerreros humildes del ejército de Cristo. Tenemos mucha gente a quien agradecer, pero la lista sería interminable. Por lo tanto, quisiéramos hacer reconocimiento especial a las siguientes personas quienes ofrecieron su experiencia profesional de manera desinteresada, con oración, así como apoyo para que este libro fuera una realidad:

### Diseño Gráfico

Bonnie Terk .............................. Diseño de portada del libro, Desarrollo de Sitio de Internet y Blog de discusión

Ovadia Milan ........................... Foto del Autor

### Servicios Editoriales

James Veihdeffer ........................ Edición de Manuscrito - Versión en inglés

Nancy Gillespie .......................... Edición de Manuscrito - Versión en inglés

Pennie Gammage ....................... Edición de Manuscrito - Versión en inglés

Becky Self ................................. Edición de Manuscrito - Versión en inglés / Experiencia Técnica

Sandy Goudzward ...................... Edición de Manuscrito - Versión en inglés

Luz Varela Melito ....................... Traducción al español

Arturo Ochoa López ................... Traducción al español del Prólogo y capítulos I, II y III

Patricia López Urtaza .................. Edición del manuscrito en español del Prólogo y capítulos I, II y III

Verónica Vargas Vázquez ............. Formato del manuscrito en español del Prólogo y capítulos I, II y III

María Fernanda Caballero Arrona .. Edición de Manuscrito – Versión en español

Alejandro Varela Vidales .............. Edición de Manuscrito – Versión en español

Alexandra Varela de Madariaga ...... Edición de Manuscrito – Versión en español

## Apoyo con Oración

Grupo de Hombres de Rescatado No Arrestado
Grupo de Mujeres de Rescatado No Arrestado
Grupo de Voluntarios de Rescatado No Arrestado
Grupo de Estudio de la Biblia de la Comunidad Stetson
Tricia Coloma
Rick y Janice Wappel
Laura Domocos
Larrie Fraley

Quisiéramos dar gracias de manera especial a todos nuestros hermanos y hermanas encarcelados cuyas oraciones detrás de las rejas van más allá de lo que cualquiera de nosotros podamos imaginar en esta vida, ¡gracias! Nuestros corazones y oraciones estarán siempre con ustedes; que Nuestro Señor Jesucristo continúe bendiciéndolos y protegiéndolos en la batalla para alcanzar a los que están perdidos y traer Gloria a su Reino.

# INFORMACIÓN DE NUESTRO MINISTERIO

El Ministerio de Prisión de Rescatado No Arrestado (RNA) se hizo con el objetivo de llegar a los jóvenes y adultos que están presos, así como a sus seres queridos a través del Evangelio, cumpliendo así con lo escrito en Mateo 28:19-20, que es La Gran Comisión, y trabajando a través de métodos innovadores que no habían sido utilizados anteriormente. Adicionalmente, la oración y el deseo de RNA es el desafiar a la Iglesia Universal y enseñarles como acoger a aquellos que han sido encarcelados, incluyendo a exdelincuentes y ofensores sexuales, quienes son referidos como los leprosos de la Sociedad de hoy.

Para mayor información favor de visitar nuestro Sitio de Internet: www.rescuednotarrested.org o contactar a Roger Munchian por email: rogermunchian@rescuednotarrested.org, o por teléfono al 602-647-8325. Pueden también contactarnos por fax al 602-276-0666, o a través de nuestra dirección de correo en: 500 E. Southern Avenue, Phoenix, AZ 85040

Dios los bendiga.

Esta historia está basada en la vida real de Roger Munchian, perdido en una vida de drogas y violencia y después, llamado, purificado y salvado por la gracia y amor eterno de Dios.

Algunos incidentes, personajes y tiempos de la historia han sido modificados con propósito dramático y para proteger a gente inocente; ciertos personajes y eventos pueden haber sido modificados o completamente ficticios. Cualquier parecido con personas de la vida real, vivas o fallecidas, es una total coincidencia.

PARTE 1

# Dios Quebranta

# PRÓLOGO

**Phoenix, Arizona**
**Jueves, 25 de septiembre de 1997**
**1:35 a.m.**

. . . . . . . . . . . . . . . . . . . . . . . . . . . . . . . . .

El escuchó el sonido débil de un teléfono sonando, el pequeño chirrido que hace un teléfono celular; después una conversación frenética, ruegos en voz baja, pasos vacilantes pulverizando el vidrio quebrado. No podía ver, estaba ciego. Un lienzo de nylon, resbaloso y lleno del hedor de sangre y vómito, cubría su rostro. Detrás de él se alzó un olor a cerveza, matizado con la peste de excremento expulsado por el temor; sus manos débiles, como plumas, empujaron la bolsa de aire del volante y el mundo se reveló al mirar a través del parabrisas, viendo la luna del desierto eclipsada en las nubes negras lluviosas que flotaban. El mundo era una neblina de ruina a través de un parabrisas estrellado, con apariencia de telaraña.

Volteó la cabeza, en una bruma que pareciera de anestesia y miró a su alrededor, tratando de hablar, para llamar a sus pasajeros, pero sus palabras borbotearon en sus labios entumecidos. No tenía importancia, de cualquier modo, el carro estaba vacío.

Su mano medio muerta palmeó la manija de la puerta y escuchó la puerta abrirse, las bisagras estaban dañadas. No recordaba haberse desabrochado el cinturón de seguridad, pero de alguna forma lo había soltado con sus dedos entumecidos, los cuales no parecían existir; sus piernas estaban hinchadas, era difícil moverlas mientras trataba de salir con el volante chocado aplastándolo; sintió su pie izquierdo hundirse en algo resbaloso al pararse.

1

Sintió su cuerpo meciéndose, el viento del desierto parecía jugar con él. Se veía todo calmado, los restos del vehículo chocado en su lugar de descanso final, el aire de la madrugada tranquilo y fresco. Sus oídos zumbaban, su pulso se acrecentaba y golpeaba su cabeza. Sintió de repente un ardor fuerte en su ojo izquierdo y una capa gruesa distorsionó su visión; la limpió con su dedo y al verlo notó sangre.

Un fragmento de vidrio cayó del parabrisas trasero como un diente flojo de una mandíbula destrozada y se hizo pedazos en el pavimento. Roger comenzó a tambalearse tratando de salir del vehículo chocado pero su pierna izquierda cedió, cayó de rodillas, se levantó del piso cubierto de vidrios como pudo y volteó la mirada hacia arriba; fue entonces cuando la vio.

Allí estaba Alma, cubierta en sangre, boca abajo, su brazo izquierdo estirado sobre su cabello enredado y ensangrentado, como si estuviese tratando de alcanzar a Roger por última vez; su brazo derecho estaba torcido de manera horrenda por detrás de su espalda. Observó la figura curveada de su cintura, sus caderas las cuales había sostenido en la pista de baile hacía solo unas cuantas horas, caderas y piernas que entones se habían movido y girado con vida, ahora inertes, sin movimiento alguno. Rogó, en algún lugar recóndito de su mente por una señal de vida, un suspiro, un movimiento ligero de cualquier tipo, aunque fuese un quejido de agonía. Suplicó mientras se decía a sí mismo –¿a quién le suplicas?, ¿a quién?

–*Dios puede quedarse parado y mirar.*

–*¡Dios, por favor!* – Roger gritó dentro de sí mismo. Se puso de pie, sintiendo sus piernas como si fueran de hule, el suelo debajo de él parecía tambalearse. Intentó llamarla, decir su nombre, pero su rostro estaba adormecido, sangre seca mantenía sus labios fusionados. Un sabor rancio eructó de su estómago y un ardor, combinación de Vodka Absolut y jugo de naranja, le quemó la garganta. Su cabeza se inclinó y un salpicón de vómito rompió el sello de sangre de sus labios, lanzándose sin control desde su estómago al ver tal escena. Continuó vomitando aún después de que su estómago estaba vacío, al mismo tiempo que tenía visiones de ella en vida, visiones de ella muerta, visiones que no cesaban.

–*¡Dios, por favor!*

Se derrumbó en la defensa chocada del automóvil, apoyando su mejilla en el metal frío y estropeado de la defensa del carro; sus ojos estaban cerrados, trataba de sacar esta pesadilla de su mente, que desapareciera. Un espantoso sonido de angustia repentinamente llenó el aire de la noche y entonces se dio cuenta que el sonido salía de él mismo, eran sollozos incontrolables que torturaban la noche.

Abrió sus ojos de nuevo y la pesadilla empeoró, al otro lado del camino, otro de sus tres pasajeros, Marianna, estaba tirada entre el brillo de los vidrios rotos, como si estuviese sepultada en un féretro de diamantes incrustados, al lado del camino. Parecía como si lo estuviera mirando, con una expresión de asombro preguntándole: "¿Por qué?, ¿por qué?". Parecía que hacía solo unos momentos había visto su reflexión radiante en el espejo retrovisor, sonriente y enganchada en un gozo carnal absoluto con Jaxie Sosa en el asiento trasero, ese galán con hoyuelos pronunciados en las mejillas que ella había conquistado en el antro esa noche.

–¿*Por qué? ¡Dios, ayúdame!*

No sabía cuánto tiempo había estado parado allí. Casi de manera mecánica metió su mano ensangrentada a la bolsa de sus pantalones y sacó su teléfono celular, los números se veían borrosos en la pantalla rota, pero eran tres números sencillos de marcar: "Nueve-Uno-Uno"; una voz distorsionada se escuchó mientras sostenía el teléfono con su mano temblorosa y llena de sangre

–Operadora del Nueve-Uno-Uno.

Se puso el teléfono al oído.

–Yo...

–Nueve-Uno-Uno, lo escucho Señor, ¿cuál es la emergencia?

Roger sentía sus labios y su lengua hinchados.

–Hubo un acci... maté a dos personas. Un accidente de auto–. Su voz se oía titubeante y áspera por la bilis que había llenado su garganta momentos antes.

–Señor, ¿cuál es su ubicación?

Roger volteó a su alrededor, el mundo se veía como una bruma, el camino parecía haberse alargado de manera infinita, al norte y al sur. Ubicación, ¿cuál era su ubicación?

–¿Señor?

El cerró los ojos y los apretó, tratando de recordar, tratando de ver los señalamientos de tráfico, ¿dónde había estado? Vio el camino y sintió como si éste estuviera viniéndosele encima a doscientos kilómetros por hora. Sintió cuando Alma lo acariciaba, escuchó su risa, llena de energía y viva antes del accidente.

–¡*Dios, ayúdame!*

–… ¿Dijo que hay víctimas fallecidas? – La operadora interrumpió. El asintió con la cabeza.

–¿Señor?

Él contestó: –Ayuda, mande ayuda.

–¿Está usted herido Señor? –. Roger colgó preguntándose –¿*Estás herido?, ¿Por qué no estás herido?, deberías estar muerto… merecías estar muerto.*

Sus ojos se enfocaron en el choque, era curioso, estaba el vehículo parado, un montón de chatarra averiada, medio torcido, pero notó que estaba parado en la dirección correcta, en el carril que iba hacia el norte, mirando hacia el Norte; de no ser por las llantas ponchadas que lo habían imposibilitado de andar y el chasis destruido estaría manejándolo en esos momentos; estaría yendo a casa.

Comenzó a reír, no era una risa frívola sino una carcajada desesperada, un ruido abatido que hacía eco al vacío de un esfuerzo desgarrado, la última defensa tranquilizante de la mente para combatir la locura. Su casa estaba a unos cuantos kilómetros; unos cuantos kilómetros más y Alma habría estado riendo rodeada de lujos aterciopelados, en un parque de niños de tamaño King-size, brillando con vida y gozando del sabor de la frivolidad y la aventura carnal.

*Vida.* En vez de vida, yacía Alma en un sueño eterno en una losa fría de fragmentos de asfalto, en una violenta masacre y los elementos ásperos de una pesadilla, terminada de manera misericordiosa para ella, el principio de una pesadilla para él.

Fue entonces que sintió las lágrimas empezar a desbordarse por sus párpados inferiores, limpiándolas junto con la sangre que brotaba de una cortada de la frente que no había visto; su cuerpo temblaba, sus músculos se contraían, poniendo presión en partes de su cuerpo moreteadas y fracturadas. Sintió dolor, una señal de vida; una vida que no merecía ya más. Comenzaron las lágrimas como sollozos, cargados de pena, pero pronto se convirtieron en un llanto de instinto animal primitivo de angustia que llenó el aire, alzándose hacia los cielos. Se sumergió de nuevo dentro de los escombros de su auto chocado.

Vio sus manos, desplazándose en el piso del lujoso interior del auto, los vidrios cortando su piel mientras buscaba frenéticamente bajo el asiento del conductor, por allí tenía que estar, siempre estaba allí, la pistola de 9 mm de la que nunca se separaba, La tenía siempre en su funda, con el cargador cerca, siempre bajo su asiento; normalmente para su seguridad, para salvar su vida. Pero esta noche terminaría con su vida.

Su respiración agitada lleno el silencio del auto, no podía encontrarla, ¿dónde estaba?, ¡allí!, sintió algo en su mano, pero al ver lo que había sacado, a través de sus ojos llenos de lágrimas, reconoció la botella de cerveza verde de Heineken.

–¡Jaxie! – su tercer pasajero –¿dónde está Jaxie?

La imagen del último momento en que había visto a Jaxie regresó a su mente, viendo su cara de horror, con la boca abierta, en el espejo retrovisor, blanco de miedo y volteado hacia la ventana, con la botella de Heineken todavía en sus labios, viendo con incredulidad el muro de contención de cemento acercándose aceleradamente hacia ellos.

Prosiguió su búsqueda frenética, buscando alrededor del vehículo chocado, viendo cabello, sangre y vidrio hecho polvo, así como pedazos de carrocería. Descansando en un pliegue de la bolsa de aire del lado del pasajero, vio el aza de su maletín negro, lo tomó, el broche se había roto al salir volando desde el asiento trasero. Lo abrió, pero no estaba allí la pistola, había papeles del Seguro, contratos, una pluma, una libreta y un fajo de billetes de $100 dólares de una transacción reciente de droga.

Miró en la libreta y vio las huellas de sus dedos ensangrentados arrancar un pedazo de papel. Una nota. ¿los que se suicidaban siempre dejaban una nota, o no? Se tambaleó hacia el frente del vehículo, queriendo vomitar todavía, la vida pasándole por delante en una neblina. Estiró el pedazo de papel en el cofre abollado, y lo miró, la pluma en posición, lista para escribir... ¿escribir qué?, ¿qué debía decir?

Iba a volarse los sesos, tendrían que identificarlo... identificar el cuerpo, comenzó a garabatear su nombre: "HRACH MUNCHIAN"

¿Y ahora?, tenía que haber algo más. Agregó su dirección.

–Bien – pensó – saben a dónde vives... ¿qué?, algo, di algo...–. Su mano temblaba mientras escribía el único pensamiento que le venía a la cabeza, las últimas palabras con las que dejaría a este mundo –¡DIOS AYÚDAME!

Puso la nota bajo el limpiador del parabrisas y volteó a ver el camino, no había tiempo para encontrar la pistola; en algún lugar, hacia su casa, a la mitad del camino, sabía que había un puente, en desnivel, si podía llegar a él, se acabaría todo, terminaría la pesadilla.

Comenzó a trotar, su pierna izquierda punzándole, la adrenalina que le corría por dentro y el pensamiento de su destino con la muerte impulsándolo.

## 1:48 a.m.

. . . . . . . . . . . . . . . . . . . . . . . . . . .

En el cielo, rayos de la luna llena penetraban las disipadas nubes obscuras y Roger volteó hacia abajo a través de lágrimas teñidas de sangre, sus lágrimas le quemaban los ojos como carbón caliente, miró sus manos salpicadas de sangre; la angustia lo agobió de nuevo y detuvo sus pasos vacilantes y se dejó caer al suelo de rodillas, piedras y rocas incrustándose profundamente en la piel de su rodilla destrozada que parecía una ciruela podrida. Sintió sus labios momificados romper el sello de sangre que los había fusionado al mismo tiempo que un grito de agonía escapó de sus adentros, llenando el aire con un lamento inhumano que solo podría haber salido del lugar más recóndito del Infierno. Reviviendo la escena del crimen, viendo sus manos agarrar el arma del crimen: el volante del automóvil, sintió una gran impotencia, como si cayera de una ventana y descendiera en la nada, sin jamás tocar tierra, girando en sus propios gritos eternos de desolación. En el torrente de su llanto reconoció solo una frase, las mismas palabras que había escrito en su nota suicida y había dejado prendida al vehículo chocado en la escena del crimen:

–*¡Dios ayúdame!*

No podía borrar las imágenes de su mente, eternamente atormentado por las visiones de las vidas que había tomado en un simple momento de borrachera. Podía verlo claramente ahora, como si fuera un depravado, el momento exacto en que hizo impacto su máquina de precisión, la cual encapsulaba el orgullo de su insaciable sed de riqueza y poder, y se volvía en un arma de muerte, borrando dos vidas hermosas que habían sido tejidas por las propias manos de Dios.

–*¡Dios ayúdame!*

El pavimento a su alrededor de repente cobró vida con el baile de destellos rojos y azules. A lo lejos, detrás de él, escucho voces indescifrables, órdenes y comandos gritados a través de un altavoz y micrófonos de policía. Al voltear atrás sintió como su estómago se hundía al ver siluetas de policías saliendo de sus patrullas y desplazándose alrededor del vehículo para evaluar el daño del accidente. Se puso de pie, y apresuró el paso, necesitaba llegar al puente antes de que descubrieran que el asesino estaba a kilómetro y medio huyendo, no para salvar su vida, sino para asegurar su muerte.

El reflector del helicóptero iluminó su camino, Roger había estado en esa situación antes y había puesto resistencia, queriendo sobrevivir. Esta vez la luz era una ayuda a su intento de ponerle fin a las cosas, alumbrando el camino de arbustos y piedras del piso arenoso del desierto mientras trepaba cuesta arriba hacia el puente. Podía sentir el cálido aire del desierto girar a su alrededor, las hélices del helicóptero levantaban la arena al golpear el suelo, el polvo pegándosele a su sangre y sudor, cegándolo y convirtiendo sus lágrimas en lodo, sintió que tocó pavimento sólido, se limpió las lágrimas enlodadas de sus ojos, vio el barandal, al otro lado de la carretera, cruzando los cuatro carriles, y el puente, estaba muy cerca. En tan solo unos momentos la pesadilla se terminaría.

Ordenes distorsionadas fueron gritadas desde un altavoz, órdenes de detenerse, poner las manos sobre su cabeza y ponerse de rodillas, órdenes que conocía muy bien, órdenes de entregarse; pero no esta vez, esta vez solo se rendiría ante la muerte.

Continuó y comenzó a correr cojeando, el dolor extenuante de su rodilla pulverizada forzando un grito horrible que se elevó por encima del rugir de las hélices del helicóptero; a su izquierda y derecha escuchó rechinidos de llantas, destellos rojos y azules de patrullas iluminando el puente y más confusión acompañada de más gritos de órdenes:

–Deténgase donde está!

El barandal del puente parecía acercarse a él, a penas visible entre lágrimas nuevas que salían de sus ojos. Casi llegaba a su destino. Su corazón palpitaba apresuradamente, le faltaba la respiración; escuchó entonces el ruido de un ejército de pasos rápidos golpeando el pavimento, corriendo hacia él, pero sabía que no podrían alcanzarlo a tiempo.

–¡Perro Policía K-9 suelto!

Escuchó el gruñido de la bestia detrás de él justo cuando llegaba al barandal, sus manos tomándolo firmemente mientras se alistaba para saltarlo; sintió un dolor agudo como si una navaja filosa cortara su pierna cuando el canino hundió sus colmillos en su pantorrilla derecha. Sintió un alarido salir desde lo más profundo de sus pulmones, primero un llanto de dolor, después de desesperación mientras que la bestia zangoloteaba su cabeza y lo lograba hacer que soltara el barandal.

Entre el reflector del helicóptero que lo cegaba y las luces de las patrullas, vio varias siluetas de policías corriendo hacia él; trataba de sostenerse con su pierna lastimada mientras sentía un dolor extenuante que lo hacía sentir como que estaba a punto de quedar inconsciente, su desesperación por soltarse de la bestia se intensificó así que tomó con fuerza el barandal y jaló firmemente, arrastrando a la bestia que gruñía con él. Se llevaría al perro con él si era necesario.

–¡Quédese donde está!, ¡Deténgase!

Ahora estaban lo suficientemente cerca, podía escuchar el tintinear de las hebillas, el cascabeleo de las esposas y podía oler su sudor concentrado que provenía del estrés del trabajo de todo un día, mezclado con el remolino creado por el helicóptero que rondaba arriba. Jaloneó su pie fuertemente, dejando un pedazo de su propia carne en el hocico del perro policía K-9, pero estaba libre. Pudo escuchar el grito desesperado de los cazadores a punto de perder su presa mientras sintió sus piernas volar en el aire.

Las rocas afiladas, salpicadas en la salvia seca y follaje de espinas de la arena del desierto bajo él se iluminaron con el reflector del helicóptero, se acercaban rápidamente hacia él al ir cayendo sobre el barandal del Puente. Todo había terminado.

–¡Dios ayúdame!, ¡Dios ayúdame!

# CAPÍTULO I

**Los Ángeles, California**
**Sábado, 3 de junio de 1989**
**6:25 a.m.**

Hrach "Roger" Munchian se estaba arreglando para trabajar su turno del sábado por la mañana en el Banco Security Pacific cuando escuchó su beeper localizador sonar. Con la demanda tan grande por mota de calidad, bocinas de autos y autos robados, escuchar el beeper zumbando era mejor que el sonido de la caja registradora. Roger podía conseguir lo que fuera, muy rápido, y a un buen precio, y él tenía todas las mejores conexiones: Los pandilleros Crips, Bloods (Sangre), Armenian Power (Poder Armenio), Mexican Mafia (Mafia Mexicana). Todos tenía su número, todos ellos sabían que él les podía conseguir lo que quisieran; estaba bien conectado con los mejores proveedores de droga del área de Los Ángeles (L.A.), como Chico Martínez, quien normalmente no le prestaría atención a ningún muchacho como él, pero vio algo en él que le hizo pensar que el chamaco tenía futuro.

Roger no tenía que trabajar esa mañana, pero uno de sus compañeros cajeros lo había llamado, y él tomó el turno porque necesitaba el dinero; estaba todavía endeudado por dos mil doscientos dólares con sus padres, le prestaron el dinero para pagar la fianza para sacarlo de la cárcel del condado de L.A. Él tenía una buen fajo de dinero en su cajón de los calcetines, en gran parte cortesía de los dueños de un Jaguar y un Audi, quienes habían sido lo suficientemente amables de donarle sus autos en Sunset Boulevard la otra noche, pero él no se sentía bien de pagarles a sus padres con el dinero que consiguió al apuntar su pistola

Bulldog .38 y mostrar su encantadora sonrisa. Se había ganado $500 dólares por cada uno de los vehículos de lujo que había manejado del Boulevard a su taller desvalijador favorito, todo en un día de pago.

El arresto sucedió en Burbank. Roger era un estudiante de calificaciones perfectas, aprobado para recibir una beca académica para la Universidad Estatal de California: Cal State, en L.A., y todo sucedió el 24 de abril, solo un mes antes de la graduación de la preparatoria. Era su primera bronca, y no tenía idea de que era solo el comienzo de un viaje de ocho años que terminaría en la puerta de la Sala de Pena de Muerte.

Había pasado por un tramo perfecto de dos años antes del tropiezo que tuvo al no desconectar una alarma de un carro, lo cual le trajo su primer récord criminal y reveló una vida escondida detrás de la máscara de "estudiante modelo". Junto con su récord estelar académico, él también era un atleta titular y un violinista, segunda posición, en la orquesta de la preparatoria John Marshal. Era uno de los corredores del equipo de Fútbol Americano por su gran velocidad y consiguió estar en el equipo titular desde su segundo año de preparatoria. Pero ese también fue el año en que su compañero de equipo, Ernesto Sánchez, un jugador substituto con los pulmones horneados por su hábito de fumarse dos paquetes de cigarros Newport al día, le invitó su primer toque de mota. Y vaya que se sintió bien, un toque le restauró la autoestima, la cual había sido destruida injustamente al crecer como un inmigrante armenio.

Su Padre, Andranik, había aprendido las virtudes de sobrevivencia del vodka en el Gulag, un campo de concentración de la antigua Unión Soviética en Siberia, la botella era ahora su única versión del Sueño Americano. Su madre conseguía trabajo aquí y allá, apenas proveyendo suficiente comida en la mesa para mantener a Roger y su hermana. Pero las cosas mejoraron mucho cuando Roger aprendió la recompensa de traficar con cosas robadas y negociar drogas. Él se juntó con las personas correctas y aprendió el valor que traía el cargar armas y ser efectivo con ellas. Con la nariz respingada de su pistola Bulldog .38 o su pistola Smith .357, él podía robarse un carro en segundos y obtener una rápida ganancia de $500 dólares. Para el turno de la noche, el siempre traía un par de desarmadores a la mano y un bolsillo lleno de bujías; cuando veía un carro cargado con un buen sonido, quebraba una bujía en el pavimento y le tiraba un pedazo de la cubierta de cerámica a la ventana del carro, causando una implosión. Con un socio confiable parado en la defensa del frente del auto, él podía meter la mano, abrir el cofre y cortar los cables de la alarma antes de que ésta sonara para luego quitarle el estéreo en segundos.

Dos años sin arrestos se fueron por el escusado por ser descuidado y dejar que el idiota de Ernesto le dañara el plan. Ese idiota, parado ahí enfrente del cofre, muy intoxicado por la mota como para saber qué lado de las pinzas corta cable tenía que usar, dejó que la alarma del carro sonara por mucho tiempo mientras que Roger estaba quitando el estéreo del tablero. El descuido del drogadicto atrajo la atención y ahora se había convertido en un estudiante con calificaciones perfectas, jugador titular de Fútbol Americano con beca completa para la Universidad Cal State con un antecedente criminal.

Dio pasos hacia su buro rayado, al lado de su cama destendida, y vio el número en el beeper; no era uno que él reconociera, lo cual era siempre una buena señal porque usualmente era un cliente nuevo. Vistiendo pantalones y una camiseta blanca, caminó hacia la cocina y marcó el número.

–Tenemos una cuenta pendiente, cebolla.

Roger reconoció la voz inmediatamente, le apodaban Hondo en las calles, era un miembro de la pandilla callejera Armenian Power o A.P. Aun cuando Hondo se juntaba con una pandilla armenia, él no era uno de ellos. Usaba los colores de la pandilla, pero no compartía su etnicidad, era un europeo blanco, una basura, quien no pertenecía en ninguna otra parte. La A.P. era una pandilla nueva en L.A., no con tal reputación como la de los Crips o Bloods, pero su actual líder, Boxer, estaba determinado a llevarlos a las grandes ligas de manera rápida.

Roger había crecido con la mayoría de ellos, los tipos inmigraron al mismo tiempo que la familia de Roger a los Estados Unidos, la experiencia de la pobreza y hogares problemáticos los empujaban hacia el mundo de las pandillas. Los más letales, como Boxer, habían llegado después, las cicatrices de la fealdad de la guerra intensificaban su rudeza. Boxer permitía que animales híbridos como Hondo se unieran a la A.P. para hacer que la pandilla creciera. Hondo asumió que su afiliación con la A.P. le daba licencia para usar el nombre racista para los inmigrantes armenios: "cebolla", cuando le diera la gana.

La "cuenta pendiente" a la que Hondo se refería era el hecho de que Roger lo había descontado una semana antes de la graduación. Sucedió el último día de clases, Hondo y sus lacayos de la A.P. estaban sentados en su lugar usual afuera de la escuela, Hondo estaba molestando a un joven armenio llamado Ara para entretener a sus amigos. Roger se sintió obligado a defender a Ara, y con dos golpes terminó la bronca, el primero fue cuando le pegó a Hondo y el segundo cuando Hondo se cayó y se pegó con el pavimento. De ese modo Roger terminó la preparatoria como un héroe, defendiendo a un compañero armenio y descontando a un pandillero basura sin mucho esfuerzo. Hondo quería poder igualar el puntaje de la pelea.

–¡Hondo!, tú nunca llamas, tú nunca escribes, ¡se siente como si hubiera pasado una eternidad!, dime, ¿cómo están tu esposa y tus hijos?, ¿ya tienes la halitosis bajo control?

–¿Halitosis?

–El mal aliento, imbécil. ¿Acaso tengo que explicarte constantemente estas bromas Hondo?

–Tuviste un golpe de suerte, cebolla. Eso no me agrada mucho.

–Sabes, yo solo le permito a mis amigos que me llamen cebolla, y aún así, no estoy tan seguro de que me guste.

–¿Quieres hacer algo al respecto? Tú sabes dónde estamos siempre. Esta noche cebolla. No traigas a tus amigos, tú y yo solos, sin navajas ni fierros, mano a mano bato, ¿entiendes?

–Tú di la hora.

–A las ocho en punto.

–Me parece bien, tengo una cita a las ocho y cuarto; me toma cinco minutos acabar contigo y diez minutos para llegar a donde tengo que ir.

–¿Sabes lo que odio de ti cebolla?, que eres un uniceja y ésta se extiende a lo largo de tu frente. Yo te la voy a separar.

Hondo colgó el teléfono.

## Hollywood Boulevard
## 7:50 a.m.

El anuncio de un hot dog gigante, cebollas representadas por grandes cubos falsos, yacía sobre el restaurante Red's Hot Dogs (los Hot Dogs de Red), un restaurante de comida rápida que parecía una cabaña y estaba en la esquina de la calle Hollywood y Western. Un vidrio plexiglás antibalas marcado con grafiti, rodeaba el patio del restaurante con un anuncio que decía: "Estacionamiento en la Parte Trasera," y ahí se dirigió Roger. Al cruzar la calle estaba la gasolinera Texaco que la A.P. había tomado como su territorio.

*–Tú sabes dónde estamos siempre. –recordó.*

Roger miró la pistola Bulldog .38 que estaba en el asiento del pasajero de su auto Camaro

*–Sin navajas ni fierros, mano a mano–*

Pero el instinto le decía que la cargara. Iba derechito al territorio de la A.P., pero el honor estaba en juego. Su palabra era su garantía y había acordado no traer fierros.

Metió la pistola Bulldog debajo del asiento de enfrente y salió del auto. Una briza cálida de junio sopló y voló un pedazo de periódico hecho bola y un vaso de papel tirado hacia sus pies, metiendo sus dedos gordos en los bolcillos de su pantalón de mezclilla, camino hacia la esquina. La gasolinera Texaco estaba iluminada con una luz roja fuerte y blanco neón; a la vuelta de la esquina del edificio, Roger podía ver las sombras de los de la A.P. merodeando, no podía distinguir a Hondo en el grupo, pero lo que sí vio fue el auto "Low Rider" (un auto achaparrado) en el cual Hondo era paseado siempre por un tipo perdedor llamado Détox, estaba estacionado en su lugar usual. Détox, el dueño del auto estaba recargado en el cofre, bebiendo de una botella envuelta en una bolsa de papel arrugada.

Roger vio su reloj, las ocho en punto. Détox fue el primero en verlo y dejó su botella envuelta en el cofre, se apartó del auto, sacudiéndose migajas imaginarias de las manos, luego las extendió al frente, invitando a Roger a acercarse con una señal y con una sonrisa en su rostro que le dijo a Roger que no debía de haber dejado la pistola Bulldog atrás.

–¡Hey, Boxer! –gritó Détox –¡Tenemos visitas!

La atención de la A.P. se volvió hacia Roger mientras que él cruzaba la calle, ellos caminando juntos, deteniéndose en formación de una herradura alrededor de él mientras que el entraba en el estacionamiento. En la punta de la herradura estaba parado Boxer, con sus grandes brazos cruzados, con tatuajes de la A.P. en letras góticas que le cubrían los brazos gruesos como si fueran troncos de árbol.

–¿Andas cargado, hombrecito? –Boxer le preguntó.

–Estoy aquí para ver a Hondo.

–¿Hondo? –Roger sintió que se le hundía el corazón cuando vio a Boxer volteando a su alrededor con cara burlona –yo no veo a ningún Hondo aquí. ¿Tienes una cita?

Roger sintió que la herradura se cerraba mientras se acercaban a él y se dio cuenta que estaba en problemas. Los primeros golpes le llegaron por detrás, una serie de nudillos dándole puñetazos en las costillas bajas, empujándolo hacia la patada voladora que le marcó la famosa palomita de los tenis Nike en la frente. Sintió su corazón latiendo rápidamente, su adrenalina fluyó, tratando de mantenerse parado en su lugar mientras que se le acercaban rápidamente, Roger tiraba golpes desesperado, bloqueaba, se agachaba, protegiendo sus órganos vitales mientras se le amontonaban como una manada de chacales rabiosos destrozando a su presa. Escuchó mandíbulas quebrándose, dientes rechinando, costillas tronando, y pechos luchando por jalar aire mientras que él tiraba golpes fuertes y rápidos a todo lo que tuviera cerca, pero sus esfuerzos solo intensificaron el ataque salvaje.

Exhausto, incapaz de alzar los brazos, cayó de rodillas, luego varios golpes en la cabeza y al pecho lo tumbaron a quedar en una posición fetal. Los trancazos no terminaban, la golpiza pulverizándole los huesos, desgarrándole la piel, aplastando sus órganos internos. Roger sentía que el mundo se desvanecía a su alrededor. Luego se detuvo abruptamente.

Sintió que alguien se arrodillaba a su lado, agarrando su cabello con el puño y jalando su cabeza hacia atrás, consiguiendo su atención completa. Con el ojo que todavía no estaba cerrado de la hinchazón, Roger vio a través de una capa de sangre y pus y reconoció la figura borrosa de Hondo, viéndolo desde arriba con una sonrisa abierta como de un gato Cheshire. Roger escuchó un clic familiar y vio las brillantes luces del estacionamiento reflejarse en la navaja, seguido del débil ruego de su voz diciendo: "no" mientras que el filo de la navaja se le acercaba hacia la cara.

–Ahora te voy a separar esa uniceja, cebolla, así como te lo prometí.

–¡Córtalo desde la cabeza hasta la ingle Hondo! –escuchó la voz de Boxer a la distancia, resonando como si fuera la voz de Dios.

La navaja descendió lentamente, y sintió la punta cortándole la frente, exactamente entre los ojos, como Hondo lo había prometido.

En la distancia, las sirenas de la policía sonaban cada vez más fuerte, acercándose rápidamente.

–¡Déjalo Hondo, vámonos! –la orden de Boxer convirtiéndose en una voz de salvación.

En la distancia, los destellos azules y rojos de las sirenas de la policía bailaban en los edificios, mientras escuchaba cómo la navaja de Hondo se cerraba.

–Tuviste suerte esta vez, cebolla. –Hondo le dijo inclinándose cerca de la oreja de Roger, su aliento fermentado, desagradable e inflamable.

Los de la A.P. se dispersaron. Roger se puso de pie y se tambaleó hacia su carro. Sus rodillas se le doblaron y se desplomó en medio de la calle Hollywood Boulevard, los carros pasándole a alta velocidad alrededor del desastre de sangre en la calle. Cláxones pitándole, llantas rechinando, faros deslumbrándolo; gateó hasta el auto, dejando rayas de sangre que parecían líneas de carril de color rojo vivo que pintadas por empleados borrachos del equipo de carreteras. Logró jalar la manija y abrir su puerta, jalando el volante para ayudarse a entrar y sentarse en el asiento mientras que las llantas de carros policía rechinaban al pasar, dando vuelta para entrar en la gasolinera Texaco, las sirenas chillando y las luces girando. Roger movió la palanca de velocidad del Camaro y lo manejó hacia la calle, dando vuelta a la izquierda en el semáforo y alejándose del lugar mientras que otra patrulla lo pasó, yendo en la dirección opuesta. Con el ojo que no estaba lastimado Roger vio a la patrulla desaparecer en el espejo retrovisor.

Estaba a solo unas pocas millas de su casa. Sentado en un charco de su propia sangre, estaba seguro de que no la libraría.

# CAPÍTULO II

Roger no podía satisfacer su sed de venganza y ésta se intensificaba a medida que pasaba el tiempo. Su odio crecía mientras pasaba el resto del verano recuperándose de las heridas que Hondo y su banda de lacayos le habían infligido. Había tomado más de un mes para que el velo carnoso que estaba sobre su ojo izquierdo se deshinchara; su pecho, espalda y brazos se mantuvieron como una masa ampollada color índigo por varias semanas, sus tres costillas rotas le causaban una agonía asfixiante con cada aliento.

Aun cuando él estaba ocupado haciendo las preparaciones necesarias para comenzar su primer semestre en la Universidad Estatal de California en septiembre, la venganza absorbió todos sus pensamientos por el resto del verano. Se registró en sus clases, compró libros, organizó sus materiales y cargó su rifle automático Uzi, manteniéndola debajo del asiento del conductor de su auto, cada noche después de clases él se desviaba por la gasolinera Texaco, con la Uzi en su regazo, listo para llenar a Hondo de agujeros con balas de .9 mm, pero nunca podía identificar a Hondo en el grupo.

En una fresca tarde de octubre, con la luna llena en lo alto, sobre los montes llamados "Hollywood Hills", se encontraba sentado con Ernesto en la caja de la camioneta de su amigo. Las costillas de Roger habían sanado lo suficiente como para darse un buen toque del churro gordo de mariguana que Ernesto había enrollado.

–¿Tu oferta todavía está en pie? –le preguntó a Ernesto, pasándole el churro.

–¿De qué? –la mente confundida por la droga le había hecho olvidar a Ernesto la conversación que habían tenido menos de 10 minutos atrás–¿Qué oferta?

Roger le dio un golpe suave al churro, dejando que el humo se absorbiera lentamente en sus pulmones, la droga subiendo a su cabeza agradablemente.

–Como te estaba diciendo, estúpido –le dijo a Ernesto ofreciéndole el churro de vuelta–. Necesito a unos cuantos tipos, tú sabes, para respaldarme.

Ernesto tomo el churro, sacudiendo la cabeza.

–Oh, el asunto de Hondo. vaya, hombre.

–Sí, vaya, hombre.

–Bato, vaya hombre.

–Vaya hombre, ¿qué?, escúpelo estúpido.

–Vaya hombre, como que... ya se terminó, ¿no?

–Hondo y yo, no. No estamos a mano todavía. Yo solo necesito unos cuantos tipos respaldándome para poderme acercar lo suficiente a él y ponerle una entre los ojos.

Vio como los ojos rojos de Ernesto se enfocaron en la cicatriz donde Hondo lo había cortado con la punta de la navaja.

–Te ves como un hindú –Ernesto le dijo–. Tú sabes, el punto en la frente.

–¿Me vas a apoyar con esto, o tengo que ir a otro lado?

–Muy bien –Ernesto acertó con la cabeza–. Sí, no te preocupes. Ernesto te respalda en esta, conseguiré algunos tipos.

## Sábado, 21 de Octubre de 1989
· · · · · · · · · · · · · · · · · · · · · · · · · · · · · · · · · ·

Ernesto consiguió algunos tipos, juntó a seis miembros de una pandilla llamada "The White Fence" (La barda blanca), una pandilla de chicanos de L.A. dirigida por un fornido mexicano con dientes de oro, llamado Oso. Ellos estaban tomando y fumando afuera de la camioneta de Ernesto cuando Roger llegó en su Camaro.

–¡Nosotros podemos acabar con todos, hombre! –gritó un pandillero apodado Loco, el tipo estaba en un viaje de humo y con polvo blanco saliéndole de la nariz como si fuera humo de un dragón enloquecido. Este tipo estaba mal de la cabeza y Roger no quería que los acompañara, pero no tenía otra opción, necesitaba un buen número de cuates que lo ayudaran.

–Yo los puedo tronar fácilmente, hombre, pasamos rápido por donde estén y los tumbamos–. Dijo Loco al sacar una pistola calibre .22 de su chamarra

–Esa no es la forma en la que operaremos – dijo Roger–. Yo solo necesito fierro que me respalde para que yo pueda tronarme a Hondo, pero no le disparan a nadie hasta que Hondo golpeé el pavimento, ¿entendido?

Loco contestó: –¡No, hombre! ¡La A.P. se va pa' abajo hoy!, ¡todos!, ¡pa' abajo!

Roger se acercó a la cara de Loco y le dijo –Tú sueltas un balazo, y te hundo en el pavimento enseguida, ¿queda claro?

El segundo teniente de Oso, "El Lagarto", dio un paso al frente. Su cabeza era estrecha y reposaba sobre su cuello delgado y venoso, tenía los ojos saltones, aunque ninguno de ellos te veía directamente.

–No te preocupes, cebolla. Como tú dijiste, es tu trabajito. Lo entendemos amigo, pero si algo sale mal, yo te hago responsable.

Se subieron a sus coches, él se subió a su Camaro y los de la pandilla "White Fence" se subieron en la caja de la camioneta de Ernesto. Más adelante, vio el brillo del anuncio de la gasolinera Texaco al dar vuelta en la calle Hollywood Boulevard, sintió que le subía la adrenalina, vestía su gabardina que le llegaba hasta los pies, traía su escopeta calibre .12 marca Savage con el cañón recortado a un tamaño manejable de 18 pulgadas, con cinco balas dentro del tubo. Traerla a la mano, dentro de la solapa de la gabardina, lo hacía sentir invencible.

Cuando divisó el auto "Low Rider" la furia lo consumió de una manera irracional, el sonido de las llantas rechinando y el olor a llanta quemada convirtieron su furia en algo letal al entrar al estacionamiento de manera agresiva. Cuando Roger brincó del Camaro la pandilla A.P. reaccionó rápido, tomaron sus posiciones y lo miraron con ojos entrecerrados. La camioneta de El auto de Ernesto entró velozmente al estacionamiento y sus luces altas resplandecieron encandilándolos como el sol más fuerte del día, rechinando las llantas hasta detenerse. Los de la pandilla "White Fence" se bajaron de la caja de la camioneta, Roger tomó el frente, con sus secuaces atrás de él, esparciéndose de modo que parecían más de los que eran, escuchando la risa de tono agudo de Loco tras de él, tuvo una sensación enfermiza en su estómago pensando que la hora del principiante estaba a punto de matarlo.

–¿Dónde está Hondo? –gritó, ignorando la sensación que había sentido. Mantuvo sus dos manos en su costado, con la solapa de su gabardina abierta; sabía que tendría menos de un segundo para jalar el gatillo antes de que una lluvia de plomo de la A.P. se dirigiera hacia él.

Boxer no estaba ahí, lo cual era algo bueno, eso mantenía a los de la A.P. borrachos y desorganizados.

–¡Aquí estoy, cebolla!

Los de la A.P. se separaron tras la confusión mientras que Hondo salía de la multitud. Los dos tenían los ojos fijados uno en el otro, la mano de Roger se movió hábilmente como un pistolero entrenado, y un momento de entendimiento se reflejó en los ojos del loco de Hondo, dándose cuenta de que estaba a punto de que le separaran la cabeza de los hombros. Listo y con la escopeta marca Savage preparada, para cuando Hondo alcanzó la pistola que estaba fajada atrás de su espalda, Roger sacó la escopeta, apuntándola hacia el cielo mientras que cortó el cartucho antes de que la luz de la luna brillara en la pistola de Hondo.

Roger aún tenía la escopeta apuntando hacia arriba, aún no le apuntaba a Hondo cuando sucedió lo peor. Tras de él, la risita de hipo de Loco se escuchó hasta enloquecer, y de reojo pudo ver borrosamente a Loco, corriendo hacia la A.P., tirando balazos.

En un rugido de balazos y en la penetrante peste de pólvora, Roger se congeló, con la boca de la escopeta todavía apuntando hacia el cielo. Y observó atónito como el cuerpo de Hondo se contraía y convulsionaba con los golpes del plomo al caerse.

Era un rugido de balazos, destellos anaranjados de las armas animaban el grafiti pintado en un lado del edificio de la gasolinera Texaco. Con los balazos ahora viniendo de las dos direcciones, Roger se abalanzó por encima del cofre de su auto, escuchando gritos y alaridos de guerra sobre el rugir de la balacera.

Viendo por encima de su carro, Roger vio una ráfaga de plomo detener los pasos de Loco, se quedó parado, su risita transformándose en un chillido agudo mientras que las balas destrozaban su cuerpo, recordándole a Roger de la escena de la Película "Scarface" (El Precio del Poder) con el actor Al Pacino, donde Tony Montana estaba en la cima del mundo y las balas lo trituraban, pero aun así se rehusaba a caer.

La balacera se detuvo, las siluetas de cuerpos luchando en una neblina rojiza de humo y luz neón, escapando en todas direcciones. Escuchó unos gritos desde algún lugar, entre la bruma de pólvora quemada, voces de mando ladrando órdenes, pero las escuchaba distorsionadas por el zumbido metálico que rugía en sus oídos.

Una aparición sangrienta surgió de la neblina, con los brazos estirados, tambaleándose desarticuladamente hacia él. Los ojos de Loco, glaseados y completamente blancos, rogaban pidiendo ayuda, tenía una burbuja de sangre saliéndole de la boca, su playera blanca llena de sangre también. Colapsándose, lanzó sus brazos sobre los hombros de Roger, el peso completo del chico moribundo casi lo tumba al pavimento.

Las llantas de un auto rechinaron. De reojo pudo ver la parte trasera de la camioneta de Ernesto desapareciendo del estacionamiento, seguida por un coro de llantas que rechinaban y más gritos confusos. Con el olor de llanta quemada disipando la pestilencia de la pólvora, los autos cromados pasaron cerca de él velozmente y los destellos de los faros adornaron la calle Hollywood Boulevard, los motores aceleraban y rugían a toda máquina, el ruido resonaba en los edificios y el concreto de alrededor.

Jalando a Loco hacia su Camaro, lo aventó en el asiento del pasajero y tiró la escopeta Savage en el asiento de atrás. Deslizándose en su asiento tras el volante, metió el acelerador a todo lo que daba y se fue de ahí.

Manejó tres cuadras a ciento treinta kilómetros por hora antes de reducir la velocidad. El zumbido de sus oídos desapareció, y por primera vez escuchó el gargareo asfixiante que salía de Loco, el pecho del joven luchaba por jalar aire, sus pulmones esforzándose para respirar, su boca abriéndose y cerrándose con cada respiración forzada, sus ojos suplicaban, pero se estaban desvaneciendo.

–Eres un estúpido, estúpido — mientras pensaba– ¡eres un idiota!

Roger golpeó el volante, viendo hacia el camino. En alguna parte por ahí había un hospital, un hospital cercano, ¿dónde?, estaba seguro que sabía... y en su mente dijo: *"¡piensa, idiota!"*.

–*¡Piensa!* ¡Eres un *incompetente!* ¿Qué estabas *pensando?* mírate. ¡Solo *mírate* a ti mismo!

No estaba seguro de cómo había llegado ahí, pero más adelante vio el anuncio encendido con la palabra "EMERGENCIAS." Entró con el auto al medio círculo frente a las puertas de la entrada de la Sala de Emergencias y se bajó. Los ojos sorprendidos de la enfermera se abrieron cuando él entró corriendo por la puerta. Ella levantó el teléfono y pidió ayuda; sus ojos pasaron de conmoción a confusión después de que Roger sentara al ensangrentado paciente en una silla y saliera corriendo por la puerta.

–¡Estás solo ahora, tonto, estúpido, principiante loco! –decía Roger viendo hacia el espejo retrovisor mientras que el hospital quedaba atrás.

Las horas pasaron lentamente. Fue a un negocio de lavado de carros de autoservicio y limpió la sangre de Loco del asiento del pasajero. Su beeper había sonado varias veces, cada llamada era de Ernesto, con el mensaje: 9-1-1. Era su señal: "Mantente alejado. Mantente alejado el mayor tiempo que puedas."

Finalmente llegó a su casa antes de la media noche. Dando vuelta en su calle, un destello de Faros en su espejo retrovisor lo lampareó. El vehículo se estacionó atrás de él cuando se detuvo frente a su departamento. Agarró la escopeta Savage del asiento de atrás, apuntándola hacia la puerta, con el dedo en el gatillo, hasta que reconoció que la silueta era Ernesto.

–Hombre, te tienes que ir. ¡Te tienes que ir ahora Roger!

–¿Qué pasó? –contestó Roger.

–Noticias del hospital. Loco está muerto. *¡Muerto,* hombre!, Ya sabe Oso. ¡La pandilla "White Fence" te está haciendo responsable!

–*Pero es tú culpa, amigo.*

–Loco tomó una bala destinada para ti. El Lagarto le dijo a Oso que el trabajito era tuyo. Me han asediado toda la noche, preguntándome dónde vives. Andan por todas partes esta noche, buscando tu carro. Y la A.P. hombre, Hondo, él te va a cazar hasta encontrar tu cantón. ¡Es solo cosa de tiempo hasta que den contigo!

–Yo vi a Hondo caer – replicó Roger.

–¡Hombre, es un desastre! No sabemos a quienes quebraron. Solo que Loco ya no está, hombre. Y ahora tienes a Oso y a Boxer poniéndole un precio a tu maseta. ¿Roger, qué vas a hacer?

Había conmoción en sus rostros, pero no estaban sorprendidos. Las cosas tomaron sentido rápidamente al platicar con sus padres, a su Papá se le quitó lo borracho enseguida cuando Roger les dijo su historia, la que él asumió que creerían, y no había tiempo para debatir, él tenía que irse, tenía que irse esa misma noche. Si se quedaba, si no se iba en ese momento, estaría muerto.

–Yo me voy contigo –Las palabras sobrias de su padre lo sacudieron.

–No, Papá.

–Voy contigo, Hrach. En Armenia esa es la tradición, el padre sigue al hijo. Hrach, tenemos que hacerlo juntos –En el espíritu de la tradición armenia, como el vodka, siempre seguían ellos la tradición.

–¿A dónde? –La voz de su madre se resquebrajó entre lágrimas–. ¿A dónde se van?

–Yo no sé, mamá; lo único que sé es que no nos podemos quedar aquí. NO podemos quedarnos.

Empacaron en el auto de su papá lo que pudieron, se llevaron el Camaro a la casa de su primo y lo escondieron en su cochera. Siempre se había cuidado de no dejar que ninguno de sus camaradas supiera dónde vivía, pero todos conocían el Camaro negro y lo iban a estar buscando, y sabía que tenía que deshacerse de él lo más pronto posible, ya no podía estar relacionado con su auto ni con su vida en L.A.

Se dirigieron rápidamente hacia el Este en la carretera I-10 en el auto de su padre. Al pasar por la cima de un monte, vio el espejo retrovisor y observó el último centello de las luces de L.A. desaparecer en un vacío obscuro. Aún se sentía inyectado de adrenalina y no estaba seguro qué tan lejos ésta lo llevaría, esperaba que fuera la suficientemente lejos de ese lugar. Muy lejos.

# CAPÍTULO III

## Phoenix
## Mayo de 1990
· · · · · · · · · · · · · · · · · · · · · · · · · · · · · · · · ·

El cuello de Claudia Reynolds era básicamente un tubo de aire tapizado en un arrugado retazo de piel tan delgada, que prácticamente podía ver el humo del cigarrillo Virginia Slim fluyendo hacia sus pulmones cada vez que ella aspiraba el pitillo canceroso, dejando restos de lápiz labial en la colilla. Su cabello parecía de paja, con rayos color gris-plateado, estaba recogido en un chongo tan apretado que sus delgadas cejas se alzaban hasta la mitad de su frente arrugada. La blusa con encaje que ella vestía estaba muy escotada y dejaba ver su pecho sumido, dándole la apariencia de requesón podrido. No era la mujer que Roger se imaginó cuando vio por primera vez su anuncio clavado en un poste de teléfono diciendo: "Negocio En Venta. Califica fácilmente, gran potencial de éxito. Llama a Claudia Reynolds al 602..."

Phoenix era lo más lejos que él y su padre habían logrado llegar después de huir de L.A. Su padre estaba bien dormido en el asiento del pasajero cuando la luz del día apareció en el área montañosa del Valle de Phoenix. Roger se salió de la carretera I-10 para cargar gasolina y casi se quedó dormido mientras que llenaba el tanque. Al ver un Motel 6 del otro lado de la calle, decidió que ese era el punto más lejano al cual podía llegar.

Hizo amigos rápidamente, conoció a compinches de su tipo nuevamente: el grupo fiestero, los pandilleros, las chicas fáciles, los buenos autos. Con abundante cromo (autos), culo, droga y cerveza ilegal disponible en la Avenida Central, su calendario social del fin de semana

H . J O S E P H   G A M M A G E

estaba siempre ocupado y lleno de deleite carnal. A pesar de la tentación a su alrededor para comenzar a transitar droga de nuevo, decidió hacer las cosas legalmente. La vida criminal casi lo había matado.

Lo más cercano que estuvo de regresar a las andadas fue cuando un tipo llamado Frankie Richmond, miembro de una pandilla de batos que se hacían llamar "Dog Town" (Pueblo de Perros), se le acercó una noche en una fiesta en el desierto, percibiendo que Roger era un tipo que podía conseguir cosas. Frankie fue al punto, diciéndole que estaba buscando una carga de cinco kilos de mota para mezclarla y hacer Primo, mota combinada con cocaína. Roger sabía que él podía conseguir este tipo de peso fácilmente, y con droga de alta calidad, pero se negó, dañando de ese modo su relación con Frankie de un modo que lo haría arrepentirse en el futuro.

Su madre se había mudado de L.A. y se establecieron juntos en una casa en el área de West Valley. Roger se había conseguido unas llantas nuevas, un Mustang convertible. Después de asegurarlo, al salir del estacionamiento del edificio pequeño y deschistado de la Aseguradora West Side, ahí fue cuando vio el anuncio de Claudia, clavado en el poste del teléfono, anunciando que se vendía un negocio.

Roger pensó que al meter a su familia en este negocio donde calificabas de manera "fácil" y que tenía "gran potencial de éxito" él se convertiría en un hombre de negocios de nuevo, uno legítimo esta vez. Y él sabía que necesitaba algo legítimo, especialmente con personas como Frankie Richmond a su alrededor, tipos con dinero que buscaban tratos de una índole que podían atraer a Roger de nuevo a un negocio que lo había dejado con un alto precio por su cabeza en L.A. Entonces llamó al teléfono a la Señorita Claudia Reynolds.

Las cosas con Frankie Richmond llegarían a su tiempo, lo presentía, pero no se iba a preocupar por ello esta noche. Esta noche era la noche para legalizarse. Podía sentir escalofríos subirle y bajarle por la espalda mientras que estaba sentado ahí en la mesa de la cocina, Claudia Reynolds pasando papeles, documentos de negocios de verdad, del tipo que son escritos y revisados por abogados. Un cigarrillo Virginia Slim estaba pegado a su labio superior lleno de lápiz labial grueso y grumoso, revisaba cada documento entrecerrando los ojos a través de unos anteojos atados a una cadena, los anteojos se titubeaban en la punta de su nariz mientras les pasaba los documentos a sus nuevos clientes para que los revisaran.

Los dedos de Claudia con esmalte de uñas despostillado tomaron otro papel del montón que estaba frente a ella. Lo examinó por un momento, mientras que ríos de humo salían de sus labios estrechos.

–Este es el acuerdo estándar del pago del contrato de la propiedad –hablaba con un acento muy marcado, típico de Nueva York, y su voz se escuchaba como si alguien hubiera transformado su laringe en un dispensador de dulces y lo hubiese llenado de piedritas–. El pago mensual es de tres mil dólares por mes, como lo platicamos, ¿ves?, y lo deduzco del capital principal, después del pago de los intereses... eh... ¿sí lo comprendes, querida? –mientras volteaba a ver a la madre de Roger, quien estaba sentada mirando los papeles de manera perpleja, sobándose y apretando las manos. Su padre, Andranik, tenía la misma mirada incierta en sus ojos.

Roger se disculpó con Claudia y habló con sus padres en armenio, apenado por su dificultad para entender –Se llama un contrato de propiedad. Nosotros no calificamos para un préstamo para un negocio, por eso ella va a ser nuestro banco.

–Pero Hrach, el pago mensual, es mucho –dijo su madre.

Él le mostro la hoja de balance y le enseñó los ingresos promedio.

–Mamá, mira. La tienda de sándwiches "Choo-Choo" está ubicada en el medio de un complejo de oficinas; como dijo la Señorita Reynolds, atrae una muchedumbre para el desayuno y el almuerzo porque no hay casi nada alrededor. Yo puedo trabajar ahí en las mañanas para ahorrarnos el costo de contratar a alguien más. Y mira los números de las ganancias... casi el doble del costo del pago. Tendremos mucho de sobra. Podemos incluso dar pagos extra para pagar el balance.

Él podía sentir que Claudia se estaba impacientando.

–Necesito que firmes y pongas tus iniciales aquí, por favor.

Ella era excesivamente agresiva en los negocios y estaba ansiosa de tener el cheque en sus manos y cerrar el trato. Roger trataba de revisar todos los papeles, pero ella rápidamente interrumpía cuando él le daba vuelta a la siguiente página y le explicaba lo que decía. La verdad que él no estaba de humor para leer la letra chiquita, quería cerrar el trato. Ser dueños de su propio negocio les produciría una fortuna y estaba cansado de vivir de las sobras, sabía que podían estar mejor que lo que habían estado hasta ahora.

Tomó los papeles, firmó emocionado y le puso sus iniciales. Su madre y padre, llenos de obvias dudas, firmaron también, y él le dio el cheque certificado a Claudia por veinte mil dólares, todos los ahorros de sus padres; ella lo tomó ansiosamente con sus garras.

Sus labios se abrieron para desplegar una sonrisa de dientes amarillentos y extendió su mano huesuda para que la estrecharan. Roger estiró la mano y ella le dio un apretón húmedo y frío. Era como darle la mano a un cadáver.

–Déjenme ser la primera en felicitar –dijo con voz áspera– a los nuevos dueños de la Tienda de sándwiches "Choo-Choo". El pago debe depositarse el primero de cada mes, y cobro un recargo de diez por ciento por cada cinco días de retraso.

Roger estaba durmiendo tres horas por noche en promedio. Las ganancias de la Tienda de Sándwiches no se veían nada bien el primer mes. Después de los gastos de operación, el total recuperado de la tienda de sándwiches Choo-Choo estaba corto por más de dos mil dólares, y él tuvo que conseguir horas extra en su trabajo nocturno en la compañía de paquetería UPS para cubrir lo que faltaba. Los números empeoraron el siguiente mes, y terminó pidiendo un anticipo con las tarjetas de crédito de sus padres para poder hacer el pago.

La campanita en la puerta de la Tienda de sándwiches sonó y Fernando Núñez entró, vistiendo su camisa de franela, mal abotonada, con la parte de abajo de fuera y chueca, este era el uniforme de sus amigos de la pandilla "Hollywood 39". Caminaba chueco, lo cual pensaba él que lo hacía ver más rudo de lo que era. Era tan flaco como un popote, midiendo un metro y ochenta y siete centímetros, siempre con sus tenis Converse de tobillo alto, sucios. Según él era un experto del basquetbol y pasaba mucho tiempo con los afroamericanos, ganándose el apodo de "Negra Núñez."

Roger estaba preparando un sándwich de pastrami y estaba de muy mal humor.

–Hombre, este lugar es una morgue –dijo Fernando, dejándose caer en la mesa más cercana al mostrador. Sacó un paquete de cigarros Marlboro del borde de la manga, donde los tenía guardados, y se puso a fumar–. ¿Dónde guardas los cuerpos, en el congelador de atrás?

–No estoy de humor Fernando –embolsó el sándwich con una bolsa de papitas fritas y la aventó sobre el mostrador.

–Estaba hablando con mi amigo Nulfo. Hombre, él piensa que te vieron la cara con este lugar.

Arnulfo DeGarcía, a quien llamaban Nulfo, era un tipo creído que había empezado últimamente a pasar mucho tiempo por la Avenida Central. Se creía gente importante solo porque tenía algunos títulos de peso pluma de boxeo. El tipo tenía algo especial sin duda, la manera amable en la que trataba a Roger, haciéndole preguntas todo el tiempo, demasiadas preguntas de hecho. Roger no confiaba en él. Pero sabía que el tipo era inteligente, y de alguna manera, en lo más recóndito de su mente, sabía que algún día lo podría necesitar.

–¿Que sabe Nulfo de administrar un negocio? –preguntó Roger.

Fernando le dio un fuerte golpe a su cigarro.

–Todo lo que yo estoy diciendo es que él piensa que esta vieja murciélago vio a una familia de cebollas recién salidas del barco, que no saben nada y les vendió un limón. Sucede todo el tiempo.

–Los Armenios no llegan aquí en barco, imbécil, el último barco en Armenia fue El Arca de Noé. Nulfo es impredecible y tú lo sabes.

–Hey, él te haría un buen paro. Si quieres regresar al negocio, déjame decirte que este tipo puede descifrar que hay en un churro de mota, seguro. Una mirada rápida y una olida, y te puede decir lo que tiene en medio.

La puerta sonó y un hombre corpulento de traje de negocios entró, sudando por el calor de Arizona y por su gordura. Pagó por su orden para llevar y se fue.

–Esa es tu hora pico del almuerzo –dijo Fernando.

–Cállate.

Fernando se paró y volvió a meterse los cigarros en su manga.

–Me tengo que ir.

–Deberías conseguirte un abogado para que cheque a la tipa que te vendió este lugar. Hombre, yo creo que te vio la cara –dijo mientras miraba a su alrededor la Tienda de sándwiches vacía y sacudía la cabeza.

Roger de repente se dio cuenta que la renta casi se vencía, y si pagaba tarde, la Señorita Reynolds le cobraría un cargo de diez por ciento extra. Comenzó a pensar en Frankie Richmond, preguntándose qué tipo de trato estaría dispuesto Frankie a hacer este mes. Roger sabía bien que, con unos cuantos golpes rápidos, él podría sacar a su familia de esta mala brecha. Solo un par de negocios rápidos, eso era todo lo que necesitaba.

Pensó en Arnulfo. Sí, Arnulfo era inteligente, era alguien a quien seguir. Él era el tipo de persona que lo podría regresar al juego.

## Sábado, 17 de Noviembre de 1990
## 7:25 a.m.
. . . . . . . . . . . . . . . . . . . . . . . . . . . . . . . .

Sus horas de trabajo lo tenían exhausto, necesitaba dormir, lo necesitaba mucho. Sus ojos se le cerraban de sueño mientras manejaba hacia el Norte en la carretera I-17, camino a casa, después de terminar su turno nocturno en UPS, manejaba un vehículo diferente, éste era una camioneta Nissan color gris que compró después de voltear su Mustang convertible en el desierto a las afueras de un lugar llamado "Quartzite" el pasado abril.

El accidente con el Mustang sucedió durante uno de sus viajes semanales a L.A. con un amigo por la madrugada. Aun cuando había una recompensa por su cabeza, había continuado sus estudios en la Universidad Estatal de California, manejando a L.A. cada semana, quedándose cerca de la Universidad para evitar la amenaza del dolor de cabeza calibre .22 que le esperaba en su viejo barrio. Por la fatiga de su horario de trabajo de locos en el turno nocturno en UPS, y su trabajo en el negocio familiar "Choo-Choo", y sus estudios en la Universidad, había dejado que su amigo manejara mientras él se echaba un sueñito en el asiento del pasajero. Pero el idiota del amigo se quedó dormido y chocó el Mustang contra el terraplén.

Después de que los liberaran cortando el carro con una herramienta hidráulica, los rescatistas no podían explicarse cómo habían sobrevivido, diciéndoles que deberían de haber sido decapitados después de voltearse en un convertible y deslizarse por casi cincuenta yardas sobre el suelo áspero del desierto.

Esta vez levantó la mirada hacia la señal de salida, y apenas si pudo ver que decía "Salida 204", el velocímetro estaba borroso, la aguja brincaba de forma indistinguible, marcando más de 130 kilómetros por hora. Cuando sus ojos irritados regresaron al camino, vio la camioneta Ford F-150 del carril de en medio dirigiéndose hacia él velozmente. Dio un volantazo, pero no alcanzó a evitar el golpe. Su cabeza se estrelló en el volante al impactarse con la camioneta Ford, y el sintió que su camioneta se salía del camino mientras que la camioneta Ford giraba 180 grados y se derrapaba; observó humo azul saliendo de la parte inferior de ésta, atravesando dos carriles de tráfico, y deteniéndose en el carril de emergencias del lado izquierdo. Roger sintió que su camioneta giraba en el aire, miró por el parabrisas y vio que el muro de separación se acercaba rápidamente; cerró los ojos apretadamente, preparándose para el impacto, pensando que sería un milagro que un tipo sobreviviera dos de estos choques mortales seguidos.

Wesley manejaba por la carretera I-17 en su camioneta F-150 recién detallada, cuando sintió la sensación inevitable de impotencia mientras veía su espejo retrovisor y observó la parrilla de una camioneta Nissan gris acercándosele rápidamente. Su mente le dijo que acelerara, que se quitara del camino, pero su cerebro se apagó al segundo que su cabeza golpeó fuertemente el reposacabezas de su asiento, la camioneta Nissan embarrándosele en la parte trasera. Su cabeza cascabeleó contra la ventana de su lado, su camioneta comenzó a girar; escuchando sus llantas rechinar a lo largo de dos carriles, cláxones sonando, el tráfico entretejiéndolo. Lo siguiente que supo fue que al ver por el parabrisas pudo observar todo el espectáculo, se escuchó así mismo decir: "¡Uoooo!" mientras veía como la camioneta Nissan salía del camino, dando vueltas en el aire, chocando y atravesando la gruesa malla de alambre encima del muro de separación. El humo azul de sus llantas destruidas le bloqueó la vista momentáneamente, pero no antes de ver a un cuerpo volar a través del parabrisas mientras que la Nissan se derrapaba por el camino del lado contrario del muro, y él pensó: "Ese tipo está muerto. ¿Cómo voy a cobrarle al Seguro si este bato está muerto?"

# CAPÍTULO IV

Jim McFadden, dueño de la Aseguradora Westside, estaba sentado en su escritorio, leyendo el reporte del accidente. Volteó a ver al señor quien había ofrecido ayudar a su cliente. El cliente, Pablo Cabrera, había llegado de mal humor reclamando una cláusula pequeña en su póliza de seguros y no hablaba nada de inglés. El agente bilingüe del Sr. McFadden estaba enfermo y el tipo a su lado, Roger, todo golpeado y lastimado del accidente, ofreció ayudar y explicarle qué problema tenía el cliente.

Roger hablaba el español fluidamente y su modo de tratar a la gente hizo que Pablo se calmara. Roger y Pablo estaban sentados en una mesa pequeña de la oficina que estaba llena de papeles. Roger revisaba la póliza de seguros y le explicaba cada pregunta que Pablo tenía como si fuera un profesional.

Mientras tanto, Jim leía el reporte del accidente de Roger de nuevo, no podía creer que él hubiera sobrevivido tal accidente y estuviera allí en su oficina, haciendo su reclamo como si solo le hubieran dado un ligero golpe a su coche en el estacionamiento de un supermercado sobre ruedas. En su demanda había fotografías de la escena del accidente, lo que había quedado del Nissan gris era tan solo una masa de metal destrozada, llantas arriba, a la mitad de la carretera I-17. Había escombros de la camioneta que al volar sobre la barda fueron regadas por todo el camino: papeles, una bolsa de lona, bolsas de papel de comida rápida y un uniforme de guardia de seguridad. Eso, y armas, muchas armas.

Se veía en la foto el hoyo del parabrisas por donde Roger había salido disparado, un hoyo perfecto, como nunca antes había él visto, por lo menos no en un accidente de automóvil de alguien que hubiera sobrevivido.

Escuchó risas de los dos hombres en la mesa y cuando volteó vio a Roger y a Pablo darse un apretón de manos. Pablo se puso de pie y le ofreció una sonrisa a Jim que mostraba todos sus dientes, con incrustaciones doradas, después hizo una reverencia, muy agradecido, y dijo: "Gracias, gracias".

Roger se paró de la mesa y cojeó hacia Jim, echándose en la silla de madera frente a su escritorio.

–Pues, ciertamente es pérdida total –McFadden le dijo a Roger después de que salió Pablo. Le echó un vistazo de nuevo a las fotos, la camioneta había rebotado por encima de la pendiente de la barrera, había girado en el aire, y atravesado la malla arriba de la barda. La barda medía casi 23 metros de largo, después de ella había una pared de concreto sólida, elevándose a lo alto de la rampa de salida.

–¿Tienes ángeles de la guarda cuidándote o algo por el estilo? – le preguntó a Roger mientras apuntaba con el dedo a la foto. Pasaste a través de la barda, si hubieras golpeado al otro automóvil un milisegundo antes, habrías chocado con la pared de concreto sólida y estaríamos en estos momentos todavía tratando de remover pellejos de lo que habría quedado de ti de una hojalata aplastada.

Roger se quedó guardando silencio mientras McFadden terminaba la demanda. No había noticias buenas; McFadden podía ver a Roger temblando, visiblemente empezando a ponerse furioso. No sabía que iba a suceder pues este era un tipo que llevaba consigo bastantes armas y no parecía ser el tipo de hombre con el que querrías tener que lidiar cuando las cosas no salían como él quería, pero se le ocurrió una idea.

–Roger –dijo McFadden, pensando en la forma tan astuta en que había tratado a Pablo–. Mira, quiero expandir mi negocio. Solo tengo esta oficina, pero por la ubicación, la mayoría de mis clientes son hispanos; generalmente tengo a un empleado que ayuda con los clientes como Pablo, que no hablan inglés, pero es poco fiable. Quizás puedo contrarrestar algunas cosas en tu demanda si decides trabajar para mí.

Sonrió y soltó una carcajada como para alivianar el ambiente. Prosiguió.

– Oye, del modo que tú manejas puede ser que el negocio de Seguros esté hecho para ti.

# CAPÍTULO V

**Phoenix, Arizona**
**Jueves, 20 de diciembre de 1990**
· · · · · · · · · · · · · · · · · · · · · · · · · · · · · · · ·

Roger estaba impresionado de la forma en que el abultado cuello del abogado parecía tragarse el cuello de la camisa completo, con todo y nudo de la corbata. Traía unos anteojos que descansaban en la punta de su nariz, llena de manchas rosáceas. Era un abogado caro y sin escrúpulos. Mientras contemplaba los papeles gruñía al pasar las hojas; sus dedos gordos y gruesos golpeaban el escritorio de caoba. Atrás del escritorio, a través de las ventanas con tinte dorado podía ver cómo caía la bruma de invierno sobre las calles del Centro de Phoenix y el tráfico que había veintitrés pisos abajo.

El abogado gruñó una vez más al terminar de leer los acuerdos financieros en la pila de hojas, sacudiendo la cabeza y quitándose los anteojos. El pañuelo, que sacó de la bolsa superior de su camisa para limpiar los lentes de los anteojos, tenía el mismo coordinado de tela de su corbata que descansaba sobre su pecho, el cual parecía dos grandes montículos.

–Inmigrantes –dijo el abogado–. Siempre van detrás de ellos.

–Pues no llegué a este país ayer –contestó Roger.

El abogado metió el pañuelo a la bolsa de su camisa de nuevo. La placa de metal en su escritorio en letras doradas leía: "Sidney A. Lieberman". Lieberman había sido recomendado por McFadden. Era un abogado que cobraba honorarios altos y trabajaba desde una oficina fanfarrona en un rascacielos del centro de Phoenix. Había accedido a ver el caso de Roger como un favor a McFadden. Roger era el protegido

35

de McFadden ahora, le había estado enseñando todo el negocio de los seguros en las últimas semanas.

Roger trabajaba arduamente, llegaba todos los días con bolsas bajo los ojos y McFadden le preguntaba si dormía por las noches. Finalmente, un día, Roger decidió sincerarse y contarle del negocio familiar. La tienda de sándwiches "Choo-Choo" seguía perdiendo dinero y él parecía estar envejeciendo rápidamente tratando de mantenerla a flote; fue entonces que McFadden le recomendó que fuera a ver a Lieberman.

–¿Hablan inglés tus padres? –le preguntó Lieberman.

–No, no mucho –contestó Roger.

–Entonces son inmigrantes, presa fácil para Miss Claudia Reynolds. Vienen a Estados Unidos de América a buscar el sueño americano. Gente mugre como Claudia los detecta y espera. Pone un anuncio como anzuelo, generalmente busca "frijoles" pero esta vez encontró a unas "cebollas", solo uno de ellos puede hablar inglés, su hijo de dieciocho años…

–Diecinueve, cumplo veinte años en dos semanas.

–… Muy bien, diecinueve, casi veinte. El chamaco se ve lo suficientemente inteligente pero todavía está joven. Ella utiliza palabras rimbombantes y números, quizás él pueda descifrarlos. Se ve que eres inteligente, lo puedo ver.

–Sí, soy bastante inteligente para ser una cebolla.

–¿Cómo diablos fue que apodaron a los armenios "cebolla"?, "frijol" es por las taquerías, lo entiendo. Pero, ¿cebolla?, ¿por las cejas frondosas?, no lo entiendo. De cualquier forma, esta tonta sin cerebro, Claudia, se aprovechó de tu lado joven y ansioso de triunfar, querías que te fuera mejor. El riesgo no le asusta a este cebolla joven, tan listo y ansioso de ser dueño de un negocio. Ella infla los números para que se vea el negocio muy prometedor, toma el cheque, te felicita por ser un hombre de negocios nuevo, un semental y mira, que bien les ha ido a tus padres al tenerte.

Lieberman señaló una firma de las solicitudes, salpicando el nombre en garabatos de Roger con la grasa de lo que había comido para el almuerzo, algo con cebollas y repollo, al menos eso supuso Roger, por el hedor que despedía.

–Te dijo firma aquí y aquí… ¡bum!, ya estuvo. Mira, lo que

normalmente debes hacer es una auditoría de libros por un Contador Público –Lieberman señaló otra línea del contrato–. Mira aquí, tienes la firma de su Contador; fue por eso que pensaste que este negocio era legítimo. Una consulta independiente habría mostrado que esas ganancias totales disminuirían por debajo de tu pago mensual con los costos de operación. Así opera ella, si no puedes cumplir los pagos, de acuerdo al contrato, ella decomisa la propiedad. Y así va tras la siguiente víctima. Pide veinte por ciento de pago inicial y decomisa el negocio de dos a tres veces por año.

Lieberman deslizó el papel por el escritorio y recargó su pesado cuerpo en la silla antigua.

–El contrato es sólido, muchacho. Podrías gastarte una fortuna en honorarios legales, quizás podrías tratar de agarrarla por fraude, pero para lograrlo, tenemos que comprobar que hubo premeditación. Ella puede culpar a su Contador por cifras equivocadas en las ganancias, decir que lo despidió y al fin del día, seguirías teniendo un negocio en ruina y estar "hasta la ceja" en honorarios legales. Lo siento, hijo; ojalá pudiera hacer más por ti, tómalo como una lección de vida, ¿sí?

## Viernes, 4 de enero de 1991
## 10:25 p.m.
· · · · · · · · · · · · · · · · · · · · · · · · · · · · · · · · · · · · ·

La borrachera que traía se sentía a gusto y lo relajaba lo suficiente para calmarle el enojo, pero estaba atento y listo para lo que iba a suceder esa noche.

La novia de esa semana, una pieza buena de carne llamada Angie, había hecho una buena preparación para su cumpleaños de veinte años; los de la pandilla de la Avenida Central y sus amigos de la colonia estaban todos allí en casa de los papás de Angie, la fiesta estaba tan concurrida que se extendía desde la casa hasta el jardín de enfrente. Los barriles de cerveza estaban listos para bombear la cerveza y los ritmos de la música hip-hop retumbaban fuertemente desde donde estaba el DJ, quien había sido contratado para la fiesta por su novia, era un DJ de primera clase llamado Sallie Tunes; había puesto la música cerca de la alberca.

El enojo de Roger se había arraigado profundamente desde que el abogado le había dicho cómo estaban las cosas realmente y que había sido víctima de una vieja fumadora de cigarros Virginia Slim con un escote de queso cottage y dueña de un fraude de bienes raíces de clase alta que cualquier idiota debió de haber visto venir, pero estaba de acuerdo en que se había mostrado demasiado ansioso; le encantaba el dinero y siempre lo había querido tener de forma rápida y en grandes cantidades. Le había llegado de esas dos formas con la ruta que había elegido antes pero el problema era que esa ruta casi lo había dejado lleno de plomo de parte de la pandilla en el Boulevard Hollywood y con un alto precio sobre su cabeza, así que había jugado limpio por poco más de un año, siguiendo las reglas, manteniendo su nariz limpia, caminando sobre una línea delgada en lo que él consideraba el lado correcto de la ley, y, ¿a dónde lo había llevado esto?, a que le viera la cara una mujer vieja y había perdido bastante.

Pero no iba a permitir que le sucediera de nuevo y las cosas iban a cambiar esa misma noche. Iba a empezar con Arnulfo, el tipo que estaba listo para dar un paso hacia él, el tipo que estaba a dos pasos de estar del lado incorrecto de la pistola de Roger.

Sentía que Arnulfo lo había estado observando de cerca toda la noche, sentía cómo estaba contando las veces que Roger había visitado el barril de cerveza, así como el número de toques que le había dado a la droga Primo. Para desconcertarlo Roger había hecho unos cuantos viajes extra al barril y luego había tirado el contenido de su vaso en la maceta más cercana. También se había formado en la cola para el churro y había hecho como que fumaba y aspiraba para despistarlo. Al pasar la noche observó cómo Arnulfo se escapaba por la puerta trasera de la casa cuando pensó que Roger estaba distraído.

Lo siguió a una buena distancia, viendo cómo Arnulfo iba por la calle hacia donde Roger había estacionado su camioneta nueva. Quizás sintiendo que alguien lo espiaba o simplemente tratando de ser cauteloso, Arnulfo se desvió por la banqueta en la dirección opuesta de la camioneta y desapareció en una hilera de matorrales.

Arnulfo no estaba seguro si alguien lo estaba vigilando, pero se desvió y dio la vuelta a la cuadra para llegar a su objetivo desde un ángulo diferente para estar más seguro. Los últimos seis meses había estado checando a este tipo, Roger Munchian, muy de cerca; lo habían apodado "Roger Rabbit" (El conejo Roger) desde que había puesto una calcomanía del conejo de la película: "Who framed Roger Rabbit?" (¿Quién engañó a Roger Rabbit?) en la defensa de su camioneta nueva. El tipo se veía agradable, siempre distanciado y alejado del juego, pero Arnulfo sabía bien que había sido jugador anteriormente. Pensó que si podía descubrir dónde dormía por las noches, dónde operaba, podría tomarle la medida. Le gustaba especialmente cómo había arreglado su camioneta nueva; ¡oh, sí!, y allí estaba, estacionada bajo el faro de luz, la Pick-up Nissan color marrón, la camioneta Roger Rabbit, viéndose como si mereciera estar en un cuarto de exhibición de autos cuando la luz destellaba en el cromado del auto.

Arnulfo sabía que Roger era un hombre de clase y que habría invertido una seria cantidad en su camioneta al sacarla del lote de autos, vistiendo las llantas con unos rines de plato hondo, marca Dayton. Dentro del auto, las bocinas retumbaban agradablemente con el sistema de estéreo marca Alpine, y la camioneta completa se veía muy atractiva con sus rayas laterales recién pintadas. El toque que le daba una personalidad única era la calcomanía del conejo "Roger Rabbit" en la defensa trasera y cuando los amigos la veían en la Avenida Central, con las bocinas retumbando con la música, el cromado reluciendo y las chicas trepándose al asiento trasero, todos aclamaban a "Roger Rabbit". Era todo un éxito, y lo que estaba "muy loco" era lo que Roger le había hecho a la parte trasera, había pagado para que con pintura le agregaran la letra "I" antes de la marca "NISSAN" y una "E" al final, convirtiendo a "NISSAN" en "INISSANE" ("insane" en inglés significa: loco o descabellado). Roger era un tipo descabellado.

Arnulfo metió la herramienta para abrir coches en la apertura entre la puerta y la ventana del pasajero y abrió la puerta en un segundo, sin raspar la pintura en lo más mínimo. Se metió al coche rápido, asegurándose que la luz interior del domo fuera solo un destello y comenzó a trabajar en la obscuridad, tentando en la parte inferior del tablero. Sabía bien que Roger había instalado un compartimento secreto donde guardaba efectivo, droga o alguna de sus armas. Trabajaba sin prisa y sin preocupación alguna, asumiendo que Roger ya estaba dormido a esa hora o en la cama con su nueva conquista, Angie. La manera en que estaba entrándole a la droga esa noche revelaba lo fuera de la jugada que se había sentido últimamente por lo que le había hecho la tipa esa, viéndole la cara con el negocio de la Tienda de sándwiches "Choo-Choo", lo cual lo hacía verse realmente mal, verse como cualquier otro inmigrante tonto.

Su mano dejó de palpar cuando la luz del domo se prendió, para cuando volteó hacia arriba estaba viendo el cañón de una pistola Mágnum .357, la uniceja de Roger con la frente arrugada y con una mirada seria viendo por el ojo de la pistola, tratando de determinar cuál era el mejor punto en su frente para poner la bala. No importaba realmente a donde le apuntara, la Magnum .357 le iba a volar la cabeza por completo.

# CAPÍTULO VI

Hubo silencio en el auto, el tipo por fin se calló mientras Roger manejaba, una mano situada a las doce en punto del volante, la otra en su muslo, apuntándole directo al pecho de Arnulfo, con su dedo en el gatillo. Le había dicho que se levantara de donde estaba debajo del tablero, señalándole con la pistola hacia el asiento del pasajero, le dijo que se sentara, que se pusiera el cinturón de seguridad y que irían a pasear. Y fue en ese momento que las facciones morenas de Arnulfo se pusieron pálidas y empezó a lloriquear.

–No, hombre; ¿así es cómo operas?, vas a acabar conmigo en algún lugar del desierto, ponerme una bala en la nuca y, ¿dejarme boca abajo en la arena? Solo termina conmigo aquí mismo, ¿sí?, termina conmigo en donde vivo, ¡no en los matorrales donde terminaré siendo excremento de coyote! –y así siguió y siguió hablando por media hora, mientras Roger manejaba, sin decir una palabra. Eventualmente se calló y se quedó sentado en silencio, viendo a través del parabrisas. Roger sabía que el tipo estaba a punto de ensuciar sus pantalones, preguntándose qué tan lejos en el desierto lo iba a llevar antes de meterle una bala en el cerebro.

–¿Tienes hambre? – dijo Roger al ver los arcos dorados de un McDonald's en el camino y dio vuelta en el estacionamiento, yendo hacia el autoservicio.

–¿Qué, me vas a comprar una última comida?, ¿qué no debería de ser un bistec o algo así?

–Lo más cercano es una hamburguesa de un cuarto de libra de carne con queso.

–Prefiero una "Big Mac".

Estaban estacionados en el terreno medio vacío, Arnulfo tragándose el último cuarto de su "Big Mac", sus dedos brillosos de la grasa de las papas a la francesa, sintiendo que la sangre le regresaba a la cara, y dándose cuenta que quizás ésta no sería su última comida.

–Traté de hacer las cosas derecho, más de un año lo he estado intentado –le contaba Roger, comiéndose su hamburguesa de un cuarto de libra de carne con una mano, todavía sosteniendo la pistola con la otra mano– A ver, ¿a dónde me estaba llevando la vida criminal, eh?, vi a un tipo caer con una bala que era para mí y aún así pusieron un precio alto sobre mi cabeza. Ahora tengo que cuidar mis pasos en ciertos lugares a donde voy para que no me pongan a dormir una siesta permanente.

–¿Sí?, ¿en dónde sucedió eso? –preguntó Arnulfo, sabiendo que Roger podía ver que su cara mostraba esperanza en la reflexión de las luces del tablero.

–No importa y no te pongas lindo.

–Perdón, es un mal hábito.

–Eres un tipo que sabes maniobrar, eso lo puedo ver; y te ves como un tipo que puede defenderse. Te he visto moverte en el cuadrilátero. ¿Peso pluma?

–Sí, pero estoy buscando un gimnasio nuevo. Todo lo que me toca donde entreno es un montón de cachorros con pies planos; he estado tratando de pasarme a donde entrena mi hermano menor, pero no tengo la influencia que él tiene.

Arnulfo estaba muy orgulloso de su hermano, Gerónimo DeGarcía, un competidor Olímpico peso pluma. Sintió que necesitaba un toque para calmar sus nervios, así es que lo sacó de la bolsa de la camisa, tratando de no hacer movimientos bruscos, sabía que la pistola aún estaba apuntándole al corazón. Lo prendió con su encendedor desechable y le ofreció una fumada a Roger, pero él lo rechazó.

–Y, ¿ahora qué?, ó, ¿siempre les invitas la cena a los tipos que tratan de robarte el auto? ¿Es un ritual antes de dispararles?

–Tengo una propuesta que hacerte.

–¿Ah, sí?, me pillas tratando de robar tus pertenencias, me traes hasta acá apuntándome con una pistola, y ahora quieres hacer un trato?, me suena muy loco. Supongo que por eso le pusiste esa palabra a la parte trasera de tu camioneta.

Podía ver que Roger estaba a punto de volverse loco, listo para reconstruir su red de contactos de manera descabellada. Después de que se burló de él Claudia Reynolds, sabía que Roger había decidido que nunca más le pasaría algo así. Nadie iba a pasar sobre esa cebolla de nuevo, Roger los pondría en su lugar, les mostraría de lo que era capaz, lo que el loco de "Roger Rabbit" podía hacer. Ese era él ahora: ¡El Loco!

–Primero, déjame te aclaro algo, entre tú y yo, ¿está bien?

–Está bien.

–Nadie se mete conmigo Nulfo, ¿lo entiendes?, nadie se mete conmigo. Nadie se mete con mi camioneta, nadie se mete con mis cosas. Has estado intentando encontrar el ángulo, tratando de acercarte a mí, tratando de descubrir dónde duermo por las noches, escogiendo el momento apropiado para robarte mis cosas. Hoy hiciste tu jugada y podría haber salido muy mal para ti, ¿lo entiendes, verdad?, quiero que eso te quede bien claro. Nadie se mete conmigo. Ese acto ya me lo conozco, no es nuevo para mí, ¿eh? Así es que dejémoslo ahí y pasemos a hablar de negocios.

–Hey, Roger, hombre. No sé dónde…–pero no terminó porque Roger lo interrumpió.

–Eres inteligente Nulfo. Eres bueno en lo que haces, pero no eres tan bueno como yo. Es como cuando estás en el cuadrilátero; yo sé que te mueves y golpeas muy bien. Allí tú sabes qué hacer, pero en la calle, uno a uno, tú y yo, te entierro.

Miró a Roger, sintiendo el instinto que ardía en sus ojos resentidos, sabía que Roger presentía que estaba a punto de brincar desde el asiento del pasajero para probar que estaba equivocado. En el silencio de una total comprensión entre ellos, lo pensó dos veces, midiendo a este cebolla chiflado y pensando en la pistola; le dio un toque al churro y exhaló por la ventana.

–Sí –dijo–. Seguro que lo harías, y, ¿qué tienes en mente?

–Entiendo que eres un tipo que sabes escoger mariguana de calidad.

–Sí, conozco mi ganja (mariguana); también conozco mi nieve (cocaína) y mi cristal (metanfetamina).

–Yo no hago negocio con Coca o Metanfetamina.

–Hay buenas ganancias en ambos, especialmente en el cristal.

–La metanfetamina pudre la cara y vi a un tipo morirse al aspirar un montón grande de coca. No gracias. Solo un poco de coca para hacer Primo y hasta allí.

Roger le explicó que necesitaba empezar a crear una base de proveedores de mariguana. Le dijo que quería mantenerse alejado de sus conexiones en Los Ángeles y tener un buen equipo allí, que quería lograr tener una reputación de ser alguien que ofrecía producto bueno rápido y para eso necesitaba un buen Gerente de Calidad.

–Y de productos, ¿qué mueves? -le preguntó Roger.

–Videocaseteras, estéreos, llantas, algunas veces joyería, pero no siempre. No me gusta mucho robar joyerías pues los policías responden pronto a las alarmas en una tienda de joyería. Las tiendas Blockbuster son mi mejor blanco, entro y salgo en quince minutos, mientras que los policías llegan en veinte minutos.

–¿Qué tantas veces a la semana haces "trabajos"?

–Oh, no sé, varias, supongo. Unas cuantas veces al mes, supongo. Ya sabes, cuando necesito el dinero lo hago.

–Puedo organizar un grupo de clientela que te mantendrá ocupado cada noche si así lo deseas.

–¿Cada noche?

–Es un buen objetivo que alcanzar. Necesitas tener una meta Nulfo; no puedes hacerlo de manera aleatoria solo porque necesitas la lana. Necesitas un objetivo, de otra forma te lo fumas, te consumes en lo que tienes almacenado y en algún momento terminas como todos los batos sin cerebro que hay por aquí.

Nulfo se terminó el resto del churro y lo lanzó por la ventana, manteniendo lo que inhaló hondamente en su pulmón y pensando para sí mismo: "¡Oh, vaya, cada noche!"

–Bueno, así es cómo lo vamos a hacer –escuchó a Roger decir–. Instituimos un sistema de beeper, un código numeral, digamos que termino una llamada en algo como "9-5"; eso quiere decir que tengo una orden para cinco videocaseteras, ¿sí? El nueve significa videocasetera y el cinco la cantidad. Si empiezo con ocho, eso quiere decir un estéreo de auto. El seis son llantas. El cinco un Cadillac Eldorado…

–¿Eldorado?, ¿qué?, ¿quieres que me meta a robar a un lote de autos Cadillac?, ¿manejar el auto cruzando el vidrio de la galería de exhibición?

–¿Nunca te has robado un auto en el camino?, ¿a punta de pistola?, ¿sin cablear el coche meterte de un estacionamiento por la noche?

–No, nunca me he llevado un auto así.

–Es una buena habilidad que aprender. ¿Cómo eres con la pistola?

–Soy mejor con los puños.

–Vas a tener que aprender a manejar armas, aun si no eres tan bueno disparando, por lo menos debes de verte como que puedes darle a alguien un caso serio de envenenamiento de plomo. ¿Qué opinas?, ¿estás de acuerdo con todo esto?

Arrugó el papel de la hamburguesa en bola y lo aventó por la ventana, estiró su mano grasosa para estrechar la de Roger.

–¿Cuándo comenzamos?

–La escuela está en sesión.

–Gracias por la cena.

## 19 de mayo de 1991
## 10:22 PM
. . . . . . . . . . . . . . . . . . . . . . . . . . . . . . . . . .

La unidad policiaca número 223 iba rumbo al Este en la carretera I-10, el oficial Mike Miller, sentado en el asiento del pasajero, muy cómodo en sus pantalones de mezclilla y su camiseta, ya se estaba cansando de escuchar al teniente hablar sin parar y sin sentido en la parte trasera del auto. Miller, un veterano con veintitrés años de experiencia en el Departamento de Seguridad Pública de Arizona (DSP), había estado los últimos doce años trabajando en la Unidad de Narcóticos. Su compañero, Keith Arnett, iba manejando mientras cumplían con la asignación que se les había encomendado en el Sistema de Carreteras de Phoenix. Se habían suscitado muchas balaceras de pandillas últimamente a lo largo de las carreteras interestatales afectando el Sur de Phoenix. Habían sido asignados en patrullas sin marca para supervisar el área sin ser detectados fácilmente.

Desde el asiento de atrás, el hedor del mal aliento del Teniente Lee Glassy hacía que el auto apestara con cada sílaba que salía de su boca, el tipo deleitándose en relatar aventuras de sus días en las fuerzas armadas de la Administración de Fuerzas Antidroga (AFA). Su aliento era desagradable y apestaba a café de la tienda de donas "Dunkin Donuts" y olor podrido de alquitrán de cigarros que salía de sus pulmones. Mientras él hablaba un olor rancio iba rodeando el frente del auto, cuando una camioneta Nissan color marrón pasó a gran velocidad en el carril izquierdo. Arnett pisó el acelerador y se pasó al carril de alta velocidad, alcanzando al vehículo, sin prender las luces. La parte trasera de la camioneta decía "INISSANE" y tenía una calcomanía con la caricatura de "Roger Rabbit" en la defensa trasera. Miller volteó a ver el velocímetro: 130 kilómetros por hora.

Persiguieron a "Roger Rabbit" sin hacer ruido por varios kilómetros, Miller estaba investigando el auto en su computadora para ver qué salía, pero estaba frustrado de que el sistema no estuviese funcionando. El auto de "Roger Rabbit" se salió de la carretera I-10 y se pasó a la carretera I-17 yendo hacia el Sur, aún a 130 kilómetros por hora. Al llegar al marcador 199A, en la Calle Grant, Arnett prendió las sirenas y las luces intermitentes del auto de "Roger Rabbit" se encendieron. se deslizó al carril derecho, y a menos de un kilómetro después se salió en la Calle Durango y se orilló.

Mientras Arnett hacía la llamada para reportar el auto, Miller prendió el reflector, iluminando la camioneta. La ventana de atrás se abrió de repente y Miller supo de qué se trataba esto, alcohol o droga; de cualquier modo, el pasajero estaba tratando de airar el auto rápido antes de que el oficial se acercara.

Arnett se acercó por la izquierda, Miller por la derecha, su insignia prendida a su cadera izquierda, su mano tocando la pistola en su funda, la cinta para asegurarla estaba desabrochada. El teniente Glassy se quedó atrás, recargado en el cofre del vehículo de policía, encendiendo un cigarro con el cerillo en su mano. Miller escuchó a Arnett dar una orden, mientras estaba parado justo atrás de la ventana del conductor y la puerta se abrió lentamente. La luz del domo iluminó el interior y Miller notó que el chofer era el único ocupante del auto. Respiró y un olor fuerte a mariguana salió de la ventana del auto.

Miller abrió la puerta del pasajero mientras Arnett se llevaba al sujeto a la parte trasera de la camioneta; era un tipo que parecía hispano, de aproximadamente diecinueve años, con cabello largo y rizado, a los hombros. Miller sacó su linterna de donde la traía guardada entre su cinturón y la región lumbar de su espalda e inspeccionó la cabina del auto, había varios papeles revueltos en el asiento del pasajero y una bolsa de gimnasio negra en el piso. La etiqueta de identificación de la bosa decía: Roger Munchian.

Miller caminó hacia la parte trasera de la camioneta, el sujeto entrecerró los ojos con las luces del reflector mientras contestaba las preguntas de Arnett, diciéndole que era un Agente de Seguros y estudiante de la Universidad Pública de Phoenix.

–¿Y cuál es tu prisa, "Roger Rabbit"?

–Dice que trae prisa por recoger a su madre y su hermana en el Aeropuerto Sky Harbor; aparentemente vienen en un vuelo que llega a las 11:45 de Los Ángeles.

Miller vio su reloj, eran las 10:40.

–Tienes más de una hora. Hay una bolsa de gimnasio negra en el asiento de enfrente. Dice "Roger Munchian", ¿eres tú?

–Sí.

El tipo contestaba sin explayarse. Miller volteó a ver a Glassy, todavía recargado en el cofre de la unidad, fumando su cigarro.

–¿Ya checaste en el sistema quién es este tipo?

Glassy exhaló el humo del cigarro.

–El sistema todavía está sin funcionar.

–¿Quieres intentarlo de nuevo?, quizás regresó el sistema durante tu descanso.

Miller miró a Munchian, tenía los ojos entrecerrados por el reflector, tratando de verse tranquilo, aunque las luces le cocinaban las retinas.

–Señor Munchian, pude oler mariguana de adentro de su vehículo, ¿quiere decirme por qué sería eso?

El tipo levantó los hombros, indiferente.

–No sé, el desierto está lleno de plantas exóticas. Quizás algo está creciendo al lado del camino y mi tubo de escape lo está haciendo estallar.

–Yo pienso que viene de su bolsa negra, ¿le importa si la inspecciono?

–Preferiría que no lo hiciera.

–¿Por qué no?

–Me daría vergüenza, hay juguetes allí… usted sabe, cosas que usamos mi novia y yo.

–¿Quiere decir cosas que vibran y giran?

–O se inflan – dijo Arnett mientras se reía.

–Algo así.

Miller quería cachetearlo con su linterna para quitarle la sonrisa del rostro al tipo.

–Está bien, voy a sacar la bolsa del vehículo ahora en lo que esperamos a que llegue el perro.

–Me parece bien.

Mientras Miller levantaba la bolsa del piso vio el mango de una pistola metida entre el asiento del chofer y el piso del auto, estratégicamente ubicada para acceso rápido del chofer. La retiró, era una escopeta de calibre 12 recortada con serrucho y arreglada con la empuñadura de un revolver. La abrió y vio que estaba cargada, cartuchos en ambos lados del cargador.

Llevó consigo la bolsa y el arma a la parte trasera de la camioneta donde Arnett seguía haciéndole preguntas al sujeto Munchian.

–Señor Munchian, está usted bajo arresto por posesión de un arma mortal, oculta con control inmediato.

Observó como Arnett le daba la vuelta al auto "Roger Rabbit" y lo forzaba a abrir las piernas y lo empujaba contra la caja de la camioneta. Al revisarlo, sacó dos beepers digitales de la bolsa de enfrente de sus pantalones de mezclilla, los dos sonando, y los puso en la defensa. Glassy agarró el radio de la patrulla y pidió un uniformado para que viniera y transportara al sujeto a la zona de Patrullas de Caminos. Miller puso la bolsa en la orilla de la caja de la camioneta y abrió el cierre, metió la mano y sacó varios papeles, papeles de la escuela, una libreta, una calculadora, papeles de seguros y dos bolsas de plástico llenas de lo que él estimaba ser algo en la vecindad de un cuarto de kilogramo de mariguana.

–Agrégale el cargo de posesión de mariguana. No es su noche, ¿o sí Señor Munchian?

–Esa no es mi bolsa, alguien la dejó en mi camioneta.

Miller le enseñó la etiqueta de identificación.

–¿Entonces esta le pertenece al *otro* Roger Munchian?

Mientras Arnett le ponía las esposas al sujeto, Miller se regresó a tomar inventario del vehículo antes de que la grúa llegara para llevarse a INISSANE al corralón. Abrió la guantera, encontró una cartera arriba de una caja verde de condones marca "LifeStyles" estriados, en paquete de 40 piezas; dentro de la cartera encontró $375 dólares y una licencia de manejar válida expedida a nombre de Hrach Roger Munchian. Dentro de la guantera también encontró una pistola calibre .44 de acero azul, un revolver de nariz respingada y una pistola semi automática enfundada, calibre .25 con una caja de munición. Siguió inspeccionando y sacó un contenedor de plástico rojo con dos substancias blancas rocosas, una grande y una pequeña, y otra bolsa hermética que estaba llena de polvo blanco, le llevó el contenedor de plástico y la bolsa a Arnett.

–¿Quieres hacer un estudio de campo rápido de estas substancias?

Miller regresó a seguir inspeccionando el vehículo. Bajo el asiento del chofer encontró un revolver enfundado calibre .357 de acero inoxidable, cargado. También encontró una caja abierta de bolsas herméticas y otra bolsa cerrada con una sustancia verde, abrió la bolsa y olió mariguana.

–Los exámenes iniciales son positivos de cocaína, dos rocas de crack y una bolsa de cocaína –Arnett le dijo cuando regresó a la parte trasera de la camioneta.

Las sirenas color rojo y azul resplandecieron en el camino al llegar la patrulla del Departamento de Seguridad Pública. El oficial uniformado salió de la unidad.

–Esto es de lo que estamos hablando Señor Roger Rabbit, tenemos posesión de narcótico para venta, posesión de mariguana para venta. Con las armas podemos agregar el cargo de tráfico de narcóticos con posesión de armas mortales, posesión de un arma prohibida y transporte de un arma mortal con control inmediato –Miller le dijo al sujeto

La grúa de la compañía "McClure Towing" llegó para llevarse la camioneta al corralón. El oficial uniformado escoltó a Roger a la patrulla.

–Señor Munchian, si me da el número de vuelo, con gusto me aseguro de que su madre sepa que va a llegar un poco tarde. Yo diría que de unos diez a quince años tarde –replicó Miller.

# CAPÍTULO VII

Salvador Hernández, mejor conocido como "Sally Tunes" o "Sal-EG" ("Educated Genious", o lo que es lo mismo: Genio Educado), se echó en el cojín, su regazo lleno de zurrapas de Cheetos, viendo la televisión, con los dedos del pie metidos en la alfombra peluda color verde vómito. La nueva pipa tenía buen jale y el humo grueso que exhalaba al fumar flotaba enroscándose frente a la pantalla del televisor que mostraba al grupo musical llamado "Devo" lanzando su látigo mientras cantaba la canción "Whip it" (Azótalo) en el canal de MTV. Se metió otro puñado de Cheetos a la boca, y tosió expidiendo una nube de polvo naranja mientras veía el video que decía: "Whip it", el tipo de la tele un flaco vestido todo de negro, con un sombrero rojo de plástico en su cabeza, los pueblerinos sentados sobre el corral, bebiendo cerveza, viéndolo como azotaba el látigo, y la música seguía: "Ooh, yeah, break your mamma's back!" (Oh, sí, ¡rómpele la espalda a tu mamá!).

–Bueno, y, ¿quién es este tipo? ¿Por qué vamos a tocar en su fiesta?" PIG dijo sin aliento, dándole otro toque a la pipa antes de regresársela a su amigo. PIG (Puerto Insane Genious = Genio Chiflado de Puerto) era como sus amigos del cartel hispano se llamaban unos a otros, Genio Chiflado o Genio Educado.

Sal-EG agarró la pipa, la fumó y la sostuvo.

–Sí lo conoces, es ese tipo Roger, ¿sabes?, el que tiene la tienda de sándwiches "Choo-Choo". Tocamos en su fiesta de cumpleaños en E-ne-ro.

–Ah, sí, lo conozco. Hombre, yo no me metía con él. Siempre está armado y no es de aquí.

–Creo que es de Los Ángeles o algo así.

–No, quiero decir, no es de aquí, ¿sabes? Es de otro lugar. Habla muy bien el inglés, sabes, se lleva bien con los batos, pero algunas veces lo oigo hablar otro lenguaje, uno de esos que pareciera que traes una flema atorada en la garganta todo el tiempo.

–Armenia.

–¿Qué?

–Es de allí, creo.

–¿Dónde está eso?

–No sé, creo que cerca de Las Vegas, creo. De todas formas, este tipo, lo llaman "Roger Rabbit" por la calcomanía de su camioneta, trae la idea de que va a abrir un antro en su Tienda de Sándwiches por las noches para pasar el rato y bailar. Ya sabes, ya tarde en la noche. Quiere cobrar una buena lana para entrar, así es que necesita una buena fiesta, buena música, y, ¿con quién más vas si quieres buen sonido?, con el viejo Sally Tunes, ¿o no?, así es que fue a mi estudio y me dijo que quiere que yo trabaje allí exclusivamente, viernes a domingo por las noches.

–Uy, Sal, ese tipo es peligroso, digo, si quieres mariguana de calidad, vas con él, pero, hombre, no pertenece a ningún grupo, no es ni de aquí ni de allá. Además se lleva bien con todos los pandilleros; si abre ese lugar, va a tener allí a todas las pandillas: "Brown Pride" (Orgullo Moreno), VTC (Varrio Tolleson Chicano), "Westside Chicanos" (Chicanos del Oeste), "Vista Bloods" (Vista Sangre), "Dog Town" (Pueblo de Perros), "Hollywood Thirty-Nine" (Hollywood treinta y nueve), nombre, todos en el mismo lugar al mismo tiempo, ese es un baño de sangre esperando que ocurra.

–Sí, es por eso que le dije que ya tenía todas las fechas ocupadas y me preguntó que hasta cuándo y le dije que por el resto de mi vida. No le gustó nada la contestación y que me pusiera bravo con él, así es que me dijo que quizás debía checar de nuevo mi calendario, pretendí checarlo y le dije: "No, estoy lleno".

–Y entonces, ¿por qué lo vamos a hacer?

–Porque se me acercó bien rápido con un revólver niquelado y me dejó la marca del hoyo de la pistola en la frente mientras me decía: "Ve tu calendario de nuevo".

–Órale, sí, todavía puedo ver el círculo en tu frente, parece que te convertiste en hindú. ¿Qué hiciste entonces?

–Vi el calendario de nuevo y esta vez encontré espacio para él.

## 24 de septiembre de 1991
## 7:00 PM

· · · · · · · · · · · · · · · · · · · · · · · · · · · · · · · ·

–Tienes que estar bromeando conmigo –Fernando Núñez dijo–
¿Simplemente retiraron los cargos?

El término que utilizaron fue "tachados" – dijo Roger– supongo que
quiere decir que retiraron los cargos.

Estaba sentado en su auto "Roger Rabbit" tras el volante. Núñez
estaba en el asiento del pasajero, estaban estacionados en la esquina
de la calle 73 y Cometa, en una subdivisión de pared de adoquín y
cerca de alambre, las casas tenían un sistema de aire acondicionado
oxidado en el techo, un barrio sepultado en los límites de territorio de
pandillas. Viendo a través del parabrisas, veía a su más reciente novia,
Jenny, obteniendo información de los batos de la pandilla "Dog Town".
Frankie Richmond había llamado, invitándolo a su casa y diciéndole
que sabía dónde podía conseguir una orden de mariguana de calidad,
una cantidad fuerte. Pero no confiaba en él, Frankie estaba escondiendo
algo, lo sabía.

Él realmente quería estar en su negocio "Choo-Choo" esa noche,
asegurándose que Sal-EG no parara de tocar música y tuviera las
bocinas retumbando, asegurándose que las cosas se mantuvieran
calmadas entre los chicos "Varrio Tolleson Chicano" (VTC) y los de la
pandilla del Oeste. Los problemas comenzaron a ponerse serios horas
atrás, cuando el tipo de VTC, Solo, quiso pelearse, molesto porque
los afroamericanos del Oeste estaban en la pista de baile mezclándose
con la carnada Chicana. Roger lo había amenazado más de una vez,
diciéndole que siempre era Noche de Damas en el antro "Choo-Choo"
y que había suficiente cuerpo para todos, que se tranquilizara, era una
fiesta. Pero luego le entró la llamada de Richmond y dejó a Arnulfo a
cargo y se llevó a Núñez con él para llevar consigo más músculo. La
Pandilla "Dog Town" y "Hollywood 39" no se llevaban bien así que
Jenny lo acompañaba como elemento neutral para lograr que las cosas
siguieran su rumbo.

Vendiendo mariguana y piedra le proporcionaba suficiente efectivo
para estar al día con los pagos mensuales para la sabandija Claudia

Reynolds, pero había decidido que no quería alinear las cuentas de ella con las ganancias de su empresa. Las cosas iban muy bien y quería quedarse con sus propias ganancias. Así es que tuvo la idea de abrir "Choo-Choo" como antro de moda; lo quería hacer correctamente y traer a un buen DJ con buena música. Si venían juntas cuatro muchachas a la puerta y pagaban, les daba barra libre toda la noche. Tenerlo con buen nivel de chicas guapas, todas adornadas y viéndose muy atractivas, aseguraba que los tipos pagaran una buena cantidad para entrar.

Había "persuadido" a este tipo, Sally Tunes, uno de los mejores DJs de por ahí para que tocara exclusivamente en sus fiestas y Sal atraía a la multitud. Sal estaba contento de hacerlo, especialmente después de que le dejó marcado el hoyo de su arma niquelada en la frente. La voz se corrió rápidamente y cada fin de semana llenaban el estacionamiento y "Choo-Choo" nocturno traía buenas ganancias, demasiadas como para hacer que Claudia se aguantara y embolsarse él el resto.

Mientras esperaba a Jenny le contaba a Núñez de su arresto de unos meses atrás; lo habían metido a un hoyo de ratas, en la cárcel de la Calle de Madison y se la había pasado toda la noche cambiando de celda en el área de admisión al que le llamaban "La Herradura". Le dijo a Núñez que le había tomado más de una semana lograr quitarse la peste de olor a sudor y orina; finalmente vio al Juez y llegó a la dirección número dos mil doscientos, un lugar llamado Fianzas Arizona después de poner a su negocio "Choo-Choo" como colateral.

Unas semanas después, mientras esperaba saber qué día tenía que ir a la corte, le llegó un documento que decía que el caso había sido "tachado", que no tenía que ir a la Corte.

–Así es que al decir "tachado" quieres decir que ¿el Estado ignoró tu caso?, ¿ya no vendrán por ti?

–Así parece ser.

–Hombre, eso está de cabeza.

Y hablando de algo que estaba de cabeza, Roger miró a través del parabrisas y vio a Frankie allí afuera frente a su auto achaparrado. Estaba con cuatro de sus amigos, empezando a hacerle sus gestos pandilleros tontos a Jenny, poniendo su cara muy cerca de la de ella y renegando de algo. Roger se estiró y abrió la guantera, sacando su Beretta calibre .25 de su funda y se la pasó a Núñez.

–Tenla a la mano.

Núñez tomó la pistola.

–Tachado, ¿eh?, la verdad que no te creo –Checó el cargador de la Beretta y continúo hablando–. Y, ¿te detuvieron un par de oficiales de narcóticos sin uniforme?, ¿por ir a exceso de velocidad? Esos tipos hombre, los que vienen en patrullas sin marcar, no hacen detenciones de tráfico. No, algo no está bien. Yo creo que andan detrás de ti; si yo fuera tú, trataba de pasar desapercibido, ¿sabes?, sin operar por un rato. No, algo no está bien.

–Algo no está bien allá tampoco –dijo Roger, apuntando con la cabeza hacia afuera del parabrisas. Frankie estaba furioso, despotricando y haciendo sus señales de pandilla, alborotando a sus cuates. No podían escuchar qué decía con la música hip-hop retumbando en las bocinas de la cajuela abierta del auto de Frankie, pero lo que fuera, mandó a Jenny corriendo hacia la camioneta de Roger. Él buscó bajo su asiento y agarró su Uzi e insertó el cargador de 45 balas.

–Vamos –le dijo a Núñez.

Salieron de la cabina del auto los dos, Roger escudándose tras la puerta abierta mientras Jenny gritó como una niña y se metió gateando al auto.

Frankie se acercó hacia ellos.

–Hey, "Roger Rabbit", ¡qué bonita camioneta!, que haces trayendo uno de la pandilla 39 al territorio de "Dog Town"?

Sacó la Uzi debajo de su camisa, pero manteniéndola escondida tras la puerta de la camioneta.

–Parece que no le gustan tu uniforme, Negra; quizás deberías abrocharte la camisa en los botones correctos – le dijo Roger a Núñez.

–Está drogado con algo, hombre –dijo Negra Núñez–. "Hollywood Treinta y Nueve" no cambia su imagen por nadie.

–Frankie, tú fuiste quien marcó mis dígitos; tienes algo importante, bueno. Si no, ya nos vamos –Roger gritó sobre el ruido de la música hip-hop que retumbaba.

Frankie se fue al centro del camino, dos de sus cuates lo siguieron, haciendo una barricada humana escalonada.

Tras de él había una calle cerrada, la única forma de salir era donde estaban parados los chicos "Dog Town". Alguien le había bajado el volumen a la música del auto.

–Sí, tú te puedes ir cuando quieras, sin problemas, a pie, pero dejas la camioneta. La tomo como cuota por traer al Negro Treinta y Nueve a mi territorio –replicó Frankie.

–Nadie se mete con mi camioneta Frankie, lo sabes bien.

–Ya no es tu camioneta, mi querido Holmes –dijo Jo-Jo G, quien era el segundo teniente de Frankie–. Estas llantas le pertenecen a Frankie ahora.

Comenzaron a acercarse en grupo. Núñez salió de su lugar de resguardo de la puerta del pasajero y comenzó a caminar hacia ellos, su hombro izquierdo en una posición típica de batalla de la pandilla "Hollywood 39", la pistola en la mano apuntando hacia abajo, escondida detrás de su pierna.

–Retírate 39 –dijo Jo-Jo.

Cuando Núñez llegó al frente del auto levantó la Beretta y disparó tres tiros al aire. Los pandilleros de "Dog Town" se detuvieron momentáneamente, se rieron, y continuaron avanzando, con más determinación esta vez.

–¡Hombre, Núñez! –gritó Roger, dando un paso desde atrás de la puerta del auto y levantando la Uzi, disparando un tiro, dispuesto a matar.

–Nunca dispares sin razón, ¡a menos que de verdad tengas la intención de terminar lo comenzado! –dijo Roger mientras los rociaba de nuevo, humo azul y el olor a cordita llenando el aire.

Los pandilleros de "Dog Town" se dispersaron, agachándose y tirándose al suelo. Hubo chispas, ventanas de auto que se hicieron trizas y las bocinas con música de hip-hop se quedaron sin sonar mientras caía una lluvia de balazos de .9 milímetros.

Al soplar una brisa de la tarde, se disipó el humo y el camino se aclaró.

–¡Súbete! –gritó Roger y se trepó en el asiento del chofer y encendió el auto.

–¡Hombre! –gritó Núñez mientras Roger seguía sin detenerse pasando la señal de Alto en la Avenida 75, dando la vuelta para ir hacia el Norte y subiendo la velocidad a 130 kilómetros por hora sin problemas– ¡Yo solo quería que se dispersaran!

–Mi forma era más efectiva, te dije que nadie se mete con mi camioneta –sacó el cargador de la recámara de la pistola y contó las balas que quedaban –ves esto, disparé treinta y tres disparos, podría haber terminado con todos.

Las sirenas rojas y azules de la policía de Peoria se reflejaron en el espejo retrovisor y aceleró a fondo, perdió al policía, temporalmente, y embistió el auto en el estacionamiento de un centro comercial cuyo negocio principal era un Supermercado. Siguió por un callejón estrecho y rechinó las llantas hasta detenerse junto a un contenedor de basura que estaba desbordándose.

–Roger, amor, ¿qué estás haciendo? –le preguntó Jenny– ¡Vámonos, vámonos de aquí!

–Hombre, Roger, ¡aquí seguro nos encuentran! –dijo Nulfo.

Abrió la puerta, podía escuchar las sirenas de varias patrullas a la distancia, respondiendo a la persecución, se acercaban rápidamente.

–Los dos, ¡sálganse!

Roger agarró las armas y las pateó atrás del depósito de basura.

–¿Qué estás haciendo hombre? –dijo Nuñez

–Roger, vámonos, ¡me estás asustando! –gritó Jenny.

–Núñez, tu departamento está a dos cuadras de aquí; allí los veo, váyanse por la parte de atrás, no se metan a las calles.

Se volvió a subir a la camioneta, tan pronto como salió del callejón dos patrullas lo comenzaron a seguir. Sabía que jamás los perdería, solo quería alejarse tanto como pudiese de las armas.

Después de pasarse el tercer semáforo cuatro patrullas iban ya detrás de él y arriba de él volaba un helicóptero de la Policía de Phoenix. Cegado por el reflector del helicóptero perdió el control del vehículo y dio un banquetazo, derrapándose hasta detenerse en la mitad de un estacionamiento de una Gasolinera Circle K. Escuchó llantas rechinar, la cabina de repente se iluminó completamente con las luces de los reflectores de las patrullas. Arriba de él, el ruido ensordecedor de las hélices del helicóptero azotaba el viento y retumbaba hasta el interior de la cabina del auto.

Oficiales armados se apresuraron a tomar sus posiciones, solo se veían siluetas en el reflejo de las luces deslumbrantes. Roger sintió sus pistolas apuntándole desde atrás de las puertas de sus patrullas y desde los toldos y cofres de las patrullas, con un instinto restringido para disparar. El miedo lo paralizó cuando volteó hacia arriba y pudo detectar el rifle de acero azul de un francotirador que se asomaba desde la puerta abierta del helicóptero.

–¡Tire sus armas y salga del auto con las manos sobre su cabeza! –la voz se oía a través de un altavoz.

Bajó su ventana, el remolino que hacían las hélices del helicóptero sobre él lo golpeaba fuertemente en un torbellino de aire y arena del desierto. Levantó los brazos, sintiendo la tensión, percatándose de la intensidad de la situación que podía significar una bala en su frente en cualquier momento.

–¡No estoy armado! –gritó Roger, tratando de que lo escucharan sobre el ruido de las hélices– ¡No disparen!, ¡no disparen!

–Señor Munchian, ésta es la última advertencia, ¡tire sus armas inmediatamente y salga del vehículo!

–¡Por favor! –agitó los dos brazos de manera frenética, sintiendo la intensidad de la mano temblorosa del francotirador sobre el cañón, arriba de él, listo para disparar en cualquier momento– ¡No tengo armas!, ¡estoy desarmado!

–¡Ahora, Señor Munchian!

Abrió la puerta del auto y se tiró al suelo, las manos sobre su cabeza, dedos entrelazados. Varios cuerpos se amontonaron sobre él, su rostro golpeó contra el pavimento, las piedras y el pavimento triturando sus cachetes, gritó de angustia cuando jalonearon sus brazos con fuerza tras de él y sintió el acero frio de las esposas apretando sus muñecas.

–¡No estoy armado!

Lo levantaron de un tirón para ponerlo de pie y luego lo empujaron al asiento de atrás de una patrulla; al cerrarse la puerta vio a través de la malla metálica a un montón de policías converger en su camioneta. Su intento de tirar sus armas había sido apurado y frenético, mientras la patrulla que lo llevaba dentro se alejaba del lugar, esperaba efectivamente haberlas tirado todas.

# CAPÍTULO VIII

**Tienda de sándwiches "Choo Choo"**
**Domingo, 4 de enero de 1992**
**10:45 PM aproximadamente**

El estruendo de música hip-hop del DJ Sally D se filtraba del escenario y se vertía hasta el estacionamiento ubicado en la parte posterior del antro, a la par que Arnulfo salía por la puerta trasera del restaurante. Roger lo vio salir cargando dos vasos de unicel con cerveza, con el borde lleno de espuma. La puerta de cristal ahumado se cerró con ayuda de la bisagra hidráulica, silenciando la música de Sal y convirtiéndola en un murmullo.

Roger se recargaba contra la caja trasera de su camioneta "Roger Rabbit", pellizcando un churro, bien comprimido. Se había vestido cómodamente esta noche, de forma relajada, con una gorra de béisbol y unos pants deportivos negros con la palabra "Raiders" en letras color gris, bordada en una de las piernas del pantalón. Traía puesto su jersey de fútbol americano arriba de una sudadera con gorra. Vestía casualmente esta noche, mientras celebraba su cumpleaños número 21.

–Feliz Cumpleaños, preso número "tres-ocho-cero-seis-dos-seis" –le dijo Arnulfo mientras le pasaba una cerveza.

Roger la tomó.

–No me parece chistoso, Nulfo.

El incidente con Frankie Richmond había sucedido tres meses atrás y Roger seguía molesto con Núñez por haber arruinado todo; después de que la policía se lo llevara al zoológico en la Calle Madison, registrándolo con el número "380-626", Roger estaba seguro de que saldría libre pronto. Al no haber encontrado armas en su auto no podían atraparlo. Pero mientras estaba sentado en el bote, esperando ver al Juez, los policías obtuvieron una pista contra Núñez y Jenny. Tocaron a la puerta del departamento de Núñez, asustándolos a ambos y, fue entonces que Núñez, zurrándose en los pantalones, soltó la sopa, lo cual llevó a los policías a donde estaban las armas.

Para cuando Roger llegó a ver al Juez, la existencia de las armas había sido agregada a su expediente, implicándolo en un tiroteo con una pistola de 9 mm automática en la Colonia Peoria esa tarde. Le atribuyeron el cargo de asalto agravado con arma mortal, pasando de la banca del Juez en el piso de arriba, a una celda en el zoológico de la Calle Madison, donde estuvo la noche entera con un compañero de celda llamado Ajax. En la mañana logró contactar a su fiador y puso la Tienda de sándwiches "Choo-Choo" como garantía. A las cinco en punto de la tarde se encontraba en la esquina de Madison y la 4ª. Avenida, esperando a que Jenny lo recogiera.

–¿Ya tienes tu día asignado en la corte? –Nulfo le preguntó.

–Todavía no me dicen nada.

–Hey, quizás también tachen este cargo. Hombre, Roger, a veces pienso que tienes influencias en el cielo, tienes ángeles guardianes con gran poder cuidándote.

Tomó un trago de su cerveza, pensando en lo que Nulfo le había dicho; no lo habían inculpado todavía, aunque el Estado estaba tratando de atraparlo con cinco cargos de asalto agravado, cada uno con pena por diez años. Eso quería decir que era posible que pasara los siguientes cincuenta años usando el overol del Departamento de Servicios Penitenciarios de Arizona, al cual llamaban las "cáscaras" en el jardín de los adultos por ser color naranja, quizás le darían más tiempo si le incluían los cargos por las drogas del arresto anterior.

Decidió cambiar la conversación. Se dio cuenta que la música del DJ se había detenido, Sal se tomaba un descanso cada que terminaba un ciclo de música.

–¿Se ven todavía las cosas mal allá adentro? –le preguntó Roger mientras señalaba con la cabeza hacia el antro.

–Sí, los pandilleros de "West Side Chicanos" han estado buscando pleito toda la noche. Traen a los dos tipos negros con los que se juntan, ya sabes, Louie Warner y al simio grandulón tarado que tiene un nombre raro, Bosco Bokowski. Gilly ya sacó a Louie del antro tres veces durante la noche y Louie siempre está tratando de entrar con su pistola veintidós. Algunos de los pandilleros de Tolleson VC llegaron hace rato, y él y Bosco han estado insultándolos.

–¿Y el muchacho Solo Chávez está metido en ese lío?

–Todavía no llega, los únicos tipos Tolleson que están aquí son Gonzo y uno de los hermanos Reyes, el más chico, Poncho. Gilly ha estado tratando de ser el intermediario entre Louie y los chicos Tolleson; pero sí, los ánimos se están calentando.

–Es por eso que estoy pensando en ponerle fin a la fiesta –dijo Roger mientras prendía otro toque y se lo pasaba a Arnulfo–. ¿Cómo está el barril de cerveza?

–A más de la mitad. ¿De plano sientes que algo saldrá mal esta noche?

La música de Sally D volvió a sonar.

–En cuanto se acabe el barril, desconectamos la música de Sally D y los sacamos a todos.

## 11:45 P.M.
. . . . . . . . . . . . . . . . . . . . . . . . . . . . . . . . . . . . . .

En el estacionamiento de afuera del Restaurante "Red Lobster", Ricky Coca, alias "Coco", estaba sentado en el asiento del pasajero del Auto Impala color blanco de Dario; se estaba enfadando por cómo Dario estaba pegando con los dedos de manera nerviosa en el volante. Se ponía así antes de dar un golpe, tratando de verse tranquilo, apretando los labios y asintiendo con la cabeza al ritmo de la música hip-hop que retumbaba en las bocinas, pero su ritmo estaba a destiempo, era un tic nervioso que no podía esconder. Los otros tipos en el auto estaban listos, Silvio Montalvo, alias "Mad Man" (Hombre Loco) y Freddy Reyes iban en la parte de atrás del auto, compartiendo un churro; Silvio no paraba de hablar, relatando una historia más de sus días en la pandilla "Happy Homies" (Batos felices), un grupo de pandilleros muy rudos que comenzaron a ponerse pesados cuando comenzaron a cortarle las manos a sus víctimas, y por eso se salió de esa pandilla.

Coco puso la mano bajo el asiento y sintió la Magnum .357,

asegurándose de que estuviese todavía allí. Era una buena pieza, un revolver de acero manufacturado por la Compañía Taurus. Siempre llevaba consigo armas pesadas, especialmente en ocasiones como esta noche, ocasiones que hacían que Ricky golpeara el volante con sus dedos de manera nerviosa. La pandilla completa había estado en casa de "Mad Man" horas antes, relajándose con unas muchachas, cuando el hermano de Freddy, Poncho Reyes, y otro bonche de tipos decidieron ir a la celebración en el antro "Choo-Choo". Un par de horas después Poncho llamó y le dijo a "Mad Man" que había problemas. Los dos malditos negros de "WSC" lo estaban molestando, en especial uno llamado Louie Warner y el orangután al que llamaban Bosco; necesitaba ayuda. "Mad Man" le dijo que tenían que recoger al bato Solo del trabajo, pero que iban para allá, listos y armados. Los malditos negros que se juntaban con los "West Side Chicanos" serían dados de baja.

Coco hubiera deseado que decidieran dejar al bato Solo plantado, pero ahí venía, saliendo de la entrada a la cocina del Restaurante "Red Lobster", meneándose por el estacionamiento. Ya se había quitado el mandil blanco de lavaplatos, traía un overol con camisa blanca, las mangas de la camiseta enrolladas en sus brazos delgados. Como los otros tipos dentro del auto, Solo traía su gorra negra de béisbol, con la insignia de los "Varrio Tolleson Chicanos" bajo la visera.

Coco sabía que estaban en problemas en cuanto Solo entró al auto, con la mirada fija y listo para ver sangre correr. Cuando Dario metió el acelerador a fondo, Coco metió la mano bajo el asiento y agarró la .357 y la presumió, tratando de actuar como si nada, no queriendo que sus amigos pensaran que se estaba acobardando. Volteó y vio a Freddie levantarse la sudadera y mostrar la culata de su pistola calibre .25 metida en la cintura de su pantalón. El bato Solo era todo un problema esta noche, y si no podía ser tranquilizado, iba a hacer que los mataran a todos.

Para cuando llegaron al estacionamiento de "Choo-Choo", podía notar que el pandillero Solo babeaba venganza. Coco sabía que la cicatriz que parecía una parcela grabada bajo el ojo izquierdo de Solo, era la cicatriz con la forma de la insignia de la Preparatoria que le había sido otorgada cortesía de Louis Warner al darle un golpe con su anillo de graduación la noche que él y otros tres tipos de la pandilla

"WSC" se le amontonaron y lo abandonaron en la calle dándolo por muerto. Esa noche el pandillero Solo había cruzado por su territorio "accidentalmente" con su uniforme de pandilla en despliegue. Había ocurrido un año atrás y tan solo tenía quince años en ese entonces, pero ahora tenía dieciséis y suponía que Solo pensaba que ya era un hombre y que por fin era su turno para igualar el puntaje.

El corazón comenzó a palpitarle cuando Dario apagó el motor y escuchó la música del DJ Sally D retumbando dentro del antro. Vio a Solo abrir la puerta de atrás y saltar del auto primero, haciendo sus señales de pandilla para que lo viera el grupo de jóvenes que esperaba en la cola para entrar, mostrándoles que la pandilla de los "Chicos Tolleson" estaban allí y que estaba a punto de estallar la bronca.

Coco salió del auto y agarró a Solo del brazo.

–¡Bájale Solo! –Lo empujó hacia la defensa del auto–. Vamos a planear esto primero, ¿sí?

–¿Planear qué, Coco? –le dijo Solo mientras ponía su cara muy cerca de la de Coco–. Todo lo que tenemos que hacer, hombre, es entrar allí y tronarnos un par de negros malditos y escapar. Nadie se mete con los Tolleson, ¡nadie, hombre! –mientras le decía esto se frotaba inconscientemente la cicatriz con la forma del anillo de graduación bajo su ojo.

–Vamos a ver cómo están las cosas, Coco –dijo Freddy.

–Que se quede Solo aquí – replicó Coco. Todavía sosteniendo la pistola .357 con fuerza como si fuera su cobija de la infancia.

–Hey, Coco, Gilly está en la puerta trabajando. Hombre, mejor deja el cañón aquí afuera –escuchó a Freddy decir.

Coco metió la pistola bajo el asiento del conductor,

– Tú quédate aquí con Solo; si hay problemas ya sabes dónde está todo. Por ahora, ayuda a Solo a que razone.

–¡Yo quiero ir!

–¡Cállate Solo!

Roger reconoció a los chicos Tolleson mientras entraban por la puerta de enfrente y Gilly los esculcaba. Con miradas frías de acero se le quedaban viendo a los tipos de "West Side Chicanos" mientras estos últimos trataban de conquistar a un grupo de muchachas guapas en la pista de baile. Eran Louie Warner, con su camisa estúpida con flores, Bosco Bokowski, Arch Flowers y Rudy Enríquez. Lo vio venir, pero sucedió demasiado rápido, el pandillero que conocía como Coco entró empujando a la gente en la pista y se le dejó ir duramente a Warner. Este se cayó al piso y se puso de pie al tiempo que lanzaba golpes.

La música del DJ Sally D se detuvo, la pelea en el piso de la pista duro diez segundos antes de que empezaran los balazos, que venían del estacionamiento.

Coco fue el primero en correr al estacionamiento y vio a Solo jorobado detrás de los guardafangos traseros del Impala, con la pistola .357 apuntando hacia la calle, disparando balas a un auto Grand Prix que escapaba de la escena. Desde adentro del antro pudo escuchar la voz de Roger en el micrófono del DJ anunciando que la fiesta se había acabado, que vaciaran el lugar.

Volteó y vio a Louie Warner saliendo por la puerta a empujones, la pistola .22 en su mano y lo vio agacharse atrás de la defensa trasera de un Auto Mitsubishi, apuntando la pistola hacia Solo.

–¡Solo, agáchate!, ¡abajo! –dijo Coco mientras iba en la dirección donde estaba Warner, corriendo a toda marcha, listo para para darse un clavado sobre el cofre y tumbarlo, pero una patada en las costillas lo detuvo y escuchó su propio aliento salir disparado de sus pulmones de un jalón mientras caía en el asfalto.

Al voltear hacia arriba vio la sonrisa gruesa y de encías negras de Bosco Bokowski y luego vio las suelas desgastadas del tenis de Bosco descender sobre él. Cerró los ojos apretadamente y sintió como la grava se deslizaba en su mejilla, saboreando sangre y el hule del tenis sucio, Bosco bailaba ceremoniosamente sobre su cabeza, mientras aullaba con gritos de la jungla salvaje. Por encima del zumbido en sus oídos y el rugir de tribu del gran orangután imbécil podía escuchar balazos que salían disparados en todas direcciones, el sonido distintivo de su pistola .357 que se alzaba sobre los otros balazos, mientras Solo vaciaba el cargador de la pistola.

Luego escuchó el grito de guerra de Bosco convertirse en un grito primitivo. Volteó hacia arriba y vio al gran orangután negro escabulléndose, cojeando en una huida veloz hacia el cobijo del edificio. A través de sus ojos ya hinchados y casi cerrados, vio la sangre que se filtraba de entre los dedos negros y gruesos de Bosco, la sangre salía de la herida fresca justo debajo de su glúteo derecho. Vio a Arch Flowers salir corriendo para ayudar a Bosco, amortiguando la caída del gordo negro tonto en la banqueta.

–¡Me han disparado!, ¡me han disparado! –escuchaba al orangután gritar.

Levantándose del suelo, calculó que el bato Solo había recargado la pistola tres veces, intercambiando disparos entre Warner que estaba detrás del Mitsubishi y Rudy quien se encontraba atrás de un auto negro Ford Escort al otro lado del lote, Rudy disparaba con una escopeta de cañón recortado. Luego vio a Freddie Reyes corriendo rápidamente de un lado al otro del lote y echándose un clavado a la parte trasera del auto Impala. Sintiendo la sangre que le caía por la cara, Coco se dirigió hacia donde estaba Solo, podía escuchar a Warner disparando su pequeña .22 y volteó justo cuando la cabeza de Solo se volteaba enérgicamente en dirección lateral, su gorra de béisbol salió volando al caer y él se perdió detrás del auto.

–¡Oh, Dios, no! –pensó Coco.

–¡Freddie, Freddie, le han disparado a Solo! ¡Le han disparado a Solo! –pudo escuchar sus propios gritos llenar el aire de la noche mientras corría a toda velocidad hacia el auto.

Se deslizó por el cofre del auto y vio la pistola .357 tirada en la acera donde Solo la había dejado caer. La tomó y la niveló sobre el toldo del auto, pero Warner se había ido. Corrió hacia donde estaba Solo, tirado en el césped entre la calle y el estacionamiento, un punto de sangre a la mitad de su frente que corría y había un charco en la marca de la cicatriz de la insignia del anillo debajo de su ojo.

–¡Súbelo al auto!, ¡súbelo! –gritó mientras Freddy lograba salir del asiento de atrás. Metió la .357 debajo de su cinturón en lo que Freddy lo ayudaba a meter el cuerpo desfallecido de Solo en la parte de atrás. "Mad Man" brincó al asiento del conductor y encendió el auto a toda prisa.

Sintió el calor de la sangre de Solo llenando sus manos cuando la balacera se reanudó afuera, el resto de los chicos Varrios se amontonaban en el auto. Escuchó el grito de furia de "Mad Man" cuando pisó a fondo el acelerador, el auto Impala brincó por encima de la banqueta, destrozando el césped y dejando una marca de goma de llanta en forma de serpiente en la calle mientras salía disparado de allí. No quería soltar a Solo pero escuchó las balas golpeando el auto.

Intoxicado por la adrenalina sacó la pistola .357 de su cinturón de un jalón, sosteniéndola estrechamente en su puño ensangrentado y se deslizó por la ventana, disparando sin cesar mientras se escabullían por la Avenida 33.

–Hombre, ¿está respirando?, ¡no creo que esté respirando! – escuchó a Dario decir mientras se volvía a meter al auto. El bato Solo estaba acostado en el regazo de Dario y Freddy.

–No puede estar sucediendo esto, hombre –se escuchó así mismo decir– ¡Esto no está sucediendo!, ¡tiene solamente dieciséis años!, ¡dieciséis!

## Centro Médico San José
## Phoenix
## 5:10 A.M.
· · · · · · · · · · · · · · · · · · · · · · · · · · · · · · · · · · · ·

La oficial Silvia Reeves regresó al Hospital San José y entró al cuarto de examen donde le habían dicho que yacía el muchacho. No parecía que hubieran pasado cinco horas desde que había llegado al hospital. Después de responder al llamado del radio que reportaba una balacera en un establecimiento llamado "Choo-Choo". Reeves y su compañero fueron rebasados por un auto Impala blanco que iba a alta velocidad y que venía de la dirección de la balacera; se habían dado la vuelta en U y habían detenido al vehículo, el cual iba ocupado por seis varones hispanos, uno de los cuales traía una herida de bala en la cabeza. Lo sacaron del auto y le administraron respiración de boca a boca hasta que llegó la ambulancia. Reeves había seguido a la ambulancia y había permanecido en el hospital hasta que metieron al muchacho a cirugía; le dijeron que las cosas no se veían bien, también le dijeron que otra víctima de la balacera había llegado al hospital, un varón afroamericano, con una herida de bala en el glúteo derecho, de gravedad, la bala estaba alojada en su abdomen.

El nombre del muchacho era Edward Chávez, y ahí estaba, desnudo en la camilla que utilizaron para sacarlo del cuarto de resonancia. La herida había sido suturada. El mismo Doctor entro al cuarto sacudiendo la cabeza y le entregó la bala que había removido de la cabeza del joven Edward, era una bala calibre .22.

–Para efectos prácticos, está muerto –le dijo el Doctor–. La bala entró y permaneció allí suficiente tiempo como para borrar todo lo que hacía al pequeño Edward el ser humano que era. Tenemos algunos exámenes que hacer todavía, pero en una hora debo ser capaz de hacer un pronunciamiento formal.

El doctor se fue y Reeves se quedó allí por un momento, viendo a lo que solía ser un joven llamado Edward Chávez. Mientras lo trataban de resucitar, recordó escuchar a uno de sus amigos gritar:

–¡Por favor salve a Solo!, ¡tiene que ayudarlo!

Sabía que tenía que irse, tenía que obtener evidencia y llevarla al equipo de balística, tenía también que escribir un reporte. Pero era tan difícil dejar a este muchacho solo. Era doloroso saber que iba a dejar al muchacho Solo en este cuarto frío para que muriera solo.

## Miércoles, 7 de enero de 1992
## 9:20 A.M.

A Roger le disgustaba tener que usar camisa y corbata para ir a trabajar, pero tenía una cita esta mañana en la estación de policía en el Centro de Phoenix para un cuestionamiento más detallado de la balacera; miró el periódico "The Arizona Republic" (La República de Arizona) en su escritorio, todavía doblado, con el título visible que había salido dos días después de que al niño de dieciséis años le habían disparado en el estacionamiento de la tienda de sándwiches de sus padres:

### 1 Muerto y 1 Herido en Pelea de Pandilla

Phoenix, 6 de enero – el domingo en la madrugada, en el Oeste de Phoenix, una pelea callejera escaló a una balacera entre dos pandillas y dejó saldo de un muerto de 16 años y un hombre herido, quien está en estado crítico; dijeron las autoridades.

Edward Chávez, de 16 años de edad, aparentemente del área de Tolleson, murió en una ráfaga de disparos a las 12:15 a.m. afuera de la tienda de sándwiches "Choo-Choo". Así lo reporto el Sargento Chester Robertson, vocero de la policía de Phoenix.

Robertson dijo que los asistentes atendían una fiesta de baile dentro del establecimiento cuando una pelea en el estacionamiento se convirtió en un altercado de disparos. Diferentes tipos de armas fueron utilizadas, incluyendo una pistola calibre .357 y una escopeta.

León Bokowski, de 20 años de edad, también sufrió un impacto de bala y se encuentra en el Centro Médico San José, en estado crítico.

Las pandillas, las cuales la policía se rehusó a identificar, han estado peleando por un año, dijo Robertson. No se habían efectuado arrestos hasta la tarde del domingo.

La tienda de sándwiches "Choo-Choo" todavía estaba acordonado por una cinta amarilla de la policía, y Roger estaba irritado porque los policías que investigaban el caso se estaban tomando su dulce tiempo para terminar la investigación. No importaba realmente cuándo le dijeran que podía abrir de nuevo el establecimiento. La clausura y el cese del antro "Choo-Choo" ya habían puesto a su familia en incumplimiento de contrato con Claudia Reynolds. El pandillero Solo estaba muerto y los padres de Roger habían perdido su negocio.

Miró su reloj, eran casi las nueve y media del día, hora de ir al centro de Phoenix. No tenía conocimiento de lo ocupado que estaría el centro ese día. Además de cuestionar a docenas de invitados al antro "Choo-Choo" la noche del crimen y todo un proceso investigativo, al mismo tiempo estaba un Juez de la Corte Suprema finalmente firmando una orden de arresto que venía de la acusación de un gran jurado, la cual había llegado a su escritorio dos meses antes:

## Orden de Arresto: Hrach Roger Munchian

A todos los oficiales del Estado de Arizona:

Una denuncia ha sido presentada en la corte contra el acusado nombrado arriba el día 24 de septiembre de 1991, los crímenes que se le imputan son asalto agravado 1 a 5 y delito grave 3.

La corte ha encontrado evidencia de estos crímenes y cree que el acusado no se presentará a la corte al ser citado, o hará caso a una orden judicial.

Por estas razones se les ordena arrestar al acusado y traerlo ante el Juez para que responda a los cargos.

# CAPÍTULO IX

**Terminal 2 del Aeropuerto Sky Harbor en Phoenix**
**Martes, 24 de marzo de 1992**
**8:00 A.M.**

Cada vez que el Agente de Narcóticos Rod Weasley tenía un presentimiento, raramente se equivocaba. Volteó al final de la terminal y vio a dos tipos cargando dos maletas grandes cerca del mostrador de USAir, un tipo blanco delgado y alto y un mequetrefe hispano regordete, de baja altura. La manera en que se movían, cómo se conducían, volteando para todas partes de manera nerviosa, le dijo que algo estaba por pasar.

Vio como el tipo alto blanco fue al mostrador y pagó en efectivo por un par de boletos mientras que el mequetrefe se alejaba nerviosamente de la terminal. Después de guardar los boletos, el hombre blanco alto lo siguió, salió de la terminal volteando la cabeza de un lado a otro, de manera paranoica, casi torciéndose el cuello. Mientras el empleado de la aerolínea movía las maletas a la banda de equipaje, se acercó al mostrador y le preguntó la información del vuelo; supo entonces que los sospechosos abordarían el vuelo 223 hacia Washington, D.C., que partía en una hora más o menos. Vio a su compañero, el oficial Kevin Deacon de la Policía de Phoenix, cerca de la sala de la aerolínea TWA, caminando por la zona de equipaje con el perro labrador de dos años de edad, llamado "Crackers". Lo llamó y le hizo señas para que trajera a Crackers con él.

Platicó con Deacon de los sospechosos y caminó con él mientras guiaba a Crackers por las carretas de equipaje, enseñándole dónde buscar. Las maletas de los sospechosos estaban en la tercera carreta y al pasar por ella Crackers se detuvo, indicando que detectaba un aroma, ansiosamente tratando de soltarse de la correa y llegar a las maletas.

Vio como Deacon lo soltó y comenzó a hacer su trabajo, trepándose y bajándose de la carreta del equipaje, husmeando hasta detenerse y comenzar a arañar con sus patas una de las maletas marca Samsonite que los sospechosos habían cargado. El oficial caminó hacia la maleta y la sacó de la carreta de equipaje, la apartó de las demás en lo que Crackers regresaba para continuar con su trabajo, husmeando y arañando con las patas, emocionado de haber detectado el olor en la otra maleta, se detuvo de nuevo y comenzó a arañar con las patas y a morder la segunda maleta.

Después de darle las gracias a Deacon por su ayuda, recogió las dos maletas, las colocó junto a una columna y les ordenó a los empleados de equipaje que no las movieran de su lugar. Revisó las etiquetas de las maletas, las dos contenían el nombre: Anthony Rizzo, Ciudad: Menifee, California. Acompañó a Deacon a su carro donde encerró a Crackers en su jaula y procedió a la Sala A para charlar con los dos pasajeros que esperaban salir en el vuelo 223.

A Tony Rizzo le daba asco el frijolito sentado junto a él, viendo por la ventana las maletas que iban subiendo por la cinta trasportadora al avión mientras se sacaba la cerilla de su oído con un clip de papel que había desdoblado. Tony no quería hacer este trabajo, era la primera vez que era parte de una operación así. Nueve kilogramos de mariguana en dos maletas que debía pasarle al contacto del "saca-cerilla" en Washington, D.C. El "saca-cerilla", llamado Miguel, pero con documentos de viaje bajo el nombre de Bobby Cruz, no era de fiar. Rizzo se había relacionado con él hacía poco, pero sabía que el tipo estaba libre bajo fianza por dos cargos de robo mayor en la ciudad de Maryland.

No había querido entrar al negocio de este modo, ya siquiera que lo hubieran conectado con alguien medio limpio, de más edad, alguien que conociera mejor el negocio, y ciertamente que no fuera un frijol sucio "saca-cerilla" como Miguel.

Las cosas se habían complicado con su divorcio, no tenía trabajo y su último encuentro con una navaja marca Schick de doble filo había suscitado su tercer intento de suicidio. Al pensar en eso volteó hacia abajo inconscientemente y miró su muñeca izquierda, la incisión vertical de color rosa estaba sanando bien. Después de que sus muñecas habían sanado, su novia Paulette insistió en que se internara en un hospital psiquiátrico, uno especializado, no en el que cubría el seguro, y luego terminó con él; después le dijo que regresaría con él, pero tenía que empezar a ayudar a pagar las cuentas. ¡Sí, claro!, ¿cómo iba a hacer eso?, sin trabajo, con una economía que apestaba, y todas las cuentas del hospital después del intento de suicidio.

Había salido de California e ido a visitar a su tío Vinnie en Tucsón. El Tío Vinnie, quien tenía un gran rancho y muchas acres, siempre había estado muy bien conectado; tenía una tienda de refacciones usadas de auto fuera de Tucsón, estaba esperanzado que le diera trabajo entregando refacciones de auto o algo así, pero sabía bien que las refacciones no eran de donde venían las buenas ganancias. Vinnie tenía conexiones en México y tenía una red sólida que pasaba mariguana por la frontera. Pensaba que la red de su tío Vinnie era buena, él no hablaba mucho al respecto, pero recordaba una vez que vio paquetes de esa droga apiladas como fardos de paja en el granero.

El Tío Vinnie le había dado trabajo entregando refacciones de auto, pero nunca mencionó nada de meterlo al negocio de la droga. Él se mantuvo sutil, lanzándole indirectas, pero Vinnie no las entendía, o quizás ya se había salido de ese negocio.

Una noche el Tío Vinnie lo llevó a un antro ostentoso en el centro de Tucsón y lo presentó con un tipo forrado de cadenas de oro y rodeado de muchachas guapas, un tipo importante llamado Carlos Martínez. Toda la noche el Tío Vinnie se la pasó contándole a Martínez de su pobre sobrino, Tony, sin suerte, con muchas cuentas que pagar, diciéndole que él no le podía pagar lo suficiente a su sobrino, quizás Carlos tenía trabajo que darle. Carlos le preguntó a Tony si tenía un beeper y él le dijo que sí, Carlos le dio su tarjeta de presentación con un número de teléfono y un número de beeper y le dijo que, si algún negocio salía, le enviaría mensaje para que lo llamara a ese número, que le diera diez minutos pues era un teléfono público y necesitaba tiempo para llegar ahí; generalmente nadie lo usaba, pero a veces tenía que esperar.

Cuatro semanas después, el beeper sonó y Tony reconoció el número, Carlos tenía un trabajo para él. El trato era que él debía pagar dos boletos de avión de ida de Phoenix a Washington, D.C y por dos maletas de buen tamaño. Compró las maletas de una tienda de equipaje llamada "Zarfas Luggage and Gifts" en el centro de Tucsón, pagando en efectivo, luego recogió a Miguel, como se le había indicado, en el Restaurante "The Solarium" en Tucsón. Se vieron con Carlos, quien les dio mil dólares para gastar, les dijo que una vez que llegaran a Washington, D.C., Miguel reconocería a los contactos con quienes debían encontrarse y ellos se llevarían las maletas y le darían a cambio los boletos de regreso a Phoenix. Muy simple, cargar las maletas, entregarlas y obtener dinero fácil. Si hacían el trabajo correctamente, habría más trabajos.

Miguel y él metieron las maletas en su camioneta Nissan y se dirigieron a Phoenix, quedándose en el Hotel "Residence" que estaba cerca del Aeropuerto, en el cuarto 229; se levantaron temprano para agarrar su avión a Washington, D.C.

Ya sentados dentro del avión se comenzó a relajar un poco, estaría más relajado una vez que el avión comenzara a moverse y saliera de la sala, y aún más relajado una vez que estuviesen en el aire y estuviera tomando una rica ginebra con agua tónica. Viendo hacia afuera del avión, aunque la cara angosta del "saca-cerilla" le bloqueaba parte de la vista, notó que el equipaje ya había sido guardado. Las puertas de la cabina estaban cerradas y todos los pasajeros estaban sentados, ¿por qué no estaba el avión retrocediendo?

–El pasajero Anthony Rizzo, favor de reportarse al frente del avión –la voz sedosa de la azafata del vuelo se escuchó por el interfono. Miguel volteó a ver a Tony por primera vez desde que se habían sentado, sus ojos amarillentos bien abiertos.

–El pasajero Anthony Rizzo, favor de reportarse al frente del avión.

Mientras caminaba por el corredor, vio un rayo de luz plateada iluminar el área de la cocina al abrirse la puerta de la cabina, sintió que se le hundía el corazón cuando vio a dos policías entrar al avión, con mirada seria, acercándose a él.

# CAPÍTULO X

**Cárcel del Condado de Maricopa, "Tent City"**
**(Ciudad de tiendas de campaña)**
**Sábado, 11 de septiembre de 1993**
**8:00 A.M.**

Tenía suerte de haber descubierto el truco, qué hacer con las sábanas para que las ratas no te mordieran la cara durante la noche. Su primera noche en la Cárcel "Tent City", Roger había notado que los presos veteranos enrollaban sus colchones que eran del grosor de una oblea en la parte donde descansaba uno la cabeza y aseguraban la parte enrollada con la parte suelta de la sábana rosa; esto no solo los proveía con una almohada improvisada, pero también lograba evitar que la sábana cayese al suelo, lo cual hacía que las ratas treparan a la cama contigo y lo primero que mordían era tu rostro.

Desgraciadamente, su ex compañero de celda en la Cárcel Estrella, Martín Hernández, había aprendido el truco de manera dolorosa. La tercera noche después de ser transferidos allí desde Estrella, los gritos terroríficos de Martín habían despertado a la barraca entera cuando una rata del tamaño de un gato mordisqueaba cachos completos de carne de su rostro, comenzando con su quijada y continuando hacia arriba de su rostro, hasta llegar debajo de su ojo izquierdo. Mientras Martín gritaba, retorciéndose de agonía y sangrando sobre su litera, el resto de la barraca se alzó en una cacofonía de gritos, la locura se suscitó cuando los presos comenzaron a tratar de atrapar a la rata; la lograron atrapar y Martín estuvo tres días en la enfermería.

Una voz distorsionada se escuchó en las bocinas que colgaban del tubo decolorado que sostenía la carpa a la mitad del complejo, despertándolo. Se sentó en su cama y se puso los zapatos, traía puesto el pantalón a rayas y la camiseta de franela rosa. Su camisa a rayas estaba colgada de la litera, la agarró y se la puso; una brisa fresca llegó desde el oeste, trayendo la peste de excremento de caballo y basura vieja. La temperatura por fin estaba bajando y el calor infernal del verano en Phoenix también, pero la peste todavía mantenía su olor rancio. Daba gracias que tan solo hubiera pasado un verano en este hedor, acercándose al último mes de su condena de un año en el Condado.

Lo habían agarrado el 14 de enero en una parada de tráfico, casi dos semanas después de la balacera en el antro "Choo-Choo". Esa noche había pasado por su nueva novia, Corina, y la llevaba de paseo, iba hacia el Sur en su auto "Roger Rabbit" en la Avenida Grand por ahí de las 10:30 pm, Corina aferrada a él, distrayéndolo, causando que manejara en zigzag por el camino, yendo de 50 a 70 kms por hora. Esto llamó la atención de una patrulla y después de detenerlo y revisar su número de placas en el sistema, el policía regresó al auto y le informó que había una orden de arresto contra él por asalto agravado y le pidió que saliera del auto.

Mientras le ponía las esposas, otra patrulla llegó para llevar a Corina a su casa, registraron su auto, confiscaron la pistola china marca Norinco de .9 mm con capacidad para 9 balas, incluyendo una que estaba en la recámara del arma, así como su pistola marca Davis, calibre .38. Luego lo metieron en la parte trasera de la patrulla y lo llevaron al centro de Phoenix, para que pasara por el proceso de registro en la Avenida Madison. El fiel negocio "Choo-Choo" funcionó de nuevo como garantía para la fianza.

Y allí comenzó la pelea legal, Núñez tenía razón, sus cargos jamás fueron "tachados" o removidos por completo de los libros; habían sido más o menos preservados, dejados de lado temporalmente como bonos de ahorro y sirviéndole al Fiscal de Distrito como cargos acumulados. Juntaron los cargos de asalto y de mariguana y le dijeron que serían un par de décadas, 20 años, las que pasaría como invitado personal del Estado, que ojalá y le gustara el color naranja.

Después de ocho meses de batalla en la corte, se declaró "nolo contendere" (no refutó los cargos), aceptando una condena de doce meses en la cárcel del condado y cuatro años en libertad condicional. Al juntar los cargos el caso del Estado se hacía más fuerte, su abogado le hizo saber que tenía muy pocas probabilidades de una condena menor si el caso iba a juicio, frente a un Jurado.

–Así es como juega pelota con tipos como tú el Estado, Roger –le dijo su defensor público–. Depositando todos tus cargos en una cuenta pequeña de ahorros, por decirlo así, y cargándotelos todos más tarde. Aceptas el trato que te ofrecen para que no tengas que hacer una condena completa, de ese modo no sobrecargan las cortes y no se quedan sin camas en el Departamento de Servicios Penitenciarios de Arizona. Y, mientras tanto, se aseguran que el infierno por el que pases sea el lidiar con tu caso en la corte al colgarte una buena sentencia sobre tu cabeza. Eres uno de los pocos suertudos, la mayoría no tienen colateral que poner de garantía así es que deben pelear su caso tras las rejas.

Su opción era aceptar el trato o enfrentar todos los antecedentes en la corte con el jurado, y el jurado le daría la máxima condena. En efecto esto había sido todo un infierno, largos meses pensando que para cuando saliera del Departamento de Servicios Penitenciarios de Arizona sería un anciano y no tener ya más que usar el uniforme color cáscaras de naranja.

Su sentencia empezó el 16 de octubre de 1992, la pena de un año comenzaba en la Cárcel Estrella del Condado. Su compañero de celda era Martín Hernández, él estaba allí por mover una cantidad seria de mariguana de México a Estados Unidos.

Argumentando que tenía un negocio del cual tenía que encargarse, Roger calificaba para la licencia laboral. Un poco menos de un año después de que entró a Estrella, se abrió "Tent City", construida con un excedente de tiendas de campaña de la guerra de Corea que el Alguacil Joe había obtenido y había convertido en un campamento de alambre de púas detrás de la Cárcel Estrella. Como broma, había puesto un anuncio que decía "habitación disponible", el cual brillaba desde la torre de guardia en luz neón color rojo cada noche e iluminaba el complejo. El módulo de Roger en Estrella fue uno de los primeros grupos en ser seleccionado para convertirse en los acampadores felices del campamento de Joe.

El tipo delgado y alto que ocupaba la litera junto a él estaba dormido, a ese lo habían transferido un mes atrás de la Cárcel Durango a las tiendas de campaña, era un pez fresco quien se había presentado como Tony Rizzo y no dijo mucho más después de eso. Aunque era alto y tenía una apariencia de resiliencia ruda, se desenvolvía con una timidez de niña, lo cual lo hacía presa fácil; había visto a Tony ser golpeado por lo menos dos veces por semana y a Roger le daba lo mismo este tipo, pero después de que Martín perdiera su licencia laboral por pelearse y lo mandaran a la cárcel de la Calle Madison, comenzó a conocer a Tony Rizzo un poco mejor.

## 2:20 P.M.

. . . . . . . . . . . . . . . . . . . . . . . . . . . . . . . . . . . .

Las cortinas de la tienda de campaña se abrieron y no había mucho más que hacer que ver cómo el sol de la tarde cocinaba el piso del desierto, más seco cada minuto que pasaba. Estaban en encierro por seguridad, confinados a sus camas en las literas, Roger jugaba Solitario; Tony se estiró desde su litera, las manos agarradas tras su cabeza, viendo a la litera de arriba.

Rizzo fue al grano, diciéndole toda su historia. El tipo no se guardaba mucho para él mismo, trataba de impresionarlo, y Roger sabía que era un tipo de esos que te traicionaría rápido en la calle. Le echó la culpa a su compañero por todo lo que había pasado, un tipo llamado Miguel, que se hacía pasar por "Bobby Cruz".

–Ves, Bobby… Miguel… fue el responsable de empacar las maletas. Yo solo iba a cargarlas y comprar los boletos, Miguel fue el que recogió el paquete y lo empacó. Hombre, no fue lo suficientemente inteligente como para forrar las maletas por dentro con algo, sabes, como para despistar a los perros, yo pensé que sería un poco más inteligente.

–Y tú, ¿lo hubieras sido? –dijo Roger.

Tony guardó silencio por un minuto, y Roger pudo ver que lo estaba pensando, pensando en cómo forraría una maleta para despistar a los perros.

–No, supongo que no; en fin, me metieron a la Cárcel Durango, me dejaron en el hoyo de la peste, en el edificio uno, módulo A, hasta que pudiera hacer que mi Tío Vinnie pagara tres mil quinientos dólares como fianza. Luego jugué su juego en la corte por dos meses, hombre, qué bueno que pagué la fianza, no habría podido permanecer en ese hoyo, yendo a la corte en uniforme de rayas como los otros tipos.

–Y, ¿dónde está Miguel ahora?

–En la Cárcel "Towers Jail", hombre, al menos él está en un lugar fresco, no en un lugar como éste, sudando. De cualquier forma, Miguel tiene antecedentes, así es que tendrá que pagar e ir al Departamento de Servicios Penitenciarios de Arizona. A mí me dieron seis meses aquí, con licencia laboral, y luego un año de libertad condicional; tengo que hacer la libertad condicional aquí en Arizona, hombre, no puedo salir del estado, no puedo regresar a California, hombre. Si no fuera por mi chica Paulette estaría en el hoyo en Durango, ella me recoge aquí y me lleva a mi trabajo de limpia albercas, sin ella, violaría mi licencia laboral, sabes, no podría hacer mi trabajo, y entonces me meterían de nuevo a la Cárcel Durango, allí hay unos tipos a los que no les caía muy bien, hombre, ahí no podría operar, ¿sabes?

Roger perdió su mano de Solitario y empezó a barajear las cartas de nuevo.

–Necesitas comenzar a entender cómo funciona esto, Tony. Necesitas manejarte en este lugar como si supieras lo que haces, de otro modo no volverás a ver California de nuevo.

–¿Es por eso que siempre caminas por aquí viéndote muy seguro de ti mismo?

Roger barajeó las cartas de nuevo.

–Nadie me asusta en este lugar porque no se los permito.

–Hombre, no estoy seguro de qué voy a hacer, me van a dar este trabajo de tiempo completo cuando termine mi sentencia aquí, un trabajo permanente, sabes, pero los policías se llevaron mi camioneta, la metieron al corralón porque la usamos para transportar la mota desde Tucsón, pero Paulette, como dije antes, me lleva y me trae, y dice que tiene que regresarse a California. Su hija se está quedando con la abuela y Paulette siente que está siendo una mala madre quedándose aquí, ayudándome, dice que de ninguna forma se puede quedar aquí un año completo y llevarme a diario a trabajar para que no viole mi libertad condicional, sabes, porque necesito tener un trabajo, sabes, para pagar las tarifas legales y eso. Digo, Roger, está hablando en serio, ¡está diciendo que se regresa a California la semana que entra, hombre!, de ser así no tendré quién me lleve al trabajo y entonces me regresarán a la Cárcel Durango de seguro. No puedo regresar allí, hombre, ni por un solo día.

–Pues entonces, cómprate una carcacha, algo que puedas usar para ir y regresar del trabajo.

–No tengo dinero, hombre.

–Sabes, encuentras muchas escusas para hacerte la vida difícil, ¿o no?

Fue entonces que el tipo se abrió por completo, contándole todo su triste pasado, le contó todos sus problemas actuales en California con el divorcio y cómo habían salido afectados sus dos hijos pequeños. Luego se enfocó en su niñez, contándole a Roger cómo su madre abusó de él desde que tenía cinco años, dos de esas veces lo golpeó tan severamente que lo tuvieron que hospitalizar. Dijo que había intentado suicidarse tres veces ya, la última vez fue cuando se internó en un hospital de crisis, y sí, hizo que se sintiera mejor, pero las cuentas lo hundieron, por lo que pensó que uno o dos trabajos con su tío bastarían y estaría en mejor forma, pero aquí estaba ahora, el tipo era un perdedor perpetuo y Roger lo sabía.

## Miércoles 15 de septiembre

· · · · · · · · · · · · · · · · · · · · · · · · · · · · · · · · ·

Lo único bueno de la licencia laboral era que no tenía otra cosa en qué concentrarse más que su trabajo, el cual le permitía construir una red de negocios. Cada mañana, el viejo McFadden le sonreía, contento con la forma en que su empleado "gorrión de cárcel" producía ganancias para él, pero podía sentir una ansiedad creciente en McFadden, su cabello se caía, la preocupación transformaba su palidez color arcilla a un gris profundo bajo su barba sin rasurar, canosa y espinosa. Se ausentaba por mucho tiempo, trabajando arduamente para tratar de abrir nuevas sucursales por el Valle de Phoenix; cuando regresaba a la oficina por la noche, podía oler el hedor a menta que enmascaraba su aliento alcohólico y a menudo le preguntaba cómo estaba.

–Estamos expandiéndonos, hijo, expandiéndonos – decía McFadden, forzando una sonrisa con dientes amarillentos. Luego se encerraba en su oficina y ya no lo veía el resto del día.

Un día regresó a la cárcel a las 8 pm, su hora límite de regreso. Su novia nueva, Annette, lo dejó en la puerta de la cárcel. Al formarse en la cola de acampantes felices del Campamento de Joe que esperaban ser procesados para reacceso, vio a Rizzo que empujaba a la multitud para acercarse a él.

–Te ves como si te hubiera calentado la muerte –le dijo a Rizzo; arrugas de preocupación se marcaban en la frente de Rizzo, y se veía como si no hubiera dormido en un mes.

–Voy de regreso al hoyo, hombre –replicó Rizzo.

La cola comenzó a moverse lentamente. Más adelante estaba un grupo de presos, vestidos de civiles, y parados con las piernas abiertas, con las manos sobre la valla de tela metálica, siendo tentados por el oficial de distrito que trabajaba en la entrada esa noche.

–Durango, hombre, me mandarán de regreso al hoyo Durango.

–¿Qué pasó? –preguntó Roger.

–Paulette, hombre, se va el viernes, de regreso a California, como había dicho.

La cola comenzó a moverse de nuevo, él y Rizzo eran los siguientes para llegar a la valla.

–Sales en un mes de aquí, no es como si te fueras a quedar en el hoyo por una condena completa, igual y te hace bien, tiempo contigo mismo en silencio.

–Roger, ¿no oíste lo que dije el otro día?, no puedo regresar allá, tengo problemas con esa gente, no duraré mucho Roger, no sobreviviré una semana.

Le dio tranquilidad que el oficial interrumpiera la conversación, ordenándoles que abrieran las piernas mientras se recargaban sobre la valla; anhelaba que la interrupción le pusiera punto final a la conversación, pero no tuvo suerte, al ir caminando por el reflejo de las luces de sodio del complejo, Rizzo lo alcanzó de nuevo.

–La única solución sería que pudiera comprar el auto que te había contado, ya sabes, la camioneta pickup que encontré a quinientos dólares, pero hombre, no tengo la lana –entraron a la tienda de campaña y caminaron hacia sus literas.

–Otra solución sería pedir custodia protectora, para asegurar que no te metan a la cárcel de la calle Main.

–Custodia protectora significaría estar veintitrés horas en encierro hombre, yo no podría soportarlo, ¡no hay modo!

–Entonces estás en serios problemas Tony.

Agarró un libro de carátula blanda de su cajón y se metió a su cama, haciendo que Rizzo se callara al meter su nariz en el libro. Rizzo se sentó en la orilla de su propia cama, mirando al piso.

–Hombre, si tan solo pudiera conseguir los quinientos dólares para la camioneta.

Cansado del juego de Rizzo, cerró su libro, recargando su torso sobre su codo.

– ¿Por qué no mejor vas al punto y me preguntas Tony?

–Oh… ¿tendrás quinientos dólares que puedas prestarme, ya sabes, hasta que te pueda pagar?

–Pues no los traigo exactamente aquí conmigo Tony.

–Sí, pero, tú sabes, trabajas en una Agencia de Seguros, ¿no? Paulette y yo podríamos pasar mañana temprano, solo dime dónde está.

Lo último que quería era que Tony Rizzo pudiera localizarlo una vez fuera, pero el tipo era patético, estaba genuinamente aterrado de regresar a Durango; aun si lograba que lo pusieran en custodia protectora, sabía bien que perdería los estribos en el encierro, y lo encontrarían una mañana en los baños colgado de la regadera con su toalla. Nadie sobrevivía el cuarto intento de suicidio, sabía que se arrepentiría.

– Esta bien, Tony. Ve mañana y te daré el préstamo –se escuchó a sí mismo decir.

La siguiente mañana estaba sentado en su escritorio cuando vio un auto marca Impala, oxidado, color marrón, entrar al estacionamiento, del auto salieron Tony y su novia, ella venía manejando, entraron a la oficina, Tony con una gran sonrisa en su rostro.

–Hey, nunca conociste formalmente a Paulette – le dijo a Roger después de intercambiar saludos. Ella era muy delgada, con cabello esponjado color obscuro, ojos cafés grandes que cautivaban, cuando sonreía sobresalían sus dientes derechos y tenía una voz sedosa. Le estrechó la mano de un modo que le hizo saber que el mensaje era que la próxima vez que Tony no estuviera presente la buscara.

Le dio a Rizo quinientos dólares en efectivo y se fueron. Paulette volteó mientas caminaba hacia la puerta y le guiñó el ojo y le sopló un beso mientras Rizzo salió por la puerta muy ansioso de ir a recoger su auto nuevo.

Roger supuso que jamás volvería a ver ese dinero. Resultó que habría sido mejor si jamás lo hubiera visto de nuevo.

# CAPÍTULO XI

**Tucsón, Arizona**
**Febrero de 1996**

–Ves, como resulta esto, me debes más de cien mil dólares.

Tony Rizzo estaba tratando de hablar rudamente mientras tomaba. Estaban sentados en un bar al aire libre, viendo los edificios locos de estuco del centro de Tucsón de colores pastel. Rizzo había pedido una cerveza grande y estaba comiendo una hamburguesa extra grande término medio con unas papas a la francesa amontonadas en un plato.

Tony eventualmente regresó a pagarle los quinientos dólares que le había prestado, regresó un año después a pagárselos, se veía muy atractivo, adornado con oro y manejando un auto nuevo. Resulta que mientras Roger había estado todo el año anterior portándose bien, y cumpliendo con su libertad condicional, Tony había comenzado a expandir su negocio. Tony soltó toda la sopa, contándole a Roger cómo había empezado a entregar cargas de mariguana a clientes de su tío por todo el país, siempre andaba viajando, moviendo pesos grandes de droga y cobrando diez mil dólares por carga. Luego había conseguido algunos clientes por su cuenta, su mejor cliente era un judío en Detroit al que llamaban "Robbie el judío".

Tony era un idiota, le contó cómo casi no sobrevivió su primera entrega para Robbie y como había logrado sacar el trato adelante asegurando una carga de mariguana de alta calidad con Carlos, su contacto en México. Había manejado él mismo a Detroit en febrero con la carga completa, venía desde Arizona y no se había vestido de acuerdo al fango congelado y el granizo del centro de Detroit en la

85

mitad del invierno.

Tony dijo que se suponía que iba a encontrarse con Robbie en el Hotel "Omni" pero cuando llego allá, uno de los secuaces de Robbie, un tipo enorme llamado Juan White, se encontró con él en el bar. Tony le dijo que había dejado la carga en el auto, el cual estaba estacionado más adelante en la calle, Juan se mostró algo emocionado de que le diera las llaves del auto para ir a revisar la carga antes de pagarle. Tony dijo que sintió haber hecho la jugada correcta al insistir que revisaran la carga juntos, pero lo único que logró fue hacer enojar a Juan; cuando Juan regresó le dijo que la droga no era de calidad, ofreciéndole la mitad de lo que habían acordado. Tony dijo que no tenía más conexiones en Detroit y no quería tener que verse manejando la carga de regreso, así es que llamó a Carlos y logro que Carlos accediera a la oferta de Juan.

Cuando Tony regresó al rancho de su tío en Tucsón, Carlos estaba ahí, afuera del establo de su tío, recargado en la camioneta pickup, tomándose una cerveza Budweiser de cuello largo. Tony le entregó el efectivo, esperando que Carlos sacara de allí los diez mil dólares de su pago, que le diera su parte, como era costumbre, pero en vez de eso, Carlos se quedó con todo el dinero, diciéndole a Tony que le debía más de cincuenta mil dólares, para cubrir la diferencia. Tony le dijo que no entendía, Carlos había estado de acuerdo con el trato cuando lo llamó desde Detroit, pero Carlos le explicó, a su modo loco, que él esperaba cierto margen de ganancia de cada negociación, y él esperaba que sus empleados cubrieran la diferencia cuando una carga resultaba incompleta. Tony dijo que pudo soltar dos palabras en protesta antes de que una manopla de nudillos de bronce le cerrara la boca por un mes entero.

Tony le explicó también que había dejado de hacer entregas de cargas para su Tío Vinnie, ya que éste le debía dinero. No estaba mal, sin embargo, pues esto lo hacía enfocarse en obtener clientes nuevos, para lo cual Tony decía que era bueno, pero lo único para lo que Tony parecía ser bueno, Roger suponía, era para que lo estafaran.

Tony le pagó los quinientos que le debía, sacándolo de un fajo de billetes que quería que Roger viera, pero Roger sabía que Tony tenía un motivo oculto al venir a pagarle lo que le debía. Buscando el modo, Tony reveló que quería que lo metiera al negocio de Seguros y preguntó si McFadden vendía franquicias, preguntándole si podía hacer negocio con él y abrir una sucursal en Tucsón. Según Tony, quería tener algo legítimo, pero Roger sabía que Rizzo necesitaba una forma para lavar su dinero de tráfico de droga.

McFadden pidió cien mil dólares para comenzar la franquicia, Tony se lo entregó en efectivo y McFadden asignó a Roger para que supervisara la operación de la sucursal de Tucsón, atando a Tony Rizzo a Roger, más cerca de lo que quería tenerlo.

Tony jamás ganó un centavo de su inversión, jamás tomó el negocio de manera seria, Paulette era la que manejaba el lugar. Roger se daba vueltas frecuentemente por ahí, tratando de que el lugar se mantuviera solvente, tratando de enseñarle a Paulette cómo hacerlo que funcionara. Pero la sucursal siguió hundiéndose, Paulette se volvía loca y Tony se la pasaba demasiado drogado con su mismo abastecimiento como para darse cuenta que su inversión iba directo al caño.

Y luego McFadden anunció que estaba en bancarrota. Fue entonces cuando todo hizo sentido, la batalla de McFadden con la botella, sus juntas constantes con banqueros, su calendario de trabajo tan alborotado. Había tratado de expandir el negocio más rápido de lo que el dinero podía solventar.

La franquicia de Tucsón fue liquidada con todo lo demás; cuando Roger fue a poner el anuncio que decía "En cierre" en la sucursal de Tucsón, Tony empezó a insultarlo, con el teléfono en la mano, haciéndole saber a Roger que iba a llamar en ese mismo momento a "su gente" para que manejaran a Phoenix y terminaran con McFadden. Mientras Tony marcaba un número de teléfono, Roger caminó hacia su auto y agarró su pistola de .9 mm. Había sido la primera vez desde que había comenzado su libertad condicional que su dedo había tocado el gatillo de la pistola y la ráfaga de poder que sintió le gustó. Entró de nuevo a la oficina, Tony estaba en el teléfono, caminó hacia él y le recargó el cañón de la pistola en la frente marcándole un punto en ella.

–Cálmate Tony –le dijo.

Tony colgó el teléfono sin decir adiós. Cuando Paulette entró a la oficina, con un vestido ajustado y corto del diseñador Halston, Tony trató de actuar como si fuera muy rudo pero su voz se quebrantaba al hablar.

–Salte. Lo nuestro se acabó –le dijo Tony a Roger.

Roger se salió, sosteniendo la pistola a su costado, sintiéndola de nuevo, esa sobrecarga de energía que llegaba cuando acorralabas a un tipo a punta de pistola, ese sentimiento de control sobre la vida y la muerte, más poderoso que cualquier droga. Una vez más, había tratado de ser derecho después de que la vida de crimen le había costado un año de su libertad, había estado seguro de que el año en el campamento de tiendas de campaña había sido suficiente como para mantenerlo del lado correcto, sí claro, hasta que sintió la sobrecarga de energía al ponerle la pistola a Rizzo en su frente y eso lo hizo pensar las cosas de nuevo.

Extrañaba el sentirse como dios y tener control completo, el tipo de control que tan solo conseguías a través del poder, el tipo de poder que solo conseguías al sostener el otro lado de una pistola.

Roger se había quedado con sus clientes de la Aseguradora y había convencido a sus padres de usar la localidad del lado oeste para abrir su propia agencia de seguros, sintiéndose todavía culpable por lo que les había pasado con la tienda de sándwiches "Choo-Choo". Habían renombrado el establecimiento con el nombre "Diamondback Insurance". Su libertad condicional lo había mantenido enfocado y fuera de problemas hasta seis meses después de salir de la prisión, cuando recibió otra llamada de Tony, pidiéndole que fuera a Tucsón y se vieran; se aseguró de llevar consigo su pistola de .9 mm cuando manejó hasta allá para encontrarse con él, encendiendo de nuevo la sobrecarga de energía, dándole a Roger ese sentido de vulnerabilidad que había estado deseando sentir de nuevo.

Así que ahí se encontraba Roger, Tony fue al grano enseguida, recordándole cuánto había perdido.

–Tony, eso era una inversión, ¿sí?, a veces ganas y a veces pierdes. Tú tomaste el riesgo.

–¿Quieres decir que no sabías que el viejo ese estaba teniendo problemas económicos? Hombre, me lo podrías haber dicho y me hubiera echado para atrás, hombre.

–No, Tony; no lo sabía.

Tony sacudió la cabeza, tomando un trago de su cerveza.

–Quisiera poder creerte, hombre. Cien mil dólares.

–Y, ¿qué quieres que haga Tony?, ¿qué?

Tony se quedó sentado, viendo los edificios de color pastel, su barba recargada en la boca del tarro de cerveza, haciéndolo ver como que estaba pensando las cosas. Había engordado en ese año y si Carlos no lo mataba eventualmente, sus arterias contaminadas de grasa lo harían, era cuestión de tiempo para los dos.

Rizzo se quedó sentado por un largo rato, pretendiendo pensar las cosas, pero Roger sabía qué hacía, este tipo traía ya todo planeado.

–Traigo unos choferes que andan entregando producto mío, estoy tratando de enviarlos en un par de rutas nuevas, que me ayuden a establecer algunos clientes nuevos. Sin embargo, tengo que asegurarme de tener bien cuidado al judío en Detroit, ese es un tipo al que no quieres hacer enojar y se va a molestar si no mantengo su producto fluyendo.

El cantinero puso otro Vodka Absolut con jugo de naranja frente a Roger.

–¿Qué tipo de producto y de qué peso estamos hablando?

Tony alzó una ceja mientras miraba a Roger, contento de ver que mostraba interés.

–Entre ciento ochenta y doscientos treinta kilos por carga, mariguana, toda empaquetada y cargada en bolsas de gimnasio. Todo lo que tienes que hacer es manejar mi Jeep hasta Detroit y entregar la carga; asegúrate que "Robbie el judío" no trate de timarte como lo hizo conmigo en mi primer viaje. Juan White es el tipo con el que debes tener cuidado, no confíes en él, fuera de eso, está sencillo. Generalmente les pago de diez a quince mil dólares a mis choferes por ir a Detroit. Si vas cinco veces, considero tu deuda pagada.

Sintió la adrenalina como no la había sentido en un buen rato. Esta era la sobrecarga más fuerte que había sentido, nada que ver con el sentimiento que había tenido al mover el pequeño peso que le había costado un año en el Campamento de tiendas de campaña. Primero, la pistola en su mano el día que le puso el cañón en la frente a Rizzo y ahora esto, se sentía tan bien, muy bien. El dinero y el poder estaban de nuevo a su alcance.

Sabía que no le debía nada a Tony, el cuate había hecho una inversión y la manejó como un tarado. Tony era tonto y flojo, dos de las cualidades más peligrosas en un criminal. Quizás ahorita las cosas le estaban saliendo bien a Tony, moviendo droga por todo el país, pero Roger sabía que no le duraría el gusto, estaba montado en la suerte, pero cuando ésta se le acabara, eran los que sí tenían cerebro, instinto y habilidad para usar las armas los que generalmente sobrevivían.

Tony no tenía ninguna de esas habilidades, era un imbécil, peor que eso, era un imbécil quien se creía que era bueno en lo que hacía, convirtiéndolo en un imbécil peligroso.

Sin embargo, el instinto de Roger le decía que esa racha de suerte podía durar lo suficiente como para que él sacara algo de provecho.

–Entonces, ¿qué opinas Roger?

Roger se tragó el resto de su bebida, sintiéndose obligado a poner a Tony en su lugar.

–Si manejas tu negocio de droga del mismo modo que manejaste el negocio de seguros, tú y yo tendremos problemas serios a la larga, ¿lo entiendes? Tan solo te lo voy a advertir una sola vez, voy a ir a checar este negocio, pero si percibo algo que esté mal, cualquier cosa que este fuera de lugar, regreso con el producto, te pongo una bala justo en el mero centro de esa frente grande que tienes y encuentro mi propio cliente, ¿nos entendemos?

Tony se volteó en su silla y miró a Roger, tratando de verlo directo a los ojos.

–¿Me estás amenazando?

–No, te lo estoy prometiendo.

–No te metas con las cosas de Carlos, necesito advertírtelo.

–Carlos no me preocupa.

–Debería preocuparte.

–Nadie se mete conmigo, nadie se mete con mis cosas, solo estoy poniendo las cosas en claro Tony, haré esto por ti, pero si tratas de timarme, serás un cadáver.

Estiró la mano y Tony se la tomó. La mano de Tony estaba fría y sudorosa pero el trato estaba sellado.

Hrach Munchian, alias "Roger Rabbit", sintiendo la adrenalina de poder, estaba de vuelta a las andadas.

# CAPÍTULO XII

**Detroit**
**Febrero de 1996**
. . . . . . . . . . . . . . . . . . . . . . . . . . . . . . . . . . . .

El tipo en el radio, en la estación Detroit 760, WJR, estaba diciendo que, con el factor del viento, la temperatura afuera era de menos veintitrés grados centígrados. Roger sabía que estaría todavía más frío en el centro de Detroit, con el viento que soplaba del Rio Detroit y que estaba cubierto de hielo. El viento rugía entre la piedra y el granito de los edificios del centro y ese tipo loco "Robbie el judío" quería que estacionara el maldito Jeep en un parquímetro a cinco cuadras, pensando que era tan idiota como para caminar ese tramo en la porquería invernal, ni de chiste.

Se estacionó en el estacionamiento del Hotel "Omni". En la parte de atrás del Jeep traía una bolsa de gimnasio llena de fardos de mariguana, escondida entre otras maletas, noventa kilogramos. Se estacionó en el lugar más cercano al elevador.

Miró su reloj mientras entraba a la lujosa estancia del hotel, venía quince minutos retardado. Perfecto. La idea era llegar tarde a estas cosas, darte la oportunidad de divisar cualquier problema. Se detuvo cerca del mostrador, para poder tener una buena vista de la sala de espera, percatándose que el bar estaba lleno, en su mayoría, de hombres de negocio con hombros caídos, y mujeres que se veían cansadas, pero ninguno se parecía a la descripción que tenia de Robbie. Sin embargo, había un tipo afroamericano fornido ahí, con labios gruesos, tomándose una cerveza, obsesionado con su teléfono celular y ansiosamente volteando a la entrada de la sala de espera. Lo dejó que esperara otros cinco minutos antes de ir a donde estaba él.

El tipo lo vio entrar al bar, sin ninguna reacción al principio hasta que se percató que éste era el tipo al que estaba esperando. Vio como el enojo se apoderó de su rostro en lo que se ponía de pie.

—¿Eres Munchian? —preguntó.

—¿Quién quiere saber?

—No te hagas el simpático, que no estoy de humor.

—Tú no te pareces a la descripción del tipo que estoy buscando.

—¿Sí?, y, ¿cómo se ve el tipo al que buscas?

—¿Quién pregunta?

—Mira niño, no sabes con quién te estás metiendo.

—Tengo bastante idea.

Se quedaron ahí parados, viéndose uno al otro. Roger sabía que el tipo estaba pensando cuál sería su siguiente paso, tratando de medir al novato. El orangután meneó la cabeza y soltó una carcajada, tomando asiento de nuevo en su banca.

—Muy bien, hombre. Mi nombre es Juan, Juan White. Estás buscando a un tipo que se llama Robbie, ¿verdad?

—Con ese mismo fue con el que hice la cita, ¿por qué no está él aquí?

—Porque él es el jefe y no va a hacer nada que no quiera hacer. Él me mandó, ¿me quieres decir dónde está el Jeep?, se suponía que lo ibas a estacionar en la calle.

—Y, ¿cómo sabes que no está ahí?, ¿tienes a alguien vigilando?

—Nos aseguramos de que sigas el plan, el cual no estás siguiendo hasta ahora.

—O más bien solo estás tratando de robarte mi producto.

—¿Dónde está el vehículo?

—Por ahí, ¿dónde está el dinero?

—Por ahí. ¿Robbie te dijo cómo funciona esto?

—Hizo algunas sugerencias.

—¿Sugerencias?, hombre, ¿con quién crees estar hablando?

El tipo hizo un movimiento con la mano, abriéndose la chaqueta para dejarle ver la empuñadura de su pistola metida en la cintura de sus pantalones de mezclilla. Roger miró a Juan firmemente a los ojos y le dio una pequeña palmada a la bolsa derecha de su chaqueta, para que se entendieran el uno con el otro. Juan tragó saliva fuertemente.

—El modo cómo esto funciona es que me das las llaves del

vehículo y esperas aquí mientras yo voy a revisar el producto. Así funciona la transacción, amigo.

–No esta vez –contestó Roger.

–¿Cómo se supone que me asegure que el producto es de buena calidad?

Roger dio un paso más para estar todavía más cerca de Juan y sacó una bolsa de mota de su bolsa, se la dio a Juan.

–Revisa esta muestra, si al judío le gusta, entonces te llevo donde está el resto del producto y hacemos el intercambio.

Juan lo miró y luego soltó una carcajada, metiéndose la bolsa con la mota en la bolsa de su chaqueta y empinándose el resto de su cerveza.

–Eres un cebolla loco, pero me gusta tu estilo. Tu amigo, Tony, es un idiota y contrata a puro idiota para hacer negocio; excepto a ti.

Juan estiró la mano y aceptó la muestra.

–Sí, creo que podemos hacer buen trabajo juntos. A veces escucho cosas, sabes, gente que aprecia a un buen mensajero, yo te aviso.

## Justo afuera de Detroit
## Abril de 1996
· · · · · · · · · · · · · · · · · · · · · · · · · · · · · ·

Roger finalmente conoció a "Robbie el judío" en su tercer viaje a Detroit y tuvo un mal presentimiento enseguida. Medía un metro setenta y cinco centímetros, pesaba ochenta y seis kilos y tenía una barba de candado canosa, aunque tan solo tenía unos treinta y tantos años. Tenía uñas sucias llenas de aceite y manos con callos, parecía ser que había pasado sus días como mecánico, encorvado en el cofre de autos viejos que habían salido de las líneas de ensamble de Detroit muchos años atrás.

Se conocieron en un restaurante del camino llamado "Walt's Coney Island", un lugar desvencijado que tenía un anuncio de un hot dog con lentes obscuros de madera colgado de la puerta principal. Robbie agarró un hot dog Coney del plato grasoso y se metió la mitad a la boca comiéndoselo de un bocado, chupando la grasa de sus dedos empapados de aceite obscura.

Roger había pedido un refresco de Cola.

—No sabes de lo que te pierdes, hombre –le dijo Robbie, mientras el jugo de la salchicha pasaba de sus labios al candado de su barba y desaparecía en ella–. Solo en Detroit, hombre, encuentras hot dogs Coney como este.

—Prosigue diciéndome cómo funciona este negocio –dijo Roger, tratando de concluir la junta lo antes posible.

—Ah, sí, bueno, está bien, déjame nada más aclaro algo, ¿Rizzo te tiene entregando cargas gratis?

—Estuve de acuerdo en hacer esto para borrar una deuda que tenía con él.

Robby sacudió la cabeza en negación y se terminó el resto de su hot dog de una mordida y agarró el segundo hot dog.

—Tienes talento innato, Juan dice que eres inteligente. Podrías fácilmente tener tu propio negocio, conseguirte unos cuantos clientes, yo te puedo conectar con un par de proveedores. Y ¡bum!, ya entraste. Pero aléjate de ese loco Carlos, es muy inestable. Rizzo va a acabar en problemas con ese tipo. Número uno, no es suficientemente inteligente para reconocerlo. Dos, es demasiado tonto como para saber cómo salirse del negocio una vez que a Carlos se le suelten las tuercas.

—¿Qué quieres decir?

—Sepárate de Rizzo en cuanto puedas. La primera impresión que tuvimos del tipo, la primera carga que nos trajo, llegó a la mitad del invierno en un rompevientos, con tenis, y dejó que Juan lo timara, acordando que le pagáramos la mitad de dinero por la carga. Luego, luego, nos mostró que es un tipo que se deja doblar; se ganó una paliza de Carlos cuando regresó a casa, le dejó endentados los nudillos de bronce en la cara. Tonto. Además, está cada vez más gordo y lento. Tendré que darle una lección pronto por estropear una carga el mes pasado.

—Planeabas robarle en grande la primera vez que vine yo, ¿no? Juan tenía a alguien listo para robar el vehículo en cuanto yo lo estacionara, ¿estoy en lo correcto?

Robby comenzó a comerse el segundo hot dog.

—Lo que es pasado se queda en el pasado, sabes. Sí, se roban autos en el centro de Detroit todo el tiempo, este lugar es peor que Beirut, sabes, la única diferencia es que tenemos ese conjunto de edificios de vidrio en el Río que parecen columnas de fichas de póquer, el Centro "Renaissance", y una mano gigante en forma del puño del boxeador Joe Louis dando la bienvenida, gritando armonía racial.

Robby prosiguió.

–Una vez llevé una carga a Fargo, en Dakota del Norte, y pasé por Brainerd, en Minnesota, allí tienen un toro azul gigante, aquí tenemos un puño. A veces pienso que deberían de ponerle una navaja grande al puño para decirles a los visitantes qué esperar al venir aquí: Bienvenidos a Detroit. Pero, lo admito, Tony me dice de la nada, que tiene a un tipo nuevo que viene para acá y yo no estaba muy contento con el tipo que me había mandado hasta entonces, el cual parecía que se había fumado la mitad del mandado en el camino, así es que no tenía muchas expectativas, sabes, pero llega un tipo como tú y Juan me dijo que tenía que conocerlo, un cebolla inteligente que le dio varias vueltas, me hizo pensar las cosas una segunda vez, tomó bastante que Juan admitiera algo así.

–Gracias por el voto de confianza. Bueno, y ¿cómo funcionan las cosas aquí?

Robby se tragó el resto del hot dog y movió el plato hacia el centro de la mesa.

–El modo en que te diferencias de los demás es probando que puedes mover buen producto y que lo puedes obtener de manera rápida. Lo entregas correctamente y a tiempo y vales oro. Tony tiene un buen proveedor, pero la forma en la que maneja su negocio – Robby sacudió la cabeza–. Descuidadamente. Yo me encargo de proveer al lado oeste, Farmington Hills y el área Sur, algunas comunidades afroamericanas y a muchos blancos de dinero, sabes, altos ejecutivos y demás. Mi proveedor del este es Simón, no te voy a decir su apellido, pero él se encarga de los afroamericanos del lado este sin problemas. Sin embargo, le ha costado trabajo, penetrar la comunidad aramea. El que opera allí es otro tipo que irónicamente se llama igual, pero su nombre es con "e", Simen Semma, un armenio –se carcajeó al decirlo–. Es el típico cabeza turbante, también lo conocen como "Cien por Ciento", como "Yo" y como "Simen Teflón". De cualquier modo, he estado tratando de adentrarme en su red en los suburbios del sureste, es una comunidad grande de "monta camellos", pero son muy unidos, sabes. La cosa, Roger, es que si consigues un representante que entregue buena droga a tiempo, te ira bien. Las balaceras y los robos no están a nuestro nivel, deja que los neandertales debajo de nosotros se maten unos a otros; nosotros solo la compramos y la distribuimos, sabes, ¿estas listo para ganar buen dinero Roger?, digo, ¿realmente bueno?

–Dijiste que no haces robos, pero te ibas a robar mi primera carga aquí.

Solo para darle un apretón a Tony –Robby se puso de pie y dejó varios billetes sobre la mesa. De salida agarró un palillo de dientes en el mostrador y se salió sacándose la comida entre los dientes hasta llegar a su Auto Maserati que estaba estacionado al otro lado del estacionamiento. Sacó un sobre de adentro del auto y se lo dio a Roger, Roger lo contó, eran cien mil dólares.

–¿Esta es la última vez que trabajas gratis para Rizzo? –le preguntó Robby a Roger.

–Puede ser.

–Debe ser, te separas de él y tienes mi número.

# CAPÍTULO XIII

**Phoenix**
**Septiembre de 1996**
. . . . . . . . . . . . . . . . . . . . . . . . . . . . . . . . . .

Roger decidió que ahora necesitaba dos cosas: un proveedor adicional y un chofer. El negocio había crecido rápidamente después de que hizo su última entrega para Tony Rizzo. Habiendo pagado su deuda con Rizzo, Tony le preguntó si quería seguir trabajando con él, ganar una buena lana ahora que sabía cómo funcionaban las cosas, pero Roger quería romper lazos con Tony, iba a regresar al juego, pero en sus propios términos y no iba a estar relacionado con un idiota como Rizzo.

Juan White lo había conectado con alguien en Detroit, un tipo que quería producto, dos cargas a la vez, de forma regular. Había conseguido algunas conexiones de Los Ángeles y después de comunicarse de nuevo con Chico Martínez estaba viajando regularmente a California para recoger el producto. Su reputación creció rápidamente, era un tipo que podía conseguir producto de calidad enseguida y de manera eficiente, como lo había hecho antes, pero ahora estaba moviendo grandes cantidades.

Se detuvo en la entrada de la casucha de estuco rosa al final de la calle. La última vez que había andado por esta Colonia iba manejando su auto "Roger Rabbit", con las bocinas retumbando con música hip-hop que hacía eco con el estuco barato de las casas y el asfalto del barrio mexicano urbano. Ahora iba sentado en el asiento de piel recién estrenada de un auto Mercedes 500 SEL, el cual compró al contado del lote de autos Scottsdale Benz.

La puerta astillada y asoleada de la casa se abrió y la figura de

97

Arnulfo salió al pórtico. Traía una pistola en su mano, no estaba seguro quién era o por qué este vehículo estaba en la entrada de su casa. Roger abrió la puerta del auto y salió de él, recargándose en la puerta del auto. Se quitó los lentes obscuros.

–¡Nulfo, hombre, soy yo!

Arnulfo no podía creerlo, sentado en el asiento del pasajero podía ver cada artefacto electrónico que tenía a la mano. Todo lo que Roger le había dicho cuando lo llamó era que tenía una oportunidad para que ganara una buena lana, que empacara una maleta y se alistara para salir de la ciudad con él por unos días, luego llegó en ese carrazo, salió de él, vestido de primera en ropa nueva y ahora iban hacia el aeropuerto. Roger le contó todo, de los viajes que había estado haciendo a Detroit, conociendo contactos allá, moviendo grandes cantidades de droga, hasta trescientos cincuenta kilos de mota al mes.

Roger tomó la salida al Aeropuerto en la carretera I-10, se estacionó en el estacionamiento en la terminal 3 y poco después estaban sentados en la sala reservada para miembros muy importantes de la sala "Northwest World Perks". Nulfo ordenó una cerveza Heineken mientras Roger ordenaba un vodka Absolut con jugo de naranja, Roger continúo explicándole el negocio.

–Vamos a Los Ángeles, te voy a presentar con mi conexión allá. Nos vamos a llevar una carga a Detroit juntos, te mostraré cómo se hace; los primeros viajes estaré allí contigo y ya después tú manejaras esa parte del negocio solo.

Arnulfo pensaba que Roger era un tipo genial, siempre había sido agradable, pero ahora, la forma en la que vestía, el auto que manejaba, el modo en que las mujeres lo veían, era como si de la noche a la mañana se hubiera convertido en estrella de rock, una verdadera estrella de rock.

–¡Ooooh sí! – pensó Nulfo.

Nulfo escuchaba con gran interés mientras Roger le explicaba todo, impresionado al ver las mancuernillas de oro de Roger que brillaban con el sol de Arizona que entraba por la ventana de la sala de descanso mientras que golpeaba su vaso de cristal con sus dedos.

–¡Sí, genial!

–Harás dos entregas por mes, no hago nada sin que me lo pidan.

Mi proveedor está en Los Ángeles, yo le compro el producto a él y lo muevo. no muevo el producto esperando que no me vayan a timar y que me quede sin poder pagarle a mi proveedor; así es como sale lastimada la gente. Me aseguro de tener una orden sólida que venga de Detroit, la preparo con mi conexión en Los Ángeles y le pago la mercancía completa; entiende que si te timan me debes el faltante. Veme y has las cosas como yo y no tendrás problemas.

–Sonaba con gran confianza en sí mismo y a Arnulfo le gustaba esto, si iba a hacer algo así, Roger era el tipo ideal con quien asociarse. Volaron al Aeropuerto de Los Ángeles y Roger lo presentó con un tipo llamado Chico quien tenía una tienda de auto partes afuera de Hollywood. La tienda tenía una cochera de cuatro puertas, Roger se metió a la tienda y agarró un conjunto de llaves de un estante, eran las llaves de un auto Mountaineer color marrón. Abrió la cajuela y le mostró a Nulfo las cajas de las bocinas.

–¡Qué maravillosas bocinas!, hombre, ¿son hechas a la medida?, bien caras –le dijo Nulfo a Roger.

Luego miró cómo Roger metía la mano y sacaba una de las bocinas fuera de la caja, no tenía cables, la caja era falsa; adentro vio una bolsa de lino.

–Tenemos cincuenta y cinco kilos de mariguana de grado "A" cargadas aquí y otra carga allá –Roger apuntó a la caja de la segunda bocina–. Estamos moviendo ciento diez kilos hoy, ¿listo para ver cómo funciona esto?

¿Qué más podía decir?, la respuesta era "Sí". Roger había pagado un hotel de cinco estrellas en la playa para que pasaran la noche y a las 5 en punto de la siguiente mañana iban hacia Detroit.

Roger estaba a punto de descubrir por qué la llamaban "Big Mamma Su" (Mamasota Su). El restaurante "Lazy Su's Fish & Chips" estaba en la esquina sureste de la calle 7 y Portland, entre un módulo de puestos de tacos, tiendas de descuento y tienduchas que anunciaban "Préstamos". El anuncio sobre el toldo con pintura astillada estaba descolorido por el sol y arqueado por el intenso calor de Phoenix. Las ventanas sucias estaban repletas de cartón con los platillos especiales del menú del día escrito a mano, había un anuncio neón que decía "Abierto" pero donde solo las letras "A" y "E" funcionaban y un anuncio que decía "Servicio a domicilio".

Cuando entró vio al hermano de Su, "AB" (pronunciado "ei-bi"), sentado en el mostrador, jorobado sobre un plato de piezas de pescado empanizado en una canasta grasienta, con papas a la francesa atascadas de grasa. Lo conoció a él y al resto de su grupo de amigos armenios en el antro Imperio, en la sección VIP (para gente muy importante), y había escuchado que "AB" estaba muy bien conectado. Resultó que su conexión primordial era su propia hermana, Suhad.

Eran pasadas las dos de la tarde y al acercarse a AB pudo percibir la grasa coagulada en los zapatos de AB.

–"¡Qué lugar!" –le dijo a AB, decidiendo si sentarse o no al ver la grasa embarrada en la silla giratoria de vinyl con la piel del asiento rasgada.

–De hecho, tiene todo un negocio aquí –contesto AB, su quijada húmeda y su barba de candado llena de grasa. AB metió su último pedazo de pescado en la salsa de tártaro y se lo devoró.

–¡Suhad! –grito hacia la parte de atrás del mostrador.

Atrás del mostrador se abrieron dos puertas con aspecto de cantina del viejo Oeste y la figura enorme de Su acaparó la entrada, de marco a marco de la puerta. Su quijada carnosa se estiraba en una sonrisa de dientes dorados, esparcidos. Se rio y sonó como un ruido que había salido desde lo más recóndito de un cañón del desierto mientras se movía para salir de la puerta.

–"Big Mamma", éste es el tipo del que te había platicado, Roger.

El brazo del tamaño de un tronco de árbol se extendió y Roger encontró una mano que estrechar en ese montón de grasa acumulada.

–¡Qué lindo!, ¿me lo puedo quedar?

Otro sonido de ultratumba salió del cañón pechugón.

Sintió el impulso de agarrar su pistola, sin sacarla de un jalón, sino casualmente deslizando su mano para alcanzarla, especialmente cuando vio al tipo negro, que parecía haber sido esculpido, entrar por la puerta de al lado. Traía una camiseta azul cielo que tenía el logo del restaurante: "Lazy Su", le quedaba embarrada en su ancho torso y traía un peine atorado en su cabello afro grueso.

–Te ves muy elegante, Roger, demasiado elegante para este lugar –le dijo Su. Su aliento despedía una halitosis rancia por los montones de comida podrida atorada en las encías inflamadas que sostenían dientes flojos casi podridos.

–Me visto de acuerdo –dijo Roger, sus ojos viendo cómo lo miraba.

Ella se sonrió, aparentando gustarle lo que veía.

–Oye, "Big Mamma" –el tipo negro gritó desde la puerta de atrás– ¿Ya pagó el judío?, ¿ya está mi dinero aquí?

–Todavía no, Mo. Tengo a gente checando eso.

–Oye, necesito mi dinero, ya sabías que ese judío tenía un historial de no pagar sus cuentas. Mira, Gibby y yo hemos estado hablando, sabemos dónde está su mamá; allí deja a sus hijos judíos casi cada noche. Gibby y yo, vamos y disparamos unos cuantos tiros por la puerta principal, nos tronamos a los hijos judíos, nos tronamos a la mamá también. Hombre, ¡me faltan casi diez mil dólares por culpa de ese hebreo!, no me importa cómo lo consiga.

–Mo –le dijo Su –estoy con un cliente aquí.

Mo se dio la vuelta y se fue. Desde la ventana Roger vio como arrancó el anuncio de "Servicio a domicilio" que estaba sobre su auto, se quitó la camiseta que decía "Lazy Su" y se metió al auto, tras el volante, con el torso descubierto y se retiró.

–Ya regresará –dijo Su–. Oye, ¿necesitas un chofer?, Mo Wilson es una bala perdida, pero hace su trabajo bien. Su nombre real es Maurice, pero le decimos Mo.

–No gracias, estoy bien –Roger solo confiaba en Arnulfo, podía controlarlo y contar con él. Mo era el tipo de imbécil que Rizzo contrataba.

"Big Mamma" le mostró algunas muestras de su producto y le gustó lo que vio. Hablaron de negocios y consiguió un nuevo proveedor, había negociado un trato con "Big Mamma" sin tener que probar su pescado grasoso.

# CAPÍTULO XIV

**Tucsón**
**Febrero de 1997**

Rizzo estaba en problemas. Roger había recibido una llamada de él para que fuera a ayudarlo. *¡Por favor!* Le dijo que Carlos le iba a poner una bala entre los ojos.

La forma en que Tony lo explicó, su contacto en Detroit, "Robbie el judío", lo había timado en varias cargas. Roger le preguntó qué quería decir con "varias". Que te timaran una vez merecía una bala en la rodilla y quizás una segunda oportunidad ya que el individuo aprendiera a caminar de nuevo; lo hacía de nuevo y lo silenciabas permanentemente con una bala entre los ojos.

Pero Rizzo era un idiota y ahora le debía a Carlos más de doscientos mil dólares.

–¿Tienes el dinero? –le preguntó a Rizzo.

–Sí, lo tengo, sí. Tengo los arreglos hechos para pagarle a Carlos. Quiere su dinero, pero ya no me quiere tener cerca, después de pagarle me va a tronar.

–Y, ¿qué quieres que haga yo al respecto?

–Hombre, necesito alguien con fierro aquí, aunque solo estés tras de mí, sabes, ahí, haciéndole saber que si intenta algo tendrá problemas. Mira, el intercambio será rápido, me pongo a mano con él, dejo las cosas en claro y se va en silencio.

–¿Y si comienza él la bronca?

–Pues esa es tu especialidad. Hombre, te necesito Roger, ¡me va a matar!

Iba manejando en la carretera I-10 hacia Tucsón, paseando a

gusto en su adquisición más nueva: un Mercedes 600 Coup, con una placa que decía: "Hrach". Los vidrios antibalas en todo el auto subieron el precio más allá de los ciento cincuenta mil dólares. Pedir un auto blindado parecía una exageración, pero desde que había agarrado como cliente a Simen Semma en Detroit, el riesgo era alto. El cartel armenio no se venía con tonterías, había visto a tipos a los que habían tronado, a uno con una bala calibre .22 tras la oreja, solo por quejarse del precio de la carga.

Estaba moviendo arriba de 220 kilogramos de mariguana al mes y estaba nadando en efectivo. Los bienes raíces era su método favorito de lavar el dinero de su empresa de droga. Las transacciones de droga se escondían fácilmente en negocios de empresas con lotes de autos, tiendas de auto partes y asociaciones en antros, lo cual le daba privilegios VIP (para gente muy importante) en antros como el Club Nocturno Imperio. Las chicas del antro podían oler al que traía el dinero y Roger presumía su sociedad anónima en el club como si fuera un perfume caro.

A pesar del potencial rico de dinero de la Agencia de Seguros para lavar dinero, Roger mantuvo a la Aseguradora "Diamondback" limpia, garantizando que sus padres estuvieran a salvo de sus empresas criminales. Si algo salía mal le podían quitar todo, excepto la Aseguradora "Diamondback". Aunque no creía que algo saliera mal. Las cosas iban de maravilla y se sentía tan escurridizo como un Teflón, era intocable y nada lo iba a detener. Nada.

Metió el Mercedes Benz en la entrada de la cochera y se estacionó junto al auto negro Saab que le pertenecía a Carlos. La forma en que Rizzo lo había planeado fue enviarle los doscientos mil dólares a Roger por correo, del modo que a él le gustaba hacer las cosas, siempre con cautela, el dinero se dividía y era enviado en incrementos a varias direcciones que eran propiedad de Roger. Rizzo supuso que una vez que Carlos llegara le diría que no traía el dinero con él pero que un mensajero lo llevaría.

Roger revisó bajo el asiento del auto y agarró su pistola Colt .45, luego agarró el estuche de piel que contenía el dinero de Carlos y salió del auto. Abrió la puerta del mosquitero y tocó a la puerta principal, la empujó para abrirla y se metió rápidamente en caso de que alguien estuviera esperándolo adentro, listo para dispararle a través de la puerta.

Sabía que no lo habían escuchado tocar o entrar, no con el ruido que se escuchaba de los gritos de Carlos y los chillidos como de niña de Rizzo. Los vio en la cocina, Rizzo estaba sentado en la mesa, Carlos parado sobre él con el cañón de la pistola en el temple de Rizzo.

–¡Dije que me des el dinero, Tony!, ¡tienes diez segundos!

–P-por favor Carlos, te lo acabo de decir, no lo traigo conmigo, pero ¡viene en camino!, te lo prometo, ¡ahí viene!

–Deja la pistola Carlos –dijo Roger poniendo su pulgar en el martillo de la pistola Colt.

Lo dijo con calma, entrando a la cocina, y apuntando directamente entre los ojos de Carlos.

La boca de Carlos se movió, pero no salieron palabras de ella. Era un frijol chaparro y delgado con nariz aguileña y un corte de cabello que le recordaba a Moe del programa de televisión "The Three Stooges" (Los Tres Chiflados). Carlos alejó la pistola del temple de Rizzo y la bajó despacio hasta estar en su costado.

–Eso no es lo que te pedí que hicieras, te dije que la dejaras en la mesa – le dijo Roger mientras jalaba el martillo de la pistola hacia atrás despacio–. Hazlo despacio, de otro modo voy a decorar el tapiz de la pared de la cocina con el pequeño cerebro que tienes cascabeleando dentro de esa cabeza hueca.

La ira le quemaba a Carlos por dentro mientras ponía la pistola en la mesa de la cocina lentamente.

–Bien –dijo Roger y se metió la pistola entre la curva de la espalda y la cintura de su pantalón–. Perdón que llegué tarde, Tony.

–¿Qué haces aquí cebolla?, esto es entre él y yo.

Roger abrió el cierre de la bolsa y sacó el dinero.

–Estoy aquí para ser el intermediario y liquidar la deuda de Tony.

–¿Qué quieres decir con "liquidar"?

–¿Quieres tu dinero, si o no, Carlos? –aventó el dinero sobre la mesa de la cocina–. Toma tu dinero y vete; es todo lo que tienes que hacer.

Carlos se quedó ahí parado por un minuto, confundido, con cara de estúpido. Roger podía ver que no sabía cómo explicar todo esto mientras agarraba el dinero y lo contaba, sin gustarle el primer cálculo y contando el dinero de nuevo.

—Ciento ochenta mil dólares. Cebolla estúpido, ¿dónde aprendiste matemáticas?

Roger dio un paso, acercándose a la cara de Carlos, asegurándose de quedar parado entre él y la mesa, para que no pudiera alcanzar su pistola.

—Solo le permito a mis amigos que me llamen "cebolla", te lo diré tan solo una vez y no lo repetiré.

—¡Faltan veinte mil dólares!

—Son doscientos mil dólares menos mi diez por ciento de comisión.

—¿Diez por ciento?

—¿Diez por ciento?, en la mier… Dios santo, Roger… qué… –dijo Rizzo mientras le pelaba los ojos.

—¿De qué, cebolla estúpido?

—Te lo advertí y solo lo digo una vez.

Le dio un puñetazo a Carlos en la ingle, haciéndolo que se doblara. Luego agarró un pedazo de su greña de Moe y lo golpeó contra la mesa varias veces, lo aventó al piso de linóleo. Agarró el dinero de la mesa y se lo metió a la boca a Carlos, usando la culata de la pistola Colt para afianzarlo allí. La sangre fluía de las esquinas de la boca de Carlos mientras que Roger agarraba otro mechón de su cabello, levantándolo del suelo, y rebotándolo de una pared a otra, su cabeza haciendo huecos en la pared mientras Roger jugaba ping-pong con él en las paredes del pasillo, llevándolo hacia la entrada de la casa. Lo aventó de cabeza a través del mosquitero.

Vio como Carlos se colapsó en el pórtico de la casa, escuchando sus gemidos patéticos mientras trataba de ponerse de pie. Lo empujó más lejos con su pie, luego lo agarró de los pelos de nuevo y lo arrastró al auto Saab, azotándole la cabeza en el panel del auto.

—Fue agradable hacer negocios contigo, Carlos –le dijo en lo que lo metía al asiento de enfrente, Carlos iba escupiendo el fajo de dinero ensangrentado en lo que encendía el motor y rechinaba las llantas para salir de allí.

Cuando Roger regresó Rizzo estaba bañado en sudor junto a la mesa rota de la cocina.

—Creo que necesito un nuevo contacto –dijo Rizzo–. ¿Me puedes ayudar?

–Veré qué puedo hacer.

–¿Comisión de transacción?

–Nunca trabajo de gratis, Tony. Nunca.

# CAPÍTULO XV

**Condado de Sevier, UTAH**
**30 de abril de 1997**
. . . . . . . . . . . . . . . . . . . . . . . . . . . . . . .

Arnulfo acababa de cruzar la frontera entre Arizona y Utah, iba en dirección noreste en la carretera I-15. Había recogido una carga en Los Ángeles, una carga pequeña de 55 kilos. Roger había comprado un auto nuevo para que lo manejara, uno muy agradable, una camioneta blanca Grand Cherokee. Este mandado iba a un contacto nuevo en Denver, iba en su ruta usual, en la carretera I-15 saliendo de California, pasando Utah hasta llegar a la I-70 y luego a Denver.

Le encantaba lo que Roger había llegado a ser, antes era un genio, pero hombre, tenías que verlo ahora. oh, sí, Roger tenía clientes por todas partes, lo que lo mantenía brincando de un lugar a otro sin parar y hasta le había confiado a él a su cliente más preciado ubicado en Detroit, el cabeza de turbante y líder del cartel llamado Simen. Admiraba la forma en que Roger podía mantenerse un paso delante de la justicia, manteniendo un perfil bajo, pero manteniéndose siempre siendo un tipo escurridizo.

Roger se había casado recientemente para mantener una imagen limpia. La boda había sido un gran suceso, sus padres habían organizado una gran fiesta armenia, pero no le duró mucho pues a Roger le había dado comezón después de unos meses, queriendo liberarse de toda atadura y había comenzado el procedimiento de divorcio, cerrando el matrimonio rápido como si fuera cualquier otra transacción, terminándolo de forma acelerada, dándole vuelta a la página al siguiente negocio, viviendo de manera rápida y en grande.

Sí, así era Roger, viviendo la vida y siendo más grande que la vida misma.

Le impresionaba la manera en que Roger era capaz de hacer conexiones en un instante, viajando frecuentemente a México, visitando las granjas de mariguana, asegurándose que el producto fuera de calidad y las rutas de entrega estuvieran limpias. Y era generoso, siempre le había pagado bien y a tiempo, hasta le había dado un bono el año anterior por reclutar a un chofer nuevo, su padre adoptivo, al que todos llamaban "Pops".

También se dio cuenta que mientras más exitoso se volvía Roger, menos drogas usaba. Ya no era como antes cuando Roger movía el producto con los ojos rojos y bien servido de su propio producto, era muy cuidadoso ahora, la operación completa era una máquina bien afinada, se vestía muy elegante, se veía genial y reinvertía sus ganancias, sin metérselas por la nariz o aspirándolas en sus pulmones. Sí, Roger era imparable.

Arnulfo se sentía tranquilo de que el idiota de Rizzo se hubiera salido del negocio el año anterior, gateó con la cola entre las patas de regreso al negocio de las albercas. Nunca le gustó llevarle producto a ese tipo, las cosas siempre estaban inestables a su alrededor, todos sus choferes estaban bien locos. Rizzo se había quedado sin nada pues siempre lo timaban, siempre tenía que pedirle prestado dinero a Roger para cubrir sus pérdidas y evitar que sus contactos le volaran los sesos; también supo que la novia linda de Rizzo, Paulette, por fin lo había dejado y se regresó a California. Rizzo perdió la cordura, se volvió loco, y comenzó a usar más droga en una semana de la que podía mover en un mes.

Arnulfo trataba de imitar a Roger, pero simplemente no podía renunciar a la droga. El dinero fluía y mientras más tenía, más gastaba. Se gastaba su pago completo mes tras mes, y comenzó a consumir droga más fuerte: cocaína y anfetaminas. Sabía que estaba fuera de control, pero se sentía invencible. Roger era invencible y estar cerca de Roger lo hacía invencible a él.

Se salió de la carretera I-15 y se dirigió a la carretera I-70 en la intersección, manteniendo la aguja del velocímetro al límite de velocidad señalado. La I-70 curveaba en dirección noreste, salía de la ciudad Sevier, pero comenzaba a inquietarse con la cantidad de patrullas en el camino que lo habían pasado en la última hora. No era un buen presagio y al acercarse a la ciudad de Joseph decidió salirse de la carretera interestatal y tomar la ruta 118.

De acuerdo a lo que Roger le había enseñado ésta no era una buena decisión. Roger le había dicho que siempre se quedara en las interestatales; si te paraban en un camino alterno, te veías más sospechoso al estar manejando una ruta alterna con placas de fuera del estado. Si te paraban en una interestatal, tu historia tenía más sentido, eras un turista viajando por el país, o un hombre de negocios manejando el territorio que le correspondía. Tu historia no siempre embonaba en las rutas alternas y siempre querían indagar un poco más.

La Ruta 118 se convirtió en la ruta 120 al pasar el aeropuerto del municipio de Richfield, el nombre de la calle era "Main Street" que llegaba hasta el pueblo de Richfield; no llevaba más de ocho kilómetros de haber salido del pueblo cuando vio luces más adelante y una larga cola de tráfico que crecía en el carril que iba hacia el norte. Después de unos diez minutos parado en el tráfico, mientras se sumaban autos en la cola detrás de él, vio las sirenas de luces azules de los autos del alguacil delante de él; contó tres de ellos y pudo ver cuatro de sus oficiales en uniforme café, con esos sombreros del Oso Smokey, deteniendo a cada auto que pasaba, haciéndoles una pregunta, la cual, si contestaban correctamente, el oficial les hacía una seña con la mano para que siguieran su camino y si la contestaban mal eran enviados a una parte del camino para que se estacionaran y allí los examinaban más a fondo.

Se encontraba a diez carros de la zona de inspección, vio por el espejo retrovisor algunos autos salirse de la cola y dirigirse en dirección sur, tomando una ruta alterna en vez de lidiar con ese lío. Sabía que podía ir hacia el lado contrario, regresar a Richfield, pero perdería mucho tiempo de esa forma; además, estaba a cinco autos de pasar la zona de inspección. No vio ningún perro guardián K-9 alrededor y el oficial parecía estar dándole la señal de pase a todos los autos. Se enderezó la corbata, la cual usó porque Roger siempre le insistía que usara camisa y corbata cuando llevara carga para que no atrajera atención ni sospecha. Revisó su cabello en el espejo retrovisor, se sentó derecho con seguridad en sí mismo y se alistó.

Todas las ventanas en el vehículo estaban medio abiertas para que el Jeep se pudiera airar; podía lograrlo, era invencible.

Bajó su ventana y el oficial delgado quien se veía como Barney Fife, el personaje del programa de televisión "Andy Griffin's Show" (El programa de Andy Griffin), lo saludó, asintiendo con la cabeza con el sombrero del Oso Smokey.

–Buenas tardes, señor.

–Buenas tardes, oficial.

Había practicado hablar sin acento cuando saludaba a la policía. Roger lo había hecho practicar frecuentemente.

–¿De dónde viaja? –preguntó el oficial. Hombre, ¡hasta sonaba como Barney Fife!

–De Arizona, de la zona de Phoenix.

–¿y a dónde va?

Sabía que tenía que mantenerse tranquilo y mantener la historia simple.

–Denver.

–¿Razón?

Sintió nervios, el tipo obviamente le estaba preguntando más cosas de las que le había preguntado a los otros cincuenta autos que había dejado pasar.

–Negocios, es parte de mi ruta.

–¿Qué tipo de negocios?

Estaba preparado para esa pregunta, Roger tenía la camioneta registrada a nombre de una empresa fantasma en el negocio de material de construcción.

–Herramientas en su mayoría –agarró un panfleto de herramientas eléctricas del asiento del pasajero y se la mostró al oficial. Mantenía siempre un panfleto a la mano esperando que fuera suficiente distracción para los policías curiosos y evitar que le hicieran más preguntas.

–Soy representante nacional de ventas, cubro todo el territorio de los Estados Unidos.

El oficial tan delgado como un esqueleto se rascó la barba, echó un vistazo en el espejo lateral y vio a otro oficial que estaba parado en la puerta de su patrulla, hablando por el radio, viendo la parte trasera de la camioneta Gran Cherokee, checando las placas.

–Viaja usted muy seguido, ¿supongo?

–Oh, sí, es brutal –tratando de hacer la conversación lo más breve posible, intentando hacerla muy simple–. Entonces, ¿sigo hacia el norte por la I-15 hasta la intersección en la I-70 para llegar a Denver?

–Generalmente, sí –el policía lo pensó más de lo normal al contestar–. Sabe, estoy detectando un olor en su vehículo que no es exactamente de aceite de herramienta.

–¿Qué quiere decir?

–Si fuera un hombre que apuesta, diría que si abro la cajuela de su vehículo encontraré varios paquetes de droga allí.

Arnulfo comenzó a ponerse arrogante.

–Muy bien, le apuesto quinientos dólares que traigo en mi cartera –Arnulfo le mostró un fajo de billetes de cien dólares.

El oficial entendió el mensaje, pero no le gustó.

–¿Me hace el favor de orillarse, señor?

Al estacionarse en el sitio indicado sabía que había cometido un error.

# CAPÍTULO XVI

Esto era lo último que Roger necesitaba, no ahora. Su teléfono sonó un poco después de la medianoche. A Arnulfo le habían dado por fin oportunidad de llamar por teléfono, estaba preso en el condado de Sevier, los policías allí le habían dicho que revelara quien era su fuente, o tendría que pasar un rato en la cárcel solo, si cooperaba con ellos las cosas podían salir bien.

–Roger, están hablando de cargos de clase 2 de delitos graves... cuatro cargos!, ¡de quince años cada uno! Me están diciendo que van a inmiscuir a la Policía federal en mi caso... sabes... porque quieren ponerme de ejemplo.

Sabía muy bien que Arnulfo estaba siendo grabado y que estaba tratando de tener cuidado con lo que decía. Le estaban dando la letanía usual, pero Roger había entrenado a ambos choferes, Arnulfo y Pops, diciéndoles qué esperar y cómo manejar las cosas si los llegaban a agarrar. Lo primero que les dijo fue que se mantuvieran calmados, segundo, que lo llamaran enseguida.

Arnulfo lo había llamado, pero no sonaba muy calmado que digamos.

–¿De cuánto es la fianza?

–Está de locos, ¡treinta mil dólares!

*¿Treinta mil dólares?*, la norma era diez mil dólares.

–Jay les llevará el dinero, saldrás en cuarenta y ocho horas cuando mucho –su abogado, Jay Anderson, era de los mejores–. Mientras tanto recuerda tus derechos, no les dices nada hasta que llegue tu abogado, recordarás eso Nulfo, ¿sí?

–Sí, sí, Roger, por supuesto.

–Eso espero.

Era una amenaza que sabía no necesitaba con un tipo tan fiel como Arnulfo, pero tenía que hacerla de cualquier forma.

Sin embargo, esto seguía siendo lo último que necesitaba en estos momentos, estaba demasiado ocupado con problemas de oferta, con clientes muy locos y manteniendo su red de pie. Y el divorcio, tratando de salirse del estúpido error que había hecho, el error de casarse para mantener una buena imagen y tener a sus padres contentos. Ellos querían que sentara cabeza, pero él no quería hacerlo; había conocido a Karine en la celebración de una boda armenia, vio lo que quería, y como siempre, lo obtuvo, pero el matrimonio resultó ser una sentencia de prisión para él. Todavía no le entregaban los papeles de divorcio, pero en el momento que le había pedido a Jay que los formulara, se sintió libre, de regreso al carril de alta.

Las cosas estaban creciendo en grande y se estaban moviendo a prisa, pero no demasiado y nunca llegando a ser tan grande como para satisfacer su deseo de tener más: más dinero, más mujeres y más poder. Más.

Era como el dialogo de la película "Scarface" (El Precio del Poder) con Al Pacino. Podía escuchar al actor en su papel de Tony Montana, en el momento que Manny le preguntaba qué pensaba que venía, Montana contestándole que quería al mundo y todo lo que había en él.

El mundo estaba allí para darle gusto, quería lo que venía hacia él. El futuro representaba más dinero y poder, pero también algo igualmente atractivo: borrar el pasado. La imagen de un niño emigrante, que apenas podía hablar inglés, usando la misma ropa día tras día, con un corte de cabello de tazón de cereal, sin autoestima, esa imagen se iba disipando como el camino en el espejo retrovisor mientras adquiría cosas materiales y más poder. Mientras más la empujaba se iba desvaneciendo un poco más, comenzó a desvanecerse la primera vez que fumó droga, la cual le paso Ernesto, y continuó desvaneciéndose al encontrar su nicho en el mundo del dinero, las drogas y el poder. Ahora sabía quién era, era "Hrach" Roger Munchian, un hombre de poder monetario infinito, con toda la riqueza y el poder.

Cuando recibió la llamada de Arnulfo tenía una agenda ya hecha sin fin y realmente no contemplaba tener que llamar a Jay, no estaba hasta arriba de su lista de prioridades, pero era necesario asegurarse de rescatar a Arnulfo de la cárcel pronto, antes de que se desmoronara y soltara la sopa.

Había mucho en riesgo, mucho que perder, pero él era tan escurridizo como el teflón, nada lo detendría. Nada. Arreglaría todo con marcar unos números en el teléfono.

## Cárcel del Condado de Sevier
## Martes, 15 de julio de 1997

La puerta gruesa de metal se abrió y una marea de aire caliente que traía consigo la peste de basura descompuesta y caño tapado salió, proveniente del dormitorio. El dormitorio estaba tranquilo, los presos estaban en sus celdas, en encierro. El oficial de detención le dio un empujón y Arnulfo, usando el uniforme a rayas, cortesía de la Oficina del Alguacil del Condado de Sevier, entró al dormitorio, pasando el umbral.

El oficial lo siguió hasta el primer piso de las escaleras de metal, a la mitad del pasillo, tenía un barandal de metal de un lado y del otro lado las celdas de la cárcel, se abrió una puerta, miró las letras grandes grabadas en negro en su puerta: C-18, dormitorio C. Celda 18, Cárcel del condado Sevier, Richfield, Utah; su nueva dirección por los siguientes tres meses.

La puerta de la celda se cerró tras de él, miró alrededor de su nuevo hogar, un colchón tan delgado como una oblea en una plancha de metal, de acero inoxidable, un escusado y un lavabo de metal, aire frío salía de la ventila de arriba.

Tres meses, podía hacer esto. La fecha estaba grabada en su cerebro. Al firmar los papeles vio la fecha de libertad: 20 de octubre, de 1997. Sí, hoy era el primer día de la cuenta para que llegara esa fecha; Pops se encargaría de sus cargas mientras él estaba aquí. Pero el día siguiente después de salir, el 21 de octubre, regresaría a las andadas, de eso estaba seguro.

Lo que él no sabía era que para cuándo ese día llegara, las cosas iban a ser diferentes, muy diferentes.

## Aeropuerto Sky Harbor
## 29 de agosto de 1997
· · · · · · · · · · · · · · · · · · · · · · · · · · · · · · · · ·

Ella tenía todavía cara de incredulidad, estaba anonadada cuando Roger detuvo el auto y le dijo que se saliera; había llevado a Karine en su auto Porsche para darle un último golpe a su alma. Su casi ex esposa, Karine Munchian, tenía el boleto que él le había comprado, un vuelo solo de ida, todos los gastos pagados, a Burbank, California, lo sostenía ella en su mano frágil y sudorosa.

–Jay metió ya los papeles de divorcio esta mañana, te llegará la copia para firmar por correo; asegúrate que esté notarizada. Si no lo firmas los reenviaré con un abogado. Adiós, Karine, que pena que no funcionó esto.

–¿Y el bebé?, Roger, ¡tu hijo!

–Karine, ¡estás loca!, perdiste al bebé, no hay bebé.

–Pero el embarazo era una señal de que Dios quiere darnos hijos, Roger, ¡no puedes hacer esto!

–No metas a Dios en esto, Dios no tiene nada que ver con mi vida, Karine; yo controlo mi propio show, Dios se puede sentar y mirar si así lo quiere. Se acabó. Adiós, Karine.

A ella le encantaba el estilo de vida que Roger le daba, le encantaba la riqueza y las cosas materiales. Él sabía bien que ella no tenía ni idea de dónde venía todo el dinero; se había embarazado y parecía que "Roger-vida-alocada" estaba siendo domesticado, pero después de perder al bebé, Roger lo vio como un llamado de atención. La boda incluía algo llamado votos, algo que decía: "en la próspero y en lo adverso, en la salud y la enfermedad, hasta que la muerte nos separe", pero, ¿de qué se trataba todo eso?, eso solo eran palabras que se decían frente a un tipo que usaba un cuello elegante y una bata; en realidad, el matrimonio solo era una transacción de negocios, ¿o no?, los negocios eran negocios y los contratos eran los contratos. Sí, un trato era un trato, pero cualquier trato podía ser disuelto por un buen abogado.

Al irse alejando, miró por el espejo retrovisor y la vio ahí parada, con cara de incredulidad mientras el empleado del aeropuerto ponía su equipaje en el carrito.

Al entrar a la carretera 51, al norte del aeropuerto, miró el velocímetro y vio la aguja pegándole a los ciento noventa kilómetros por hora. No era suficientemente rápido. Pisó el acelerador a fondo, haciendo que el auto Porsche llegara a su límite, escapándose de su pasado tan rápido como podía. Se sintió bien, yendo rápido y a toda marcha. Mas rápido, más rápido; veía los señalamientos pasar velozmente, más rápido y cada vez más rápido, pero no era lo suficientemente rápido. No, nada era suficiente.

Ahora que el matrimonio había terminado, seguiría presionando cada vez más, más rápido. Y Dios podía sentarse y mirar.

# CAPÍTULO XVII

**Phoenix**
**25 de septiembre de 1997**
**12:58 A.M.**
. . . . . . . . . . . . . . . . . . . . . . . . . . . . .

Su mano estaba sobre la de ella y podía sentir el calor de las palmas de Alma calentar la parte de adentro de sus muslos mientras guio su mano a donde él quería que estuviera. Alma soltó una risita, era una risa gutural, diciéndole que estaba dispuesta a todo. Roger metió el acelerador del Mercedes Benz S600 a fondo, las líneas de los carriles en la I-10 en dirección al este pasaron de ser rayas punteadas a blanco sólido, el velocímetro saltando hasta la derecha tras el cristal del tablero. Alma se recargó en el asiento al sentir como aceleraba, pero no quería distraerse del trabajo que Roger le había dado.

Roger miró a sus dos pasajeros en el asiento de atrás del auto por el espejo retrovisor, viendo como se le bajaba la sangre de la cara a Jaxie Soto. La parte de enfrente de la camisa de Jaxie estaba empapada, la botella medio vacía de cerveza Heineken estaba tocando sus labios boquiabiertos.

–¡No te atrevas a hacerlo, hombre! –Roger le gritó en el medio del ruido de las bocinas que daban tumbos con la música hip-hop–. Te lo advierto, amigo, te vomitas aquí adentro, ¡y pagas para que me limpien el auto completo!

Desde la esquina del espejo vio una mano frágil, con uñas pintadas en color rojo rubí, deslizarse y comenzar a acariciar la mejilla de Jaxie, pero luego la imagen fue cubierta por una melena obscura gruesa que se recargo en su cuello. Escuchó a Jaxie dar un

121

pequeño suspiro y podía imaginarse la lengua de Marianna que sensualmente acariciaba el cuello de Jaxie, del mismo modo que lo había estado haciendo toda la noche en la pista de baile. Parecía que se estaban entendiendo muy bien.

Su mente lo iba absorbiendo todo a través de un mundo que brillaba en una bruma de vodka Absolut y jugo de naranja, el rayo de las luces de los postes de la calle que zumbaban sobre él, el remolino verde de los señalamientos de tráfico que parecían volar y quedar atrás, el aliento a bebida fermentada de Alma calentando su cuello, la sensación brillante de su lengua, la sutileza de su perfume teñido de olor a nicotina del salón VIP del antro Imperio. Alma dobló sus piernas sobre el asiento, la falda del vestido de lentejuelas ajustado trepándose en sus muslos. El corazón de Roger palpitaba rápidamente, quería llevarla a casa pronto, como todo lo demás, quería todo rápido, no había tiempo que esperar, nada podía esperar. Volvió a pisar el acelerador y el velocímetro subió arriba de ciento noventa kilómetros por hora.

Como todas las mujeres en su vida, Alma quería algo más de la relación, le gustaba a Roger, quizás un poco más que las otras, pero su vida estaba desenfrenada ahora, de la forma que a él le gustaba, yendo a paso acelerado y repleta del juego carnal de nuevas conquistas; la conquista de un negocio nuevo, la conquista de otra chica, la conquista de otro millón. Iba a llegar allí rápido, no pensaba bajar la velocidad.

–¡Baja la velocidad! –escuchó a Jaxie gritar y levantó la mirada que estaba fijada en las piernas de Alma y vio las luces del camión de remolque que se acercaban. Giró el volante a la izquierda, la parte derecha de la defensa apenas evadió el camión unos centímetros. Miró el espejo retrovisor y vio las luces del camión desaparecer rápidamente; vio a Jaxie tomar otro trago hondo de la botella Heineken y Marianna soltó una risita perezosa sin idea de lo que acababa de suceder.

No conocía a Jaxie muy bien, solo sabía que era un tipo de hoyuelos en las mejillas al que le gustaba agradar a los demás y era parte del grupo de gente que iba a ese antro seguido y que había sido atraído por la generosidad de Roger esa noche. No le tomó mucho tiempo dejar la barra abierta para conquistar a la piernuda Marianna.

Todas estas personas eran clientes usuales en el antro El Club Imperio, eran apreciados en ese lugar pues daban ingresos garantizados al lugar. Para Roger, esta era su comunidad, su gente, tenían su propio código postal dentro del Club Imperio, una sección de oro exclusiva que era conocida como VIP. Siempre llegaba la marea baja y el flujo de extraños, desconocidos, vagabundos, pero el grupo original de paisanos lo hacían sentirse que pertenecía allí, le daba significado a su vida, le daba un propósito. Él los cuidaba, mantenía los grifos detrás de la barra listos para servir, las botellas de licor fluyendo y las cubetas de hielo siempre llenas cuando sacaba los billetes verdes y las tarjetas de crédito color platino. El dinero aseguraba que no estuviera mucho tiempo solo, le permitía mantenerse ileso de la indiferencia del mundo; mientras mantuviera las venas de sus amigos fluyendo con valentía líquida, sus entrañas listas para gozar sin culpa, tenía todo lo que necesitaba. Presentar a Jaxie con Marianna esa noche era simplemente un acto piadoso más que le daba sentido a su vida.

Se había preguntado en algún momento de la noche, por un momento breve, cómo la estaría pasando Nulfo en el hoyo del Condado de Sevier.

Pisó el acelerador todavía más hondo y vio más allá de la botella de cerveza Heineken que descansaba en la boca de Jaxie, viendo el camino deslizarse, el espejo parecía transformarse en una ventana rectangular mística al pasado, las líneas punteadas que iban quedando atrás parecían pulsaciones que median qué tan rápido podía dejar su pasado atrás. Se sentía bien, todo parecía estar en su lugar.

–*El mundo  y todo en él*

–*Dios puede sentarse y mirar.*

Más adelante, el marcador del kilómetro 238 pasó volando en un torbellino, tenía tres kilómetros más para llegar a su salida y ésta se acercaba rápidamente. La adrenalina llevó a sus venas rápidamente la última bebida que había ingerido y el camino se hizo angosto en una bruma familiar y cómoda de Vodka. Alma susurró algo en su oído, una promesa ardiente que lo hizo pisar el acelerador aún más, ¿qué tan más rápido podía ir?

El camino de repente se distorsionó en una neblina de lluvia que parecía girar y que caía del cielo desértico cubierto de negro. Estaba chispeando ligeramente, pero a la velocidad que iba manejando las gotas se movían en su parabrisas como rendijas horizontales; inconscientemente prendió los limpiadores.

La luz del tablero brillaba, iluminando el velocímetro que ya apuntaba a una velocidad borrosa de doscientos diez kilómetros por hora mientras se acercaba a la salida 150. Alma movió su cabeza para reposicionar sus labios sobre el cuello de Roger, y a través de ese bosque de un mechón sedoso de su cabello, vio el señalamiento color amarillo en una curva cerrada, era color ámbar y decía: "setenta kilómetros por hora", era una advertencia de la curva peligrosa que se avecinaba.

Si tomabas la curva a una velocidad mayor de ciento sesenta kilómetros por hora el pasado aseguraba alcanzarte. Roger bajó la velocidad un poco antes de entrar a la curva para compensar las condiciones húmedas con ese vigor eufórico que conllevaba el desafiar la probabilidad.

Sus manos y cuerpo registraron que algo había salido terriblemente mal mucho antes de que su cerebro confundido por el alcohol se diera cuenta de lo que estaba pasando: la vibración del volante, la parte trasera del auto coleándose contra reloj, el rechinido de las llantas rebotando, la peste de goma quemada infiltrándose en el auto.

Pudo notar que la fiesta en el auto estaba ahora en silencio, el arnés del cinturón de seguridad, a la altura de su hombro, lo hundió en el asiento, silenciando un grito de alarma. A pesar de su lucha, el volante le fue arrancado de las manos al golpear la pared de la curva, silenciando el rechinido de las llantas. Escuchó metal quebrarse y sintió como el piso cedía, empujando sus rodillas con gran fuerza al eje de dirección mientras que la curva destrozaba el lado inferior del auto quirúrgicamente y los mandaba volando.

Su cabeza dio un tirón brusco hacia adelante, el arnés estrangulándolo, ahogando gritos de dolor intenso que luchaban contra la marea de adormecimiento del vodka al sentir sus rodillas impactarse y ser destrozadas mientras el auto aterrizaba en la grava del punto de desviación con una ferocidad imposible de detener.

El auto se deslizó hacia el lado, alejándose del punto de desviación donde terminaba la carretera I-10 y donde comenzaba la carretera

I-17 con dirección norte. Le dolieron los oídos con el rugido de las llantas que rechinaron al hacer eco con el concreto, el auto se derrapó tres carriles, la peste fresca de hule quemado hacía que le ardiera su nariz. El hule destrozado de las llantas y restos de pavimento salieron disparados del guardafangos, el cofre desapareció en una nube de humo negro escurridizo.

Volteó la mirada al espejo retrovisor, vio la cara pálida de Jaxie y su quijada abierta por el espanto, estaba volteado hacia la ventana, mirando el muro de contención de cemento que reflejaba las luces de sodio de los postes de la calle, acercándose hacia ellos. El parachoques se había torcido a la hora del impacto, el cofre chocado se alzaba entre las montañas de humo con furia volcánica, arrojando vidrios, pedazos de metal y escombros en el aire. La ventana se tronó, y en ese momento la cara de Jaxie parecía la de un esqueleto, salpicado de sangre que no era suya.

Roger escuchó a Alma gritar, un olor a cordita entró cuando se escuchó una explosión como de bala, la bolsa de aire del lado del pasajero salió del tablero como una bestia salvaje, tragándose a Alma.

El auto continuó golpeando la pared de contención, un despliegue de fuegos artificiales explotó en el auto, el baño de luces iluminaba el muro de contención gris, encendiendo el interior del auto en un fuego incandescente. Pudo ver el choque en la pared de contención, en la sombra del auto, que parecía irse encogiendo al irse demoliendo, la fuerza centrífuga hundiéndolo todavía más en su asiento de piel, sus manos fusionadas al volante.

El auto, giraba en una pirueta contra reloj, y eso le hizo desear que el giro pudiera desafiar el tiempo, regresarlo en el tiempo.

–*¿Qué tanto regresarías el tiempo?, ¿hasta hace unos momentos?, ¿cuándo comenzó la lluvia y te dio una advertencia de que bajaras la velocidad?, ¿cuándo estabas en el antro del Club Imperio, para que nunca te hubieras subido al auto?, ¿hasta tu primer toque de mariguana para nunca haberlo inhalado?*

El mismo tiempo no ofrecía esperanza. Todos dentro del auto morirían esa noche, en ese momento, estaba sucediendo, y él sabía bien que él los había asesinado a todos.

–*Y Dios podía sentarse y mirar.*

El parabrisas contra balas se fragmentó, volviéndose polvo en el siguiente impacto perverso contra el muro de contención. Vio el mundo girar a través de la vista que tenía frente a él, distorsionada y polvorienta. Lo veía en imágenes instantáneas, como si lo vieras a través de un juguete de niños, un visor roto que se había caído hace mucho, las líneas de los carriles retorcidas en el vidrio roto, el follaje rocoso del desierto en la orilla del acotamiento, el carril con dirección al sur pasando rápidamente, el auto dando vueltas, fuera de control, como si estuviera sobre un trompo. Dentro del auto, el interior desbaratado, iluminado por la explosión de chispas, el chillido quirúrgico del metal rompiéndose y el ruido de maraca del vidrio destrozado que se mezclaba, cortando y arrancando vida. El crujido de hueso vino después del siguiente impacto con el muro de contención, acompañado de un grito, que se perdió en el aire de la noche fugaz, una vida frágil fue succionada del auto.

A través del parabrisas escarchado, una luz estroboscópica naranja reveló una aparición ensangrentada que flotaba, torciéndose sin cordura a su paso, una muñeca de trapo, pensó Roger, una figura de papel maché que era lanzada por el torbellino del desierto.

–*No puede estar sucediendo esto. No puede ser ella.*

Una figura frágil, una muñeca de porcelana que era el duplicado de Alma, dio la vuelta mientras iba en el aire, viendo a través del parabrisas, su rostro carnoso viéndolo con una mirada congelada de conmoción angustiada, su mano con uñas color carmesí tratando de alcanzarlo…

–*¡Regrésame al auto, regrésame!*

Roger luchó contra la fuerza del auto tratando de no soltar el volante, tratando de alcanzar a Alma y luego escuchó una explosión y ella desapareció en una nube blanca, era su propia bolsa de aire que había sido lanzada por el impacto, haciendo que Alma desapareciera de su vista.

La peste de sulfuro de los juegos pirotécnicos que habían lanzado la tela de lona fuertemente a su rostro cubrió el aire, sintió cómo el auto rebotaba con la pared y se volteaba, con las llantas hacia arriba. El arnés del hombro se le encajó, lastimando tendones y fracturando un hueso, no podía respirar; la bolsa de aire lo sofocaba y el cinturón de seguridad lo ahogaba. Una luz blanca explotó en su cabeza al hacer impacto y luego desapareció, obscureciendo su mundo como un punto blanco que iba desapareciendo en un tubo de imagen. Su mundo se tornó negro.

PARTE 2

# Dios Llama

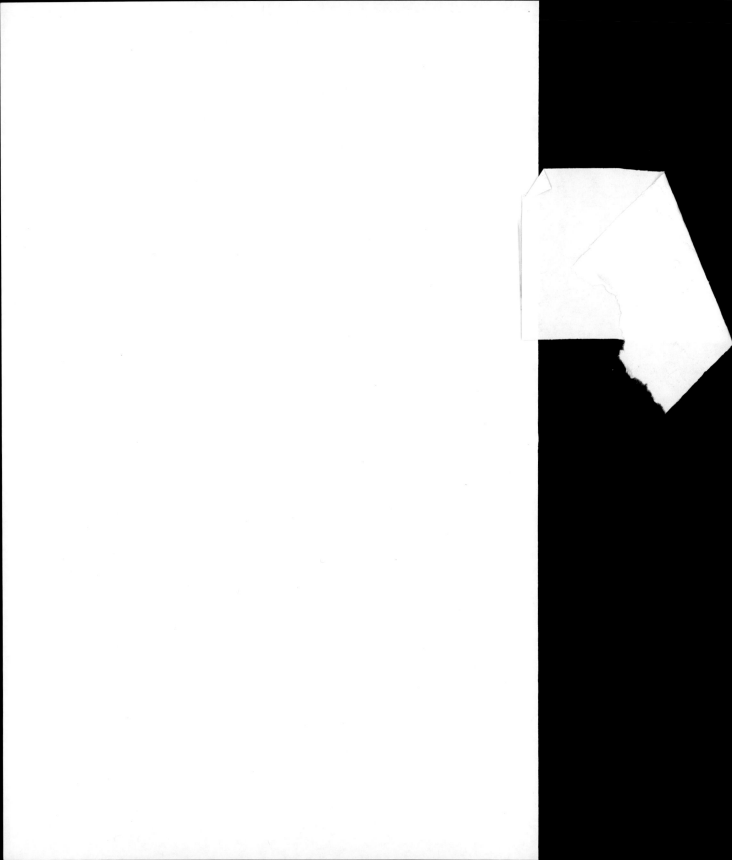

# PARTE 2

# Dios Llama

# CAPÍTULO XVIII

**Phoenix**
**Jueves, 25 de septiembre de 1997**
**1:33 A.M.**
· · · · · · · · · · · · · · · · · · · · · · · · · · · · · · · · · · · ·

Jenny vio el accidente, pero fue Jason quien vio a las víctimas primero.

–¡Órale!, ¡hay cuerpos!, ¡cuerpos! –dijo Jason mientras Jenny escuchaba desde el asiento de pasajeros.

Esto hizo que frenara y detuviera su pequeño auto Honda Accord a la mitad de la rampa de salida. Un auto detrás de ella tocaba el claxon y por el espejo retrovisor vio las luces de emergencia del auto prenderse y las puertas del auto abrirse, dos tipos corrieron hacia el barandal del puente para ver la masacre bien.

–Hombre, tengo que ver esto –dijo Jason, abriendo la puerta y saliéndose del auto.

Iban de regreso a casa de Jason de una fiesta de la fraternidad de la Universidad del Estado de Arizona, manejaba el auto ella porque estaba en mejores condiciones, pero no por mucho, y ahora estarían hablando con policías. Los policías llegarían pronto y podrían oler su aliento a alcohol y probablemente la harían usar el alcoholímetro.

–¡*Nombre!* – pensó Jenny. Bajó la ventana y gritó–. ¡Jason, vámonos!

Jason la volteó a ver, tambaleándose junto al barandal, sus ojos acristalados, tratando de enfocar correctamente.

–Hey, cariño, quizás deberías llamar al "9-1-1" o algo.

–*Seguro va a hacer que nos arresten* –pensó Jenny–. ¡Jason, vámonos!

–¿Y a donde vamos a ir querida?, el camino está completamente bloqueado con cuerpos y demás.

Jenny escuchó un grito a lo lejos, era un grito horrible; se salió del auto y fue a donde estaban los demás muchachos junto al barandal. Había dos tipos allí abajo donde había sucedido el accidente, uno estaba hablando por el teléfono, caminando en círculos, agitando un brazo frenéticamente. El otro, asumió ella, era el que iba manejando porque se metió de nuevo al auto del lado del chofer. No podía ver que hacía, estaba de rodillas buscando algo en el piso del auto, uno de los muchachos recargado junto al barandal dijo que era el que había gritado, antes de meterse al auto de nuevo.

–¿Qué está haciendo? –preguntó ella.

–Está escribiendo algo... ¡dejando una nota en el parabrisas, bajo el limpiador! Hey, ¡ya se va!, ¡se está escapando de la escena del crimen!

Después de poner la nota bajo el limpiador del parabrisas, comenzó a cojear por el carril que iba al norte. Ella lo podía ver, con una camisa blanca, pantalones color beige que se iluminaban con las luces de los postes de la calle, tambaleándose camino hacia el acotamiento. Cruzó una pierna sobre el muro de contención y desapareció en el barranco.

–¡Se está escapando! –escuchó ella a uno de los muchachos que estaba recargado en el barandal gritar y luego ambos comenzaron a correr cuesta abajo por la rampa, pasando la escena del accidente, persiguiéndolo.

–¡Vamos! –dijo Jason y se tambaleó cuesta abajo en la rampa.

Jenny podía ver que Jason estaba hechizado con el accidente, caminando alrededor del vehículo, diciendo cosas como "¡Nombre!" y "¡Órale!"

Jenny vio las muchachas muertas en el pavimento y al único pasajero sobreviviente, el tipo que había estado hablando en el teléfono. Por un momento pensó que había escuchado el nombre "Jaxie" por el teléfono. El no parecía haberla visto y brincó cuando escuchó su voz.

–¿Es tu auto?

El tipo que ella asumió era Jaxie se dio la vuelta, con los ojos bien abiertos, su rostro y su camisa estilo smoking toda salpicada de sangre, la sangre no venía de ninguna cortada notoria en su rostro, obviamente se trataba de sangre de una de las muchachas tiradas en el pavimento alrededor del auto accidentado. Se separó el teléfono del oído y lo sostuvo lejos, estirando su brazo, marcando otro número, sin aliento y en pánico total.

–No –contestó– No, es… es… –tratando de inventar alguna historia, ella lo sabía–. Es de mi primo, de mi primo… Scott.

–Y, ¿cómo ocurrió? –le preguntó.

–Hombre, fue un estúpido, un estúpido por hacerlo. Mira lo que hizo.

El tipo estaba hablando, sin mirarla, pero viendo el camino, abajo de la rampa de servicio. De repente Jaxie comenzó a correr, saltó el muro de contención y se corrió por el camino de grava. Una camioneta blanca Pathfinder se detuvo en seco en el camino y Jaxie brincó en la parte de atrás y la camioneta se arrancó, con las llantas rechinando.

A la distancia escuchó sirenas de patrullas que venían hacia la escena del accidente. Puso su palma en su boca, aspiro y luego olió su aliento, olía a alcohol.

–¿Tienes pastillas de menta? –le preguntó a Jason.

## 1:48 A.M.
· · · · · · · · · · · · · · · · · · · · · · · · · ·

El oficial Ken Rossie, iba manejando la unidad K-9 021, metió el acelerador y prendió las luces cuando vio a un sujeto pasar corriendo al otro lado de la calle, en dirección al barandal del puente sobre el rio "Salt River". El oficial iba hacia el sur en la calle 16 cuando respondió a la llamada reportando un sujeto que tenía la misma descripción del tipo que iba corriendo y que un testigo había visto huyendo de la escena de un accidente 962 muy serio (accidente con heridos) en la división de la I-17 e I-10. El tipo se veía con claridad al ser iluminado por los reflectores de un helicóptero "Firebird" que circulaba en lo alto; estaba seguro que su intención era saltar sobre el barandal. Sabía bien que la barranca bajo el puente estaba a cuatro pisos de altura e inmediatamente llamó a la unidad de suicidio. Luego gritó en su micrófono, sin esperanza, lo cual no era parte del protocolo policiaco:

–*¡Policía!, ¡deténgase!*

Escuchó a la unidad del Departamento de Seguridad Pública 320 responder por el radio y vio las luces de la unidad acercarse rápidamente desde el sur de la calle 16. El oficial Rossie estaba a la mitad del camino, pero sabía bien que ninguno de los dos llegaría a tiempo para prevenir el salto; frenó en seco, haciendo que la patrulla se coleara, y alcanzó el interruptor que abría la cabina del perro policía K9. La puerta trasera se abrió de golpe y el perro llamado "digger" salió como una flecha del auto. El oficial empujó su puerta y corrió detrás del perro, gritando en su micrófono y alertando a las otras patrullas.

–¡Perro policía K-9 suelto!, ¡sospechoso va a saltar el barandal del puente!

El mundo de Roger no se había apagado por mucho tiempo, la angustia del sentimiento de culpa lo había sacudido de vuelta a la realidad como una cubetada de agua helada en la cara. Había logrado sacar su cuerpo golpeado del auto, había visto lo que había hecho, había tratado de terminar con su vida con la bala de su propia pistola, pero solo logró cortarse las manos como tiras de tela al frotarlas en el vidrio roto que cubría el piso del auto, al estar buscando frenéticamente por el arma que no estaba allí. En una distancia que parecía eterna vio el puente. Brincaría, terminaría con esta pesadilla en un salto a la muerte; era la única opción factible.

Los policías se habían acercado velozmente, los reflectores del helicóptero haciendo que la noche se convirtiera en día mientras iba corriendo y cojeando hacia el barandal.

–¡Perro policía K-9 suelto!

Sintió entonces un dolor fresco en la pierna donde el perro había mordido un bocado de carne de su pantorrilla, pero había logrado soltarse de los colmillos de la bestia, el impulso lo había hecho volcarse sobre el barandal.

Cuando sintió sus piernas volar en el aire escuchó los gritos desesperados de los cazadores quienes estaban a punto de perder la lucha. Rocas filosas, salpicadas de salvia y el follaje espinoso del desierto eran iluminados por los reflectores del helicóptero que se acercaban con prisa mientras iba cayendo del barandal. Ya había terminado todo.

*–¡Dios ayúdame!, ¡Dios ayúdame!*

Su caída, sin embargo, fue detenida abruptamente cuando escuchó el gruñido gutural de la bestia llenar el aire de la noche de nuevo; sintió sus colmillos volverse a hundir en su pantorrilla, buscando carne fresca, y escuchó sus gritos desesperados hacer eco con el piso bajo él. Cayéndose en la banqueta, volteó y vio los dientes afilados del pastor alemán, la bestia sacudía su cabeza de un lado a otro, saliva espeluznante saltaba de esas fauces con agarre sólido como si su quijada estuviera atornillada, iluminada por las luces de los reflectores mientras lo bañaba a él y al puente de un olor a croqueta de perro. Vio zapatos negros correr hacia él de todas las direcciones, escuchó los gritos, las órdenes, advertencias para que no se moviera mientras trataba desesperadamente de ponerse de pie.

Sintió brazos que lo cubrieron al tratar de agarrar el barandal, arrojándolo hacia el piso, la tierra de la banqueta se sentía como lija mientras raspaba un lado de su cara. Un ruido metálico se escuchó, su hombro dislocado tronó y sintió el metal frio y familiar en sus muñecas, las esposas apretadas, sintió una dolorosa punzada en las puntas de sus dedos que detenía el flujo de sangre.

Sentía que la luz que lo cegaba le quemaba la cabeza por dentro, escuchaba preguntas, preguntas que no entendía, no las oía en el medio de la confusión que causaba el gruñido del perro policía, el rugido del helicóptero sobre él, y las voces distorsionadas de los radios de los policías.

Unos brazos lo jalaron y lo hicieron ponerse de pie, todavía no podía ver, sus ojos llenos de lágrimas, e iluminados por las luces de las patrullas. Sintió el metal del techo de la patrulla tocar su mejilla, se estremeció de dolor al ser pateado en los tobillos por uno de los policías para que separara las piernas. Más preguntas, órdenes distorsionadas, preguntas sobre el auto, el accidente, las víctimas.

–¡Están muertas, señor!, ¿cómo se siente?, ¿cómo se siente haber tomado dos vidas inocentes? – le dijo el policía después de azotarle la cabeza en el cofre de la patrulla–. ¡Métete a la patrulla, gusano! –le ordenó después de azotarlo dos veces más contra el auto.

La puerta de la patrulla se cerró y pudo ver a través de la malla de metal a otra patrulla acercarse. Sabía bien que de ahora en adelante vería el mundo de esa forma, distorsionado por rejas y encerrado en una jaula.

El policía manejó despacio al principio para salir de donde estaba el accidente, forzándolo a ver el daño que había causado una vez más. Tras la malla de metal vio, a través de sus lágrimas, el marco dorado de la placa en la defensa del auto que decía "Hrach"

–*¿Quién es Hrach?, ¿Quién eres ahora Hrach? ¿Quién?... ¡Dios ayúdame!*

## Cárcel de la calle de Madison
## 4:01 A.M.
· · · · · · · · · · · · · · · · · · · · · · · · · · · · · · · · · · · ·

Sentía que le quemaba la nariz con el tufo de orina vieja y la mugre de la cárcel. Lo habían admitido con dos cargos de homicidio vehicular, su ira se había convertido en un miedo primitivo cuando le dijeron cuánto iba a disfrutar la vista desde la fila hacia la pena de muerte.

Al arrastrarlo por el pasillo con forma de hebilla de caballo, se dobló, soltándose de los dos policías de detención y vomitó. La bilis salía incontrolablemente de su estómago, las imágenes de la escena del accidente regresaron a él tan vívidas como si estuvieran sucediendo de nuevo. Podía verlo de nuevo, el marco dorado con la palabra "Hrach", a través de la malla de metal, burlándose de él desde donde había ocurrido todo, el bulto de ropa sangrienta, el vestido de lentejuela, que estaba tirado junto al cuerpo desnudo de Alma, mientras los paramédicos trataban frenéticamente de resucitarla, escuchó al policía que manejaba la patrulla donde lo habían metido decir: "¡ojalá y te inyecten las venas con ácido puro, gusano!" escupiendo las palabras en el parabrisas mientras aceleraba y lo llevaba directo a la sección de ingreso de la cárcel de la calle Madison.

Los oficiales interrumpieron su vómito azotándolo contra la pared de bloques de ladrillo y jalándolo de un mechón para levantarlo.

–¡Una gota más de vómito le cae a mis zapatos, gusano, y haré que los limpies con la lengua!

El dolor lo inundó haciéndolo gritar de angustia y coraje cuando le jalaron los brazos al punto de dislocación, arrastrándolo para llevarlo por el corredor. Su enojo regresó, una ira desenfrenada que intensificaba su lucha, el dolor casi lo llevaba al punto del desmayo mientras lo ataban a la silla para locos. Luchando contra los cintos que lo ataban, soltó amenazas y obscenidades sin control, estas hacían eco contra las paredes del lugar, y esto provocó gritos y porras de las celdas de detención contiguas, encendiendo a este pez fresco loco que todavía vestía con la ropa de moda del antro y que luchaba como un mocoso malcriado que no quería ponerse su pijama de rayas.

–¡Sáquenme de esta cosa!, su voz haciendo eco contra las paredes.

Trató de írseles encima a los dos policías que estaban en el pasillo, queriendo borrarles la sonrisa del rostro, pero los cintos solo lo dejaron moverse un par de centímetros, lastimando sus brazos y piernas, y adormeciendo para siempre toda esperanza de libertad.

–*¡Dije que me dejen libre!*

El dolor de su rodilla destrozada regresó, provocado por el movimiento brusco de su ira eléctrica que golpeó como un pistón de un auto en sus piernas. Sintió su saliva haciendo burbujas en su garganta como si tuviera rabia y miró cómo los policías brincaban hacia atrás para evitar que la saliva que salía de su boca les cayera encima, mientas que decía obscenidades, como si fuera un paciente con síndrome de Tourette tomando esteroides.

Los policías le sonrieron por última vez antes de darse la vuelta e irse. Luchó contra los cintos que lo ataban hasta que sentir que se volvía loco, sintiendo la obscuridad de un abismo inhumano que se alzaba desde lo más profundo del infierno. Se sintió sin esperanza alguna, mientras el abismo lo envolvía en una angustia interminable, sabía que no tenía escape.

Nada lo podía rescatar, ni siquiera los dioses a los que había servido tan fielmente, los dioses del sexo, las drogas, el dinero… el poder… no estaban por ninguna parte para ayudarlo. No tenían lugar en este pozo de desesperanza, porque ellos lo habían traído allí y lo habían abandonado.

Ahora estaba solo por el resto de la eternidad con la única persona que odiaba más que a la misma muerte: Roger "Hrach" Munchian, conocido como "Roger Rabbit"

–*¡Dios!* –escuchó el nombre hacer eco en las paredes. La sangre se sentía espesa al correr por su cabeza, su corazón afligido la bombeaba, un corazón roto por la angustia.

–¿Dios?, ¿estás allí? –sus gritos rasgaron su garganta y tragó el sabor de su sangre.

Se dejó caer en la silla de nuevo, las ataduras se quedaron un poco más flojas mientras la fatiga lo envolvía.

–¡Dios! –gritó de nuevo.

Su pecho temblaba débilmente, el dolor de las costillas rotas y músculos amoratados envolvieron un suspiro profundo; sus fuertes sollozos salieron de él sin control, las lágrimas saturaban sus mejillas, quemando las cortadas irregulares que hacían ver a su rostro desfigurado. Un sentimiento de culpa insoportable lo atormentó mientras contemplaba la realidad de lo que había hecho, la pesadilla pasaba por su mente sin control como fotos en un álbum de fotografías de horror; la imagen de él mismo saliendo de su auto, Alma acostada en el pavimento lleno de sangre, fría, inamovible, tratando de tocarlo desde la muerte. Se vio a él mismo tratando de tocarla, sintiendo el tacto de Alma, su mano fría estirada mientras él la tocaba.

Desde su celda fría y apestosa, revivió la angustia que sintió al arrodillarse junto a ella, sintiendo la suavidad de su cabello mientras apartaba mechones de cabello de su rostro, gentilmente limpiando la sangre de su mejilla, besando su ojo salpicado de sangre, besándola para decirle adiós. Sabía que jamás podría traerla de vuelta; nada de su riqueza, nada que estuviera bajo su control podía cambiar lo que había hecho, ni siquiera su preciado abogado podía negociar para devolverle la vida a Alma.

Roger Munchian, conocido como "Roger Rabbit", no era más que un homicida, un monstruo en una jaula que iba a ser desechado apropiadamente por el sistema de justicia.

–*¡Deberían de inyectarte las venas con ácido puro, gusano!*

Comenzó a temblar sin control, desgarrando músculos y huesos, su piel le ardía, sus pulmones no eran capaces de jalar suficiente aire para dar apoyo a los gemidos que salían de su boca, llenos de remordimiento y haciendo eco en toda la cárcel.

–Dios, si estás allí, ¡ayúdame!, ¡por favor ayúdame!... *ayúdame... ayúdame... ayúdame... Oh, Dios, ¡ayúdame!*

# CAPÍTULO XIX

**Cárcel de la Calle Madison**
**25 de septiembre de 1997**
**Al amanecer**

· · · · · · · · · · · · · · · · · · · · · · · · · · · · · · · ·

La peste de la orina amalgamada, su vómito y la bilis expulsada le dieron la bienvenida al despertar. Volvió a vomitar, le ardía la garganta, la peste de la bilis que salía de su boca ensució su camisa y sus pantalones de un líquido amarillo.

–*Buenos días mundo.*

El sonido metálico de la puerta de la celda hizo que abriera los ojos. En algún momento durante la noche lo habían pasado a la celda de aislamiento al otro lado de donde se encontraba el pasillo de la silla de locos, y lo habían amarrado a un aro sujeto a la plancha fría de cemento que ahora era su cama. Se le acercó un policía con panza en forma de dona, pero veía todo como si fuera una visión; le estaba hablando, salían palabras de su boca, palabras confusas como un mensaje en código de un telegrama antiguo.

–… tuviste suerte…aquí esta… nueva… admisión… que afortunado hijo de perra … ¡suéltalo hombre!

El oficial estaba tratando de tomar algo que Roger sostenía, algo que tenía agarrado en su mano. Luchó para que no se lo quitara, era algo que estaba en su mano, algo importante.

–¡Que lo sueltes hombre! –escuchó decir al oficial–. Muy bien, quieres el ese papel viejo, bien, ¡quizás podamos hacer arreglos!

Sus ojos finalmente pudieron enfocar la escena claramente, el oficial tenía sus dedos carnosos cubriendo los papeles de admisión que estaban llenos de bilis y que habían estado en su puño toda la noche, los tenía agarrados con fuerza rigor mortis (de rigidez cadavérica). Eran los papeles que decían "HOMICIDIO", los que le habían dado después de ingresar a la cárcel, acusándolo oficialmente como un asesino. Los dejó ir y el oficial le dio los nuevos papeles.

–Vaya que tuviste suerte esta vez, nunca he visto nada igual en todos los años que he trabajado en este zoológico.

Se sentó en la banca, la cabeza le punzaba, sentía que le iba a explotar, y vio los documentos nuevos. Finalmente logró enfocar las palabras que antes estaban borrosas:

```
Oficina del Alguacil del Condado de Maricopa
       Centro de Admisión, Madison.

Preso:   P443221, Munchian, Hrach "Roger"
Cargos:  Cargo 1, Asalto agravado con arma mortal.
         Cargo 2, Asalto agravado con arma mortal.
```

La puerta se cerró.

–¿Asalto?

Pudo ver al oficial alejarse de su jaula de concreto, a través del vidrio de acrílico, llevándose los documentos viejos.

–¿Qué está sucediendo?

Recordó sus ruegos de la noche anterior, era como si las paredes de cemento los hubieran absorbido y se los estuvieran repitiendo: "¡Dios, ayúdame!"

De repente sintió una paz que no había sentido antes mientras escuchó la respuesta de Dios, una voz diciéndole: "Te escuché. Confía en mí, Roger. Clama a Mí y responderé, y te daré a conocer cosas grandes y ocultas que tú no sabes. No eres un asesino, Roger, eres parte de mi creación admirable. Todas mis obras son maravillosas y eres mío. Tu viaje acaba de comenzar. Confía en Mi"

## Hospital San José, Phoenix
## Sábado, 29 de septiembre de 1997

· · · · · · · · · · · · · · · · · · · · · · · · · · ·

Un sabor a antiséptico le picó la nariz mientras cojeaba por el pasillo de la unidad de cuidado intensivo, apoyándose en su muleta. Su rodilla estaba destrozada y sus ligamentos destrozados por el accidente. La recomendación del Doctor había sido que se operara inmediatamente, pero Roger tenía asuntos pendientes.

No fue sino hasta que salió de la cárcel que pudo entender qué había pasado, llamó a su abogado, mientras esperaba que la fianza se pagara. Jay le preguntó una y otra vez de qué hablaba, ¿Qué cargos de homicidio?, los cargos eran por asalto agravado, las víctimas estaban vivas, estaban en condición grave, pero estaban vivas.

–¿Vivas?, ¿cómo podían estar vivas? –pensó Roger–. Jay, ¡eso es imposible!, ¡estaban muertas!

Las palabras del policía todavía resonaban en su mente: *"Están muertas, señor. ¿Cómo se siente tomar dos vidas inocentes?"*

–No tengo un reporte completo del hospital todavía Roger, pero te admitieron con asalto agravado, lo cual quiere decir que encontraron señales de vida en las víctimas. Puede que su cerebro esté muerto de aquí a que tus testículos se arruguen, pero eso no cambiará el cargo a homicidio, niño; eso sí, no te equivoques, estos cargos son muy serios.

–Estaban muertas, Jay –se escuchó a sí mismo decirle a Jay.

–Vamos a pagar tu fianza y podemos seguir platicando en la oficina.

–Deberías haberlas visto, ¡deberías haberlas visto, Jay! No hay manera que estén vivas.

La fianza era alta, veinte mil dólares, pero para el medio día ya había salido de la cárcel, para no variar, y estaba sentado en la oficina de Jay. El abogado comentó lo mal que se veía, todo golpeado, pero al mismo tiempo se reía y le decía que podía sacarlo de este problema.

–Ni siquiera debería de estar vivo Jay, ninguno de nosotros debería estarlo.

–Las dos muchachas están en condición crítica en el Hospital "Good Samaritan" –dijo Jay, sentado detrás de su gran escritorio de roble, con el folder del expediente de Roger abierto. Roger se reacomodó en el asiento y se estremeció al sentir un dolor agudo en su rodilla–. Hombre, de verdad deberías de ir a ver que te revisen la rodilla. Parece que traes una pelota de fútbol americano rellena de queso cottage metida en tu pantalón.

–¿Qué quieres decir con que su condición es grave, Jay?

–Están en coma, las dos.

–Me dijeron que estaban muertas, Jay, ¿cómo pueden estar vivas?

–Insistes en eso Roger y no sé a dónde vas con esa pregunta.

–*¡Dios ayúdame!* –recordó Roger haber clamado a Dios.

*"Te escuché. Confía en mí. Te daré a conocer cosas grandes y ocultas que tú no sabes."*

–Estaba en el bote, en Madison, me desperté y se llevaron mis documentos de ingreso, eran por homicidio, así me admitieron…

–¿Estás seguro?

–Jay, ¡estaban muertas!

*"Te escuché Roger. Confía, confía, confía…"*

Jay paso las hojas del expediente, sacudiendo la cabeza.

–Mira, Roger, este es un caso difícil, asalto agravado, cargo dos de delito grave. Estamos hablando de diez años mínimo por cada cargo, o sea, veinte años, Roger. Si una de ellas no sobrevive se le agrega homicidio y si ambas fallecen, son dos cargos de homicidio y entonces estamos hablando de sentencia a muerte.

Las palabras "sentencia a muerte" no lo perturbaron, quería estar muerto de cualquier forma, pero seguía escuchando una voz… sintiéndola… que le decía:

*"Confía en Mi… Tengo grandes planes para ti…"*

–*Si de verdad existes Dios… ayúdame, ¡ayúdame!*

*"Estoy aquí"*

–*¿Quién eres?*

*"Soy Dios y no solo estoy aquí parado viendo. Estoy contigo. Siempre"*

Jay continuó viendo los papeles del expediente y hablando de su defensa.

–Sigo esperando a que me llegue el reporte de la policía, trataremos de poner en duda que venías tú manejando. Si hay alguien que puede sacarte de este problema soy yo.

Roger se sintió mal anímicamente, el modo en que Jay estaba

sentado, viendo su expediente, para él esto solo era un negocio, como siempre. Estaba cansado, confundido, avergonzado; después de salir de la oficina de Jay se fue a casa y durmió por dos días completos. Despertó el sábado por la mañana, sintiéndose atontado, pensando en Alma, tenía que verla, tenía que verlo con sus propios ojos.

Alma estaba en el cuarto 2231. Roger se quedó afuera del cuarto, viendo a través de la pequeña ventana, sintió el corazón roto al ver la delicada figura conectada a tubos y cables, líquidos de todo tipo entraban y salían de su cuerpo, su delicado pecho se alzaba en respiros pequeños y esforzados, ayudados por el respirador artificial que había provocado incisiones tan delgadas como las de una hoja de papel en esos labios color rubí que alguna vez habían estado llenos de vida y riendo.

Probó el sabor de la sal de sus propias lágrimas que se derramaban por sus mejillas y que seguían fluyendo más allá de sus labios al mismo tiempo que empujó la puerta y cojeó a su lado, viendo de cerca por primera vez lo que había hecho; en su cara amoratada había huecos por los huesos rotos de su rostro y el resto estaba inflamado.

Se escuchaba un gorgoteo que hacía burbujas en su garganta con cada respiro forzado que tomaba mientras que la terminal junto a su cama hacía un sonido intermitente dando señal de que Alma estaba todavía allí pero no muy presente. Al ver a esta hija de Dios, rota y hecha pedazos, vio la complejidad con la que Dios la había entretejido.

–¿Qué he hecho? –susurró–. Oh Dios… ¿qué le he hecho a tu hija?

Pero había una paz inexplicable dentro de su angustia. Dios la estaba curando, solo Dios podía arreglar lo que él había destruido.

Se quedó allí hasta que lo corrieron y mientras estaba sentado en su auto Porsche en el estacionamiento, viendo su beeper, vio que había perdido varias llamadas que pedían saber el estatus de varios pedidos, órdenes que necesitaban ser recogidas y mensajes requiriendo producto nuevo urgentemente. También había varias llamadas perdidas de Jay y una de Tony Rizzo.

Ignoró las llamadas y manejó hacia el Taller "Rainbow Body and Repair", donde Jay había pedido enviaran su Mercedes Benz después de sacarlo del corralón del condado de MariCopa. Abrió la puerta del Porsche y salió del auto, recargo sus brazos sobre la ventana, con la puerta aún abierta, el olor a nuevo del interior del Porsche salía del auto y se mezclaba con el olor a gasolina y aceite quemada del taller. El taller apestaba a maquinaria vieja e inservible.

Se sentó debajo de la única luz prendida del taller, la masa arrugada que antes era un auto Mercedes se veía menos letal ahí que en el lugar de la escena del crimen donde había sido el centro de atención, con aire de importancia mientras era revisado, sondeado, fotografiado, medido y analizado; tenía propósito y significado, era una trampa de muerte, evidencia, un arma. Ahora, en esta morgue de autos, con su parabrisas pulverizado como si fuera nieve blanca, con los ejes de las llantas doblados y con las llantas ponchadas, así como el cofre chocado colgando de una bisagra, solo era basura. El olor apestoso de aceite y chatarra del auto Mercedes se mezclaron con el aroma a nuevo del Porsche y se percató que ambos olores eran lo mismo: el vacío, la nada, no tenían sentido.

–¿Por qué estoy aún aquí?, háblame Dios… ayúdame, ¡por favor ayúdame! ¡Enséñame la verdad Dios!

"Confía en mí Roger. Tengo un plan para ti. Solo confía en mí. Ahora que tengo tu atención, confía en mí y mira lo que voy a hacer…"

# CAPÍTULO XX

## Condado Sevier, UTAH
## 20 de octubre de 1997
· · · · · · · · · · · · · · · · · · · · · · · · · · · · · · · ·

Roger vio a Arnulfo salir de las puertas de la cárcel del Condado Sevier, su piel morena se veía pálida después de tres meses fuera del sol, se metió al auto Porsche y dejó salir un aullido.

–Ah, aire fresco, ¡por fin!

Roger sacó el clutch y dejó marcadas las llantas al pavimento al salir del estacionamiento, acelerando a más de ciento cuarenta kilómetros por hora al entrar a la carretera Ruta 15 del estado. Arnulfo volteó a ver el velocímetro.

–Hombre, Roger, esa es velocidad de abuelita para una máquina como ésta, métele a fondo, hombre, quiero salir de este estado tan pronto como sea posible.

Mantuvo la velocidad estable, podía sentir a Arnulfo viendo su rodilla inflamada. Guardó silencio por más de un minuto.

–¿Supongo que supiste lo que pasó?

–Sí hombre, Pops me lo contó todo en su última visita, dijo que tuviste algunos problemas legales.

–Los problemas legales no me preocupan, Nulfo, maté a dos mujeres.

–Pops me dijo que no fallecieron, dijo que tenías dos cargos por asalto agravado y que podías pasar diez años en el bote por cada uno.

Roger se quedó callado, viendo por el parabrisas, viendo el desierto mientras manejaba.

–No, las maté y Dios las salvó, Dios me salvó –dijo finalmente.

Arnulfo se quedó callado al principio, esperando el final del chiste, pero luego no supo qué decir.

–¿Qué quieres decir Roger?

–Estaban muertas en la escena del crimen Nulfo, deberías haberlas visto. Me encerraron, me amarraron a la silla de locos.

–Pero Pops dijo…

–¡No me importa lo que te haya dicho Pops, Nulfo!, estaban muertas y, ¡yo apreté el botón!

–¿*Estaban* muertas?

–No tienes idea de lo que sentí hombre, si hubiera podido morir en su lugar lo habría hecho. Nulfo, por primera vez en mi vida me sentí desamparado. Sin importar cuántos millones de dólares había ganado, sin importar cuánto poder había logrado tener, no podía arreglarlo; fue como caer en un hoyo negro enorme, un hoyo negro frío y vacío donde no tienes con quien vivir más que contigo mismo, un ser miserable, donde la persona a la que más odias en este mundo es la única con la que te quedas. Ese es el tipo con quien estaba en la celda, el tipo con el que pensé que iba a tener que pasar el resto de mis días.

–Roger, me estás asustando.

–No lo he compartido con nadie todavía Nulfo, con nadie lo he platicado más que contigo. Allí, en el hoyo, solo había un destello de luz, Dios.

–Hombre, ¿ya te volviste religioso? ¡grandioso!, es lo único que nos faltaba.

–Por primera vez en mi vida Él era algo real Nulfo y sabía que todo iba a estar bien si tan solo se lo pedía, y así lo hice. Nulfo, tenía en mis manos el documento que decía que era un homicida, estaba cubierto de sangre y vómito, había vomitado como nunca antes; tú sabes cómo es eso Nulfo, sentir una pena tan grande que vomitas hasta que no tienes nada más que devolver más que sangre.

–Una pena o tequila, le llaman nauseas amigo. Tómate un par de aspirinas y se te quita.

–Lograron detectar vida en ellas en algún lugar entre donde ocurrió el accidente y el hospital. Le pedí a Dios ayuda y me rescató al restaurar sus vidas, y no me arrestaron esa noche Nulfo. Me rescató, Dios me rescató.

−Roger, ya se me puso la piel de gallina.

−Marianna salió del coma hace unas semanas; hubo un rato donde no parecía que Alma sobreviviría. El abogado de la acusación había estado esperando, aguantando la respiración, anhelando ser el primero en ponerme las esposas y decirme que estaba bajo arresto por homicidio, pero hace una semana que Alma salió del coma.

−Órale Roger.

−Me ha hecho pensar mucho sabes, en todo lo que hemos estado haciendo. Simplemente no creo que pueda seguir haciéndolo.

−Espérate, ten cuidado Roger, ¿sí?, digo, tenemos algo bueno aquí, no exageres.

−¿Bueno Nulfo?, ¿se te olvida donde pasaste los últimos tres meses?, has estado comiendo pudín de tapioca lleno de gusanos, con un uniforme a rayas y durmiendo con la cabeza a 15 centímetros de donde vas al baño.

−Sí, pero Roger, solo fue por tres meses. La cárcel no es el mejor lugar, pero ya terminó, lo hice, sobreviví, y estoy listo para regresar al juego.

−No lo entiendes, ¿verdad? −dijo Roger sacudiendo la cabeza−. Se nos está acabando la suerte. Yo estaba a nada de una sentencia de muerte y con dos cargos de homicidio te fríen vivo.

−Jay es bueno en esto, él te puede sacar de este dilema, nadie cumple condena máxima con Jay.

−Eso no me preocupa, simplemente siento que Dios tiene algo más grande para mí, algo mejor, mejor que esto. Es como si hubiera exigido mi atención, usó esto para llamar mi atención y me está llamando −se quedó en silencio por un rato, mientras seguía manejando, luego tragó saliva fuertemente−. Me rescató de mí mismo.

−¿Te está *llamando* Roger?, Él es Dios y si quiere llamarte puede obtener tu número de celular aun si no está en el directorio público.

−Nulfo, he estado viendo una iglesia y hablé con el Pastor, un tipo que me dijo que lo llamara Pastor Frank.

−Maravilloso −suspiró Arnulfo.

−Me mostró una historia en la biblia de un tipo llamado Saulo…

−¿La biblia?, nombre Roger, ¿no me digas que ya te volviste un fanático religioso?

–Saulo estaba matando cristianos.

–Muy bien.

–Cuando iba en el desierto hacia Damasco, una luz brillante lo tiró del caballo y escuchó la voz de Jesús.

–Nombre, ya se atrevió, dijo la palabra que empieza con "J".

–Cállate Nulfo, Dios dejó a Saulo ciego y lo tumbó para llamar su atención, su nombre después cambio a Pablo. El Pastor Frank me dijo que Dios tenía un plan para la vida de Pablo y la única forma de llamar su atención fue tumbarlo al suelo. Fue ahí, en el camino a Damasco donde reaccionó. Es tan curioso, que su momento de camino a Damasco llegó al medio día cuando iba sobre un animal en el desierto; el mío llegó al amanecer, amarrado a una silla en el hoyo de la cárcel del condado MariCopa.

–Ya en serio Roger, no te me ablandes, tenemos a mucha gente mala a nuestro alrededor, construimos algo bueno y hay tipos que matarían para quedárselo. Si sienten que te has ablandado saltarán; no puedes simplemente darte la vuelta y dejar esto, no con todo lo que hemos hecho, no del modo que construimos este negocio.

–¿Nosotros Nulfo?, ¿nosotros?

–Está bien, perdón, son tus contactos, el negocio es tuyo. ¿Pero entiendes, o no? Hombre, Roger, si el estado decide ejecutarte puedes esperar en la fila de sentencia de muerte por veinte años. Si cualquiera de los vándalos con los que negociamos decide que te tienes que ir, te aniquilan en veinte minutos y así sucederá si detectan que te ablandaste porque entonces te vuelves una amenaza. Te aniquilan a ti, me aniquilan a mí y toman el negocio. Jugarán contigo un rato hombre, te tomarán la medida, y luego te pondrán una bala tras la oreja, lo hemos visto antes hombre. Yo no quiero ser una estadística más, ¿entiendes?

Manejó en silencio, pensando lo que Arnulfo le había dicho, tenía razón, no podías simplemente salirte del negocio sin hacer que otros se pusieran nerviosos; además, estaba la envidia de otros. Podía contar más de una docena de batos y pandilleros que lo matarían en un segundo si pensaban que tenían oportunidad de quitarle a sus proveedores, empezando por el estúpido de Tony Rizzo quien estaba hasta arriba de la lista. Rizzo había estado tratando de reconstruir su negocio todo el último año, aunque de manera torpe como era usual.

Si podía encontrar un atajo, no dudaría en tomarlo, pero Roger sabía que Dios tenía reservado algo más para él, algo más grande.

Un pasaje de la biblia que acababa de leer le vino a la mente, Isaías 46:11 "Del oriente llamo al ave de rapiña; de tierra distante, al hombre que cumplirá mi propósito. Le que he dicho, haré que se cumpla; lo que he planeado, lo realizaré".

–*Dios, ¿soy yo?, ¿me has llamado para llevar a cabo tu propósito? ¿Por qué yo Dios?, ¿después de todo lo que he hecho?, ¿cómo puedes elegirme a mí?*

*"Confía en mi Roger. Solo confía en mi..."*

# CAPÍTULO XXI

**A las afueras de San Luis, Missouri**
**Marzo de 1998**

- - - - - - - - - - - - - - - - - - - - - - - - -

–Tengo hambre –dijo Arnulfo, haciendo que Roger dejara en lo que estaba pensando en ese momento–. McDonald's está en la siguiente salida, ¿te importa si me salgo?

–Está bien, tenemos suficiente tiempo.

–¿Tienes hambre?

–No, no mucha.

–"No, no mucha" –repitió Arnulfo–. ¿Sabes que esas son todas las palabras que has dicho en los últimos trescientos veinte kilómetros?

Estaban llevando una carga de ciento diez kilogramos de la frontera de México a la ciudad donde vivía Simen en Detroit. Roger había estado pensando en la última vez que fue a la Corte. Habían pasado cinco meses desde el día de la condena, el abogado de la acusación había tratado de mandarlo a la cárcel por veinte años por el accidente, acusándolo de dos cargos de asalto con arma mortal. Se preguntaba cómo Dios lo sacaría de este predicamento; también se preguntaba cómo Dios lo alejaría del idiota de Rizzo, el tipo estaba dando pasos peligrosos, tratando de conseguir proveedores de manera imprudente, poniendo a todo el cartel en riesgo. Sabía muy bien que era cuestión de tiempo antes de que este menso le vendiera drogas a un soplón y entonces les estarían tomando medidas para el uniforme naranja del Departamento de Servicios Penitenciarios de Arizona a todos; por eso mismo, Roger conectó a Rizzo con Su, cortándolo como cliente, pero al menos controlando sus conexiones.

Arnulfo tomó la siguiente salida y se metió al autoservicio de

McDonald's, ordenó una hamburguesa Big Mac, con papas a la francesa extra grandes y una Coca-Cola. De regreso a la carretera I-80 en dirección al este, Arnulfo metió la mano a la bolsa y le dio una mordida grande a la Big Mac, la salsa de la hamburguesa cayendo por su barba.

–¿Sabes que no has comido desde que pasamos Amarillo? –dijo Nulfo mientras se metía un montón de papas a la francesa a la boca, la grasa de las papas absorbiendo la salsa de la hamburguesa en su barba.

–Te dije que no tengo hambre.

Arnulfo siguió manejando en silencio por un rato, se terminó su hamburguesa y siguió comiéndose sus papas a la francesa.

–Roger, hombre, ¿quieres saber por qué estas perdiendo tantos clientes?

–Rizzo no fue una perdida, él es un estúpido y los estúpidos son peligrosos.

–Está bien, tienes razón, mira Roger, necesitas dejar un poco de lado la plática de Jesús, ¿sí?, escúchame. La plática de Jesús estaba por todos lados en la cárcel en el Condado de Sevier, tipos hablando del tema de la salvación todo el tiempo, había biblias por todo el lugar, teníamos tantas biblias allí y los criminales arrancaban las hojas y las usaban para cubrir la mariguana, ¿sí?, se fumaban la palabra de Dios. Los tipos que meten al tambo se vuelven religiosos enseguida, dicen que finalmente encontraron a Jesús, y que Él los ayudará a cambiar su vida, dicen que Jesús está en su corazón. Hubo un tipo en nuestro dormitorio, hombre, se la pasaba caminando por el cuarto de descanso en su tiempo libre, hablando de arrepentimiento como si tuviera diarrea en la boca, y no paró de hablar al respecto hasta que salió de allí. Treinta días después regresó al hoyo, ya sin decir mucho.

–¿A qué vas con esto Nulfo?

–Este tema de Jesús está haciendo que la gente se ponga nerviosa, tal como te dije que ocurriría. Sé que pasaste por algo importante Roger, como los tipos del Condado de Sevier. Está bien que te vuelvas un poco religioso; mira, Jesús es Jesús, pero el negocio es el negocio, tenemos que regresar a lo nuestro, regresar al negocio.

Roger miró el señalamiento que decía: "Detroit a 500 millas", Arnulfo tenía razón; en menos de ocho horas estarían negociando, entregando una carga de droga a gente nerviosa que llevaba pistolas consigo. "Necesitamos regresar al negocio". Pero por dentro él sabía que el único negocio al que valía la pena regresar era al de Jesús y el negocio de rescatar a los que estaban perdidos.

## Restaurante "Lazy Su's Fish and Chips"
## Junio de 1998

Tony Rizzo miró el plato de grasa y los pedazos de pescado empanizado que habían salido de la cocina de Su. Habían pasado cuatro meses desde el día que Roger lo había presentado con este jinete de camello con forma de globo Zeppelin llamada "Big Mamma", pero resultó que era de fiar, siempre abasteciéndolo con buen producto para su cliente en Detroit. Ahora tenía otro cliente en Carolina del Norte y estaba debatiendo si considerarla para este negocio. El tipo iba a hacer una orden para una carga mayor pronto, la orden más grande que Rizzo había tenido. En el pasado, en quien podía confiar con una orden así era Roger, pero ya no, Roger se había vuelto fanático de Jesús y estaba arruinando todo lo que tocaba.

La gorda Su había estado distraída desde que Rizzo entró al restaurante, estaba lidiando con un mexicano chaparro quien había entrado al lugar listo para ver sangre correr. No se lo habían presentado a Rizzo formalmente, pero sabía que era el hermano menor de José Ortiz, conocido como "Big Ho", era el proveedor de Su que estaba al sur de Tucsón. Al hermano menor lo llamaban "Little Ho". Era un tipo pequeño, pero estaba fuerte, sus brazos parecían una cuerda resistente. Cuando se empezó a poner agresivo, el mensajero de Su, un tipo musculoso llamado Mo, que usaba una playera que decía "Lazy Su's Fish and Chips", con las mangas arremangadas sobre sus anchos brazos, se metió y le mostró la salida de forma brusca.

–¿Problemas de oferta? –preguntó Rizzo.

–Salió mal parado con una carga incompleta que iba a Dakota del Sur y José me está amenazando con aniquilarme si vuelve a suceder. Me tuve que tragar diez mil dólares por esa negociación. No comiste mucho –le dijo señalando el plato que todavía tenía mucha comida.

Volteó a ver el plato medio vacío y sintió agruras en el estómago.

–Ya no tengo estómago de acero –empujó el plato hacia el centro de la mesa–. Te adivino que Munchian estropeó esa carga, ¿estoy en lo correcto?

Mamma Su dudó en contestar, Rizzo se dio cuenta que se estaba preguntando cuánto debía de confiar en el tipo nuevo.

–Sí, fue Roger.

–Su, tienes que comenzar a considerar desligarte de él. ¿Para qué lo necesitas ahora, eh?

–Tony, tú eres un riesgo de alto nivel, ¿sí?, Roger dice que eres peligroso, por la forma en que presionas fuertemente para obtener abastecimiento nuevo. Hombre, si hablas con la persona incorrecta se acaba todo, para todos. Soy demasiado gorda y vieja como para ir a la prisión, tendrían que ponerle aceite Crisco a las paredes para poder meterme en una celda.

–¿Y esto te lo dice Roger?

–Sí.

–¿El tipo que acaba de costarte diez mil dólares?

Mamma Su se quedó callada un minuto.

–Déjame lo pienso, estoy ocupada en preparar una carga para Roger. Nada puede suceder hasta que eso se finalice en Detroit. Está muy atareado con esto ya que es una carga pesada, doscientos veinte kilos que son para Simen, es una negociación de alto riesgo.

–¿Sí?, alto riesgo, ¿eh?

–Simen no se anda con ruedos. Los arameos te cortan la yugular si te faltan 30 gramos de una carga.

–Y, ¿cuándo sale la carga?

–El mes que entra.

El olor a grasa estaba dándole nausea a Rizzo, había pensado en irse, pero ahora decidió quedarse un rato más.

–El mes que entra, ¿eh?, dime, platícame. –Rizzo dijo, pensando que no era ninguna coincidencia que Roger tuviera agendada una carga grande justo al mismo tiempo que él necesitaría una para su nuevo contacto en Carolina del Norte.

# Provo, Utah
# Julio de 1998
· · · · · · · · · · · · · · · · · · · · · · · · · · · · · ·

Le habían dicho que Arnulfo era un tipo difícil de seguir, podía ver que lo habían entrenado bien cuando lo vio comenzar a tomar caminos sinuosos una vez que salió de la cochera de Mamma Su en la camioneta Mountaineer. Se puso nervioso viendo toda la acción desde el otro lado de la cera, mientras que los empleados de Mamma Su cargaban las bolsas de gimnasio en la parte trasera de la camioneta, no estaba seguro que iban a poder llevar a cabo el plan. Soltó una risa, al ver que los tipos trataban de meter doscientos veinte kilos de cosecha fresca de los campos de "Big Ho" en el área estrecha detrás de las bocinas falsas. Era la carga más grande de Roger para el cliente cabeza de turbante en Detroit.

Siguió a Arnulfo en su trayecto sinuoso por Phoenix y una vez que Arnulfo entró a la carretera interestatal se mantuvo cinco autos detrás de él. Podía ver los ojos de Arnulfo, yendo del parabrisas al espejo retrovisor y viceversa una y otra vez, para asegurarse que nadie lo seguía. Se acercó hasta quedar a un auto de distancia cuando cayó la noche, seguro de que la noche sería su aliado. Lo siguió de cerca, por nueve horas hasta que Arnulfo se salió de la carretera y se metió al estacionamiento de un Motel 6. Rizzo manejó hasta el otro lado del estacionamiento en lo que Arnulfo se estacionaba bajo el brillo de la luz de la oficina del motel. Su corazón se hundió cuando vio a Arnulfo pasarse al asiento del pasajero, a sabiendas de que planeaba quedarse en el vehículo y no planeaba dejar la carga desatendida.

Cuando se aseguró de que Arnulfo estuviera dormido hizo una llamada y dio su ubicación. Vio el reloj en el tablero: 10:25 P.M, apagó el motor de su auto, ajustó el asiento para recostarlo y espero.

Se quedó dormido hasta que la conmoción afuera lo despertó de un sobresalto, sus ojos pudieron enfocarse unos segundos después y vio en el reloj que eran las 12:43 A.M. En el rayo de luz vertido por el anuncio del Motel 6, vio a Arnulfo parado afuera de la camioneta Mountaineer, el tipo negro y tres tipos lo tenían acorralado. Rizzo pestañeó sin poderlo creer; lo que debió haber hecho Arnulfo era alejarse, dejar que esto sucediera, pero Arnulfo era ágil, haciendo su baile de boxeador, mandando el mensaje de "¡venga!" con los puños.

No podía creer la velocidad de Arnulfo, bloqueando una serie de puñetazos que el tipo negro le lanzo hasta que Nulfo lo derribó con un contra golpe. Los otros dos se acercaron rápidamente y por dos minutos completos Arnulfo se defendió sin problemas hasta que el tipo negro se levantó de nuevo, y sacó una cadena de bicicleta de la bolsa trasera del pantalón, Arnulfo logró evitar los dos primeros golpes hasta que el tipo enredó la cadena en la cabeza de Arnulfo y todo terminó. Volteó a Arnulfo al jalar la cadena y estampó su cabeza contra el cofre de la camioneta Mountaineer.

Rizzo se quedó sin aliento al ver a los otros tipos acercarse velozmente, primero pateándolo con la rodilla en el cuerpo y dándole golpes a la cabeza. Se dio cuenta rápidamente de que estaba observando un simple robo convertirse en un asesinato, justo frente a sus ojos. Arnulfo se colapsó en el piso, las patadas y los golpes continuaron sin compasión.

*¡Órale!*

Cuando la locura finalmente terminó encendió su auto y manejó hacia la camioneta Mountaineer. Con la iluminación de las luces del auto podía ver que Arnulfo no se movía. El tipo negro, Mo Wilson, se acercó al auto de Rizzo.

–Valiente chiquitín, tengo que darle crédito –dijo Mo, enredando la cadena de bicicleta que estaba llena de sangre y metiéndosela de nuevo a la bolsa.

–¿Todavía respira? –preguntó Rizzo al salir del auto.

–Un poco, ¿qué quieres que hagamos con él?

–Métalo a la cajuela y envuélvelo para regalo, déjalo en la puerta de la casa de Munchian –Rizzo caminó a la camioneta y se metió en ella, las llaves seguían en la ignición.

Mo y sus secuaces levantaron a Arnulfo y lo metieron a la cajuela de su auto. Tony Rizzo estaba sentado en el asiento del chofer de la camioneta Mountaineer y vio por el espejo retrovisor como Mo cerraba la puerta de la cajuela y regresaba a la parte de atrás de la camioneta Mountaineer.

–La carga esta allí todavía, estás listo –dijo Mo después de abrir la compuerta de la cajuela.

Mo cerró la compuerta, se subió al auto de Rizzo y se retiró. Rizzo no esperaba que el robo le fuera a costar la vida a Arnulfo, pero la verdad que no le importaba. Encendió el auto y salió de ahí, tenía un cliente en Carolina del Norte quien iba a estar muy contento.

# CAPÍTULO XXII

## Agosto de 1998

Literalmente tuvieron que volver a romperla, Roger había ignorado su rodilla destrozada desde el accidente y esto había causado que sanara de forma incorrecta. El Doctor le dijo que la única forma en que podría volver a caminar de manera normal era que se la operaran y la rompieran de nuevo, haciendo el tipo de cirugía que debieron haber hecho desde un principio.

–¿Por qué no viniste y te encargaste de ella enseguida?, le preguntó el Doctor.

Habían pasado tres semanas desde la mañana que sonó su timbre, después de escuchar rechinidos de llanta salir de su cochera. Al abrir la puerta vio a Arnulfo bañado en sangre en el pórtico de su casa.

–No estoy seguro –fue todo lo que Roger le pudo decir al Doctor.

–Pues bien, amigo, dejaste que la rodilla sanara por sí sola, algo de esta índole realmente necesitaba la atención de un cirujano enseguida. Yo puedo arreglarla, pero la sanación tomará ahora más tiempo y no te voy a mentir, va a ser más dolorosa y va a requerir más terapia para sanar por completo.

–¿Cuándo puede agendar la operación Doctor?

–Yo sugeriría que lo hagas tan pronto como sea posible. Hombre, de verdad que debiste haber dejado al cirujano encargarse de tu rodilla.

Ahora estaba en reposo. Su beeper, que estaba junto a él, sobre el buró de noche, sonaba sin cesar. Lo ignoró, sabía bien que era otro mensaje de Simen. Rizzo le había robado y Simen no estaba nada contento de que Roger no hubiera cumplido su parte del trato.

No estaba seguro cómo Simen iba a solucionar esto. Roger se hizo responsable de todo por lo que la pérdida económica recayó en él, pero el Cartel de drogas arameo tenía reputación de ser extremadamente rudo y tenía que mantener dicha reputación, se tomaban los robos de manera personal, sin importar quién se tragara la perdida.

–*"Tuve que quebrantarte de nuevo, Roger"*

Había revivido todo de nuevo al abrir la puerta y ver a Arnulfo explayado en el pórtico de su casa, su cuerpo era un desastre de carne inflamada. En un instante revivió el momento en que salió del auto chocado y se dio cuenta del velo de muerte que había ocasionado, regresando a ese mismo abismo obscuro y sin esperanza. No tenía a dónde correr, no tenía dónde esconderse.

–*"Tengo grandes planes para ti Roger. Confía en mí. Mi palabra no regresará a mí vacía. Confía en mi"*

Arnulfo seguía en el hospital, su cerebro seguía buscando su identidad en el líquido que seguía chapoteando dentro de su cabeza por el golpe de la cadena de la bicicleta. Roger lo había visitado a diario, reviviendo el momento en que estuvo junto a la cama del hospital de Alma, mirando el daño que había causado a una de las creaciones de Dios. Su amigo Arnulfo estaba allí en algún lugar, pero los doctores no podían garantizar que regresaría.

Los primeros tres días no fue a casa, durmió en una banca de vinyl dura en el vestíbulo del hospital. Cuando regresó a casa vio el beeper en su escritorio, con más de cincuenta mensajes perdidos de Simen, la fecha para la entrega de su paquete había vencido. Cuatro días después su pierna se colapsó al ir caminando por el pasillo del hospital cuando visitaba a Arnulfo; se convirtió en un paciente más, el doctor cirujano estaba ansioso de trabajar en su pierna y comenzar a cortarla y romperla.

El doctor tenía razón, la recuperación era lo más doloroso que había experimentado, y no tenía que haber sido de esa forma si tan solo le hubiera permitido al cirujano arreglarla correctamente la primera vez. La recuperación no habría sido tan lenta, el dolor con tanta agonía y las heridas tan profundas.

–Dios, tú me quebrantaste. *Luego me volviste a quebrantar* –Roger debió haber confiado en el cirujano Maestro para su sanación inicial.

–*"¿Cuándo tendré tu atención completa Roger?"*

Dios le puso en la mente el recuerdo de la primera vez que había sido arrestado por drogas, la noche que ese policía estúpido le dijo que llamara a sus padres al aeropuerto y les hiciera saber que llegaría de diez a quince años tarde a recogerlos. Fue la primera vez que había sido admitido al bote del condado de Maricopa, la peste del lugar todavía estaba fresca en su memoria. Al ver al drogadicto, esa masa de carne encogida en la esquina del cuarto que yacía junto a un charco de su propia orina, con cicatrices en todo su brazo arrugado, y luego escuchó una voz junto a él.

–Sabes, cuando Dios tiene una lección que enseñarte te manda al maestro.

Recordó mirar al viejo pelón levantarse ayudándose de la pared de ladrillo, los pies estirados a lo largo de la banca, sus pantalones de mezclilla de marca arrugados y su camisa de marca Tommy Hilfiger enredada a la cintura, llena de sudor. Su rostro jovial era acentuado por una barba gris de varios días y tenía una sonrisa que parecía estar perdida, como que se había dado por vencido; sin embargo, el brillo de sus ojos le proporcionaba todavía luz a un alma derrotada.

–¿Perdón? –dijo Roger.

–Eso solía decir mi abuela, sabes, cada vez que me metía en líos, decía: "Jon, Dios tiene una lección para ti y te ha mandado un maestro, escucha a tu maestro". Me tomó cuarenta y cinco años descubrir de qué hablaba y mi abuela falleció hace veinte años.

–Que bien, gracias por compartirlo.

El drogadicto en la esquina giró su cuerpo y su cabeza se mojó con el charco de orina, su boca y su pierna temblaban, estando alerta solo de los demonios invisibles que lo atormentaban. En algún lugar de su mente Roger se preguntó si estaba viendo su futuro en potencia.

–¿No entiendes lo que te estoy diciendo?

–La verdad que ni me importa.

–Ya has pasado por esta ruta antes –dijo el tipo sin darse cuenta de que había sido insultado– ¿Las paredes te son familiares?

–Mira, la verdad que no estoy de humor para hablar, ¿sí?

–Es extraño, tampoco yo, pero algo me dijo que debía hablar contigo.

–Pues dile que se calle.

–Lo que mi abuela quiso decir fue que el maestro era mis

consecuencias.

–¿De verdad?, ¿y sólo te tomó cuarenta y cinco años el descifrarlo, eh? Debes de ser un genio.

–Dios lo permitió así para enseñarme una lección.

–Dios es un espectador en mi vida, si así es como Él opera puede quedarse en el banquillo.

El tipo se disgustó y Roger quería noquearlo de un golpe, pero supuso que el tipo era demasiado viejo y patético para darle una lección.

–Me tomó cuarenta y cinco años darme cuenta genio. Frank, allá en la esquina… –señaló al drogadicto quien ya tenía casi todo el rostro metido en la orina– todavía no lo entiende y ya es muy tarde para él. Probablemente no pasará la noche, ahogarse en su propia peste puede ser lo mejor que le suceda. Esta vez su mal viaje le ha borrado la memoria la cual perdió hace mucho. Sí, me tomó cuarenta y cinco años, ¿cuántos años te tomará a ti?

–Muy bien, super genio, ¿cómo está Dios enseñándote ahora?, estas de vuelta en el zoológico del condado, ¿qué está haciendo Dios en tu vida?

–Dios nos manda alertas, la última vez que estuve aquí, me agarraron por decirle groserías a un policía que me había detenido. No sé por qué lo hice, simplemente solté la lengua, sabes. Pero estaba enojado, sabes, fúrico porque iba a una junta con un tipo que me iba a ayudar a ganar mucho dinero. El policía me detuvo porque traía la luz trasera del auto sin funcionar y perdí la cordura con él, así que el policía decide que olía alcohol en mi aliento, y me hace una prueba al lado del camino. Lo siguiente que supe fue que estaba aquí sentado como tú, pensando, preguntándome si no fue esa la forma en que Dios me detuvo, advirtiéndome que no debía tener esa junta con ese tipo; estando allí vi a dos hombres meterle la cabeza a otro tipo en una coladera abierta y desnucarlo y me pregunté si estaba viendo mi futuro. Sí, fue como si Dios me hubiera castigado en una esquina, haciéndome quedarme en el hoyo por doce horas para pensar bien las cosas, mostrándome qué tan feas se podían poner las cosas en el camino que había elegido. Al estar aquí me perdí mi cita y eso me hizo pensar que quizás era mejor que siguiera mi camino, siguiera hacia adelante por mí mismo, pero al salir, decidí buscar al tipo y concertar otra cita; por dos años enteros pensé que había sido una buena decisión porque el dinero fluyó en grande. Ahora se ha ido por completo y están preparando mi reservación para mi visita de diez años como invitado de honor del estado. Ojalá y hubiera escuchado – cerró los ojos–. De verdad espero que no haya coladeras abiertas a donde voy.

No dijo otra palabra el resto de la noche. Para cuando llegó la mañana Frank el drogadicto estaba muerto.

Su beeper sonó de nuevo y esta vez lo volteó a ver, reconociendo el número de Simen. Lo ignoró, pero cuando sonó de nuevo, unos segundos después, aunque quería ignorarlo, decidió mirar, una ráfaga de emoción se hizo presa de él cuando reconoció el número, era Chico Martínez; una llamada de Chico significaba un negocio serio, buscó su teléfono.

–*Cuando Dios tiene una lección que enseñarte te manda al maestro...* –recordó Roger.

Los dedos de Roger tocaron el auricular del teléfono.

–*Dios nos da alertas... Ojalá y hubiera escuchado...* –le vino a la mente.

Agarró el auricular, estaba listo para marcar.

–*Solo una llamada más y podría salirse de este negocio. Solo una llamada más* –pensó Roger.

–*Espero que no haya coladeras abiertas a donde voy.* –escuchó de nuevo al hombre viejo decir.

–*"¿Cuándo me vas a escuchar a Mi Roger?"*

Colgó el teléfono; mientras veía el beeper éste se iluminó de nuevo, era Simen. Un negocio más, era todo lo que necesitaba. El beeper se iluminó de nuevo, era Chico, órale, el tipo iba en serio, Chico nunca te mandaba dos mensajes seguidos, esto era algo grande.

–*"Confía en Mi Roger. Confía en Mi"*

Agarró el vaso de agua en el buró de noche y rompió el beeper con él, el vaso se rompió en su mano. Viendo la sangre que salía de la palma de su mano pensó en la sangre que salía del cuerpo de Jesucristo en la cruz.

–Está bien Dios, tienes mi atención.

Mirando la sangre que había derramado por obedecer a Dios,

sintió paz completa por primera vez.

Tony Rizzo estaba sentado en la parte de arriba del bar "Martini Ranch", un lugar de moda en el centro de Scottsdale, viendo la acción detrás de él en el espejo ahumado que estaba detrás de la barra: chicas bailando en tubos, la pista de baile con vida llena de cuerpos bailando sensualmente con el ruido ensordecedor del grupo de rock que tocaba ahí. Estaba esperando a un proveedor prospecto, le habían dicho que el tipo al que iba a ver proveía en grande.

En el espejo vio al tipo empujando a la gente para pasar, un tipo fornido de cuarenta y tantos años con una uniceja y con una melena negra, otro armenio maldito, como Roger. El tipo se presentó como Papián, David Papián. Ordenó whiskey y charlaron un rato hablando con el estruendo de la música y luego fueron al piso de abajo, al jardín, donde estaba más tranquilo.

Se quedaron parados en una de las mesas altas y no puso mucha atención que el tipo este, Papián, no se veía interesado en tocar su bebida, simplemente se quedó ahí, escuchando con gran atención a Rizzo contarle qué tan bien le había ido últimamente y cómo crecían las cosas en Detroit y de su expansión en Carolina del Norte. Lo único que se interponía para que las cosas se pusieran realmente buenas era su contacto de abastecimiento que no era de fiar en estos momentos. Le contó del pez gordo Hrach Munchian, al que llamaban Roger, al que conocía desde que solían llamarlo "Roger Rabbit". Le contó que el tipo era un fracaso; de hecho, le dijo a Papián que había oído por ahí que su última entrega había sido robada, su carga más grande, y el tipo estaba acabado. El arameo, Simen, lo iba a matar para ponerlo de ejemplo.

–Sabes, yo soy quien metió a Roger al negocio. Sí, yo –Rizzo tomó un trago de su quinto vodka tonic, sintiéndose muy tranquilo, con confianza en sí mismo, contándole todo a este tipo; quería causar buena impresión. Este tipo le podía conseguir producto bueno, y de manera rápida, lo sabía–. Sí, esa es gratitud, ¿cómo ves?

Papián siguió husmeando haciéndole preguntas de Roger, preguntándole que si era un pez gordo entonces por qué no había escuchado su nombre antes.

–Conozco a todos los jugadores, amigo, no me menciones a un

espantapájaros para hacerte ver mejor. Yo no negocio con nadie que no esté a mi altura, si descubro que no estás en mi liga, tendremos problemas, ¿entendido?, si entiendes eso estaremos bien bato.

–Hey, no te estoy viendo la cara con lo de Munchian. El tipo es astuto, muy exitoso con su negocio, por lo menos solía serlo.

Al final de la reunión Rizzo le dijo qué era lo que necesitaba en Detroit y que esperaba otra orden en una semana más o menos. Papián le dijo que solo necesitaba veinticuatro horas de aviso y tendría la carga lista, intercambiaron números de teléfono y de beeper. Rizzo le dio los números de teléfono que reservaba para negocios. Papián se fue cuando el mesero le trajo a Rizzo otra bebida., ¡las cosas se veían maravillosas!, al agarrar su nueva bebida notó que el vaso de whiskey de Papián estaba todavía lleno, no lo había tocado.

El Agente especial David Papián de la oficina de Detroit de la Agencia Antidrogas se subió a su camioneta Suburban, prendió su computadora y mientras encendía solicitó que investigarán el número que Rizzo le había dado. Finalmente había tenido contacto con el objetivo y la primera junta había salido mejor de lo que esperaba. El tipo básicamente le soltó toda la sopa, y tenía suficiente causa como para ordenar que les interfirieran los teléfonos y el beeper. Lo mejor fue que el idiota éste le dijo que eran sus números de teléfono exclusivos para negocios, dándole causa suficiente para intervenir cada llamada que entrara y saliera de esos números de teléfono. Dentro de las siguientes veinticuatro horas sus analistas en Detroit tendrían una lista completa de llamadas y mensajes enviados en el último mes, expandiendo la lista de los criminales que eran el objetivo de Papián.

Papián metió la contraseña para acceder el expediente de registro de casos, todas las piezas estaban embonando. Pensaba que Rizzo era parte de una empresa de droga muy grande pero su idiotez lo convertía en blanco principal de la investigación. Abrió la lista de jugadores que su equipo de investigación había hecho hasta ese momento:

| Nombre | Ofensa sospechada: |
|---|---|
| Anthony J. Rizzo | Conspiración<br>Manejo de Empresa ilegal<br>Posesión de marihuana para venta |
| Robert B. Mankin<br>(conocido como "Robby el judío") | Manejo de empresa ilegal<br>Posesión de marihuana para venta |
| Simón A. Brash | Posesión de marihuana para venta |
| Suhad Haddad<br>(conocida como "Big Mamma Su") | Posesión de marihuana para venta |
| Gregory A. Gibbons<br>(conocido como "Gibby") | Transporte de droga para venta, venta/transferencia de marihuana |
| Maurice Wilson<br>(conocido como "Mo") | Transporte de droga para venta, venta/transferencia de marihuana |

Papián vio la lista de jugadores por un momento, podía visualizar como iría creciendo rápidamente a lo largo de la investigación. Las grabaciones de las llamadas de Rizzo tenían el potencial de descubrir a una docena más de criminales; había visto eso suceder antes.

Por ahora su encuentro con Rizzo esa noche había descubierto un nuevo nombre que podía agregar y Papián sentía que este nombre era muy significativo. Una ráfaga de adrenalina corrió en su interior en lo que escribía el nombre:

| Nombre | Ofensa sospechada: |
|---|---|
| Hrach R. Munchian<br>(conocido como "Roger Rabbit") | Conspiración<br>Manejo de empresa ilegal<br>Posesión de marihuana para venta |

Se rio al cerrar su computadora, pensando que estaba a punto de atrapar a un conejo de caricatura, iba acercándosele e iba a atrapar a "Roger Rabbit".

# PARTE 3

# Dios Refina

# CAPÍTULO XXIII

**Phoenix**
**5 de septiembre de 1998**

Las medicinas le calmaron el dolor de la rodilla despedazada pero no lograban remover las pesadillas de asesinato que lo asediaban:

*"Amarrado a la silla, las puertas de metal azotándose, la peste del vómito, la bilis y orina que circunscribían la celda obscura, una lucha sin final contra las ataduras. El llanto desgarrado de angustia haciendo eco en las paredes de ladrillo. Estaba agotado, no podía seguir luchando contra todo eso"*

*–¡Ayúdame Dios! –*Brincó de la cama y sintió su llanto y sus gritos en la pesadilla rebotar contra las paredes de yeso, sus sábanas estaban empapadas de sudor y su cuerpo brillaba con el mismo sudor. Roger volteó a ver el reloj, eran las 2:22 P.M., su biblia estaba boca abajo sobre su pecho, en una alberca de sudor. La separó de su pecho, el capítulo completo de Deuteronomio 8 estaba empapado. Había tomado las pastillas para el dolor cuando comenzó a leer la palabra de Dios y, para no variar, el medicamento lo había noqueado. Volteó a ver la tinta que manchaba su pecho, la palabra de Dios se había quedado impresa en él. Se río, recordando como Deuteronomio 6 hablaba de los mandamientos: *"…Átalos a tus manos como un signo; llévalos en tu frente como una marca".*

*–Pues, Dios, no es exactamente en mi frente, pero tu Palabra está atada a mi ahora.*

Algo mareado, agarró sus muletas y se levantó de la cama. Ya habían pasado más de dos meses de la operación, pero el dolor seguía tan fresco como el día que tuvieron que romper de nuevo su rodilla destrozada para poderla arreglar. La cirugía fue extensa, el cirujano removió un ligamento de su pantorrilla derecha para reemplazar el ligamento destrozado de la rodilla izquierda.

Entró a la cocina y revisó el refrigerador, las opciones eran más escasas de lo que había esperado. Vio una caja de Pizza de Domino's y encontró dos pedazos de pizza con chorizo y pepperoni que quedaban adentro, aunque se veían casi petrificadas. Su teléfono sonó después de meter los pedazos de pizza en el microondas, vio el identificador, era otra llamada de alguna agencia de colección de deudas. La ignoró, se sirvió un vaso de Coca-Cola, ya sin espuma, y sacó los pedazos de pizza del microondas.

Se sentó en la mesa de la cocina, se tomó dos pastillas contra el dolor con un trago de Coca-Cola; la pizza estaba hirviendo y se quemó el paladar de la boca con la primera mordida. El teléfono sonó de nuevo, ya conocía ese patrón, los coleccionistas siempre llamaban dos veces seguidas, lo ignoró, puso la pizza de vuelta en el plato para que se enfriara un poco y agarró la carta que estaba en el centro de la mesa, le había llegado el día anterior, el remitente decía que venía de La Firma de Abogados Lawton & Groves.

Lawton había sido recomendado por Jay. Jay era un abogado penalista brillante quien podría haber cambiado los cargos del peor criminal homicida, Charles Manson, de homicidio a cruce peatonal imprudente. Once meses atrás, el 6 de octubre de 1997, el gran jurado había dado su veredicto del accidente que amenazaba en mandar a Roger a la prisión por más de veinte años. El 19 de mayo de 1998, después de siete meses de batalla en la corte, Jay logró que le ofrecieran a Roger una condena de cinco años en libertad condicional.

–Dios ha estado contigo todo este tiempo –recordó que el Pastor Frank le dijo–. Te ha estado protegiendo para trabajar en ti y completar Su propósito para tu vida. Estoy seguro de que si voltearas podrías ver dónde Dios te liberó y te protegió.

Cinco años en libertad condicional en vez de veinte años en prisión, una razón más por qué darle crédito a Dios.

Pero Jay no trabajaba en bancarrotas. La carta de Lawton simplemente confirmaba que su petición de bancarrota había sido procesada y las llamadas para cobrarle lo que debía cesarían pronto.

El teléfono sonó de nuevo, las agencias de colección nunca llamaban tres veces seguidas. Se levantó para ver quién llamaba y se le hundió el estómago cuando reconoció el código de área "248", era de Detroit, era Simen Semma.

Dios lo había quebrantado y Roger había intentado sanar sus heridas espirituales por sí mismo, buscando a Dios, pero agarrándose de las cosas de este mundo y de los restos quebrantados de una vida que Dios quería que abandonara. Igual que su rodilla despedazada, había sanado de manera incorrecta, tratando de seguir aferrándose a las riquezas de este mundo, de mantener todo lo que su vida de drogas y violencia le había dado. Dios lo quebrantó de nuevo, usó a Rizzo, permitiéndole robar una carga grande que Roger había negociado con Semma.

Si no hubiera escuchado la voz de Dios aquella mañana, cuando tuvo su momento hacia Damasco al amanecer, en la celda infestada de ratas, hubiera terminado con Rizzo veinticuatro horas después de confirmar que él estaba tras la estafa. Lo habría hecho él mismo, para que fuera personal, habría borrado la existencia de Rizzo con su pistola .357 Mágnum, luego habría ido a aniquilar a Mo y a sus amigos, incluyendo a la novia tonta de Rizzo, Paulette, para limpiarlo todo. Pero Dios quebranta, Dios te llama.

No se percató qué pronto iba a descubrir cómo Dios refina a su gente.

–*"Nuestro viaje esta apenas comenzando. Confía en Mí Roger"*

No podía mantenerse a flote con la vida criminal. Era una línea muy delgada, la línea entre la vida criminal y una vida correcta. Sabía que Dios estaba bendiciendo su negocio de la Aseguradora; estaba creciendo de un modo que Roger no podía explicarse. Pero sabía que podía agarrar el teléfono, o contestar el mensaje de texto de su beeper, y ganar mucho más en una sola llamada que lo que podía ganar en un año completo de obtener clientes nuevos en la Aseguradora.

Peor incluso sus contactos estaban apostando que su despertar religioso era tan solo un momento temporal de fanatismo. Su teléfono sonaba constantemente, la tentación siempre estaba allí. Viendo sus papeles de bancarrota pensó que esa llamada era todo lo que necesitaba, solo una llamada, y estaría de regreso en el Club

Imperio, de nuevo en la sección VIP, de nuevo en un flujo positivo de dinero, de vuelta al juego y no en la bancarrota.

Había estado esquivando las llamadas de Simen las últimas semanas, había destrozado su beeper para que Simen no pudiera mandarle mensajes codificados, pero Simen sabía que Roger conocía la rutina. Y Roger no supo cómo ocurrió, pero cuando se percató estaba vestido y en su auto, manejando para ir al teléfono público de paga para devolverle la llamada a Simen.

–Entonces, ¿sí vas a hacer esto? –la voz de Simen se escuchó al otro lado de la línea. Roger había llamado a Simen del teléfono público que tenía designado y podía escuchar al fondo el ruido de la calle en Detroit–. Mira, me preocupa un poco, tipos como tú, que están en la cima, y pensando que se quieren salir del negocio. A los Federales les encantan los tipos como tú y yo pienso que lo mejor para mi es ver a esos tipos colgando de un puente en algún lugar, colgados del esófago.

–Pues lo estoy haciendo, Simen. Se acabó.

–Tengo a un conocido en el estado de Washington que está buscando un contacto, alguien fijo. Serían de tres a cuatro cargas al mes, cargas grandes, unos ciento diez kilos por viaje; te puedo pasar su información. Sería una buena forma de volver a entrar al negocio, en la costa Oeste, con transacciones fáciles. Puedes traer de regreso a tu amigo Arnulfo y estar de vuelta en el negocio.

–Solo quiero aclarar algo, estamos a mano, ¿verdad Simen? Me tragué yo la pérdida en la última carga. Siento mucho que no hayan salido bien las cosas, pero fue mi inversión la que se perdió. Estamos a mano, ¿verdad? De verdad que no quiero pasarme el resto de mi vida volteando atrás de mí, esperando que alguien me sorprenda por detrás y me dé un dolor de cabeza calibre veintidós.

–Te oyes cansado.

–Son las medicinas para el dolor.

–¿Cómo se encuentra tu amigo Arnulfo?

–Recuperándose. Saldrá de esta.

–Por lo que he oído, los tipos que hicieron esto todavía andan por la calle, como regalo de despedida podría yo encargarme de ese asunto como un favor a ti.

–Si quisiera hacerlo ya lo habría hecho yo mismo.

–Conozco a un tipo que le gusta usar una pistola de mano, sabes, de las que te caben en la palma de la mano, de las que tienen un mango regordete que sale de entre los dos dedos de enmedio. Se acerca, estrecha tu mano con una de sus manos, te abraza con la otra mano y te tumba con un balazo calibre treinta y dos en la cholla. Rizzo se daría cuenta cuando ya sea demasiado tarde.

–Rizzo no vería un tren de carga hasta que fuese ya muy tarde, gracias de cualquier forma.

–¿Entonces es en serio que te sales?

–¿Estamos a mano Simen?

–¿Sabes a quien me recuerdas amigo mío?

–No, ¿a quién?

–A Mac McKussic

–No sé quién es; escucha Simen, estoy muy cansado…

–El narcotraficante retirado de la película "Tequila Sunrise" (Traición al Amanecer), con Mel Gibson.

–Nunca la vi.

–Uy, era un clásico. El tipo este estaba tratando de salirse del negocio de narcotráfico. Su proveedor no quería que se saliera así que empieza a decirle mentiras a Mac después de que siempre habían confiado el uno en el otro. Los policías quieren agarrar al proveedor y la única forma de atraparlo es a través de Mac, así es que todos son corruptos. Su mejor amigo, un policía, les miente a todos. Resulta que el único honesto es Mac, él simplemente quiere pagarle a su proveedor el dinero que le debe y salirse, subirse a su auto y manejar con su chica hacia el amanecer, un amanecer de tequila. Así como con Mac, no hay mentiras contigo Roger; aun cuando eras un criminal eras un criminal honesto, supongo que por eso todavía estas vivo, es por eso que no estás colgando de un puente. Puedo confiar en ti, tan solo espero que no me hagas arrepentirme en el futuro, especialmente si tu pasado te alcanza, sabes, porque el pasado siempre te alcanza y te alcanzará bato.

–Mi enfoque está ahora en mi relación con Dios.

–Bien, pues esperemos que este sea un Dios grande, por tu propio bien.

–Lo es.

—Esperemos no tener que descubrir qué tan grande es. Buena suerte amigo.

Las amenazas encubiertas ya no le preocupaban a Roger, confiaba, a través de la fe, que servía a un Dios grande, un Dios cuya palabra, al salir de Su boca, nunca volvía vacía y para quien nada era imposible.

Simen todavía lo veía como un narcotraficante, pero uno honesto. El Espíritu Santo le estaba haciendo ver las cosas diferente, a través de Romanos 8:16-17: "El Espíritu mismo le asegura a nuestro espíritu que somos hijos de Dios. Y, si somos hijos, somos herederos; herederos de Dios y coherederos con Cristo, pues, si ahora sufrimos con Él, también tendremos parte con Él en Su gloria".

Él no era un narcotraficante, no era un criminal, no era un asesino, era un heredero al reino de Dios por la sangre que Cristo derramó por él, pero el Espíritu Santo también le reveló la cláusula escondida al firmar el convenio con Cristo: "...si ahora sufrimos con Él, también tendremos parte con Él en Su gloria". El Espíritu Santo le dijo que, si compartimos el Reino de Cristo, también tenemos que compartir Su sufrimiento.

—"Estamos en guerra Roger. Compartimos los sufrimientos de Cristo para que lleguemos a ser guerreros fuertes y toquemos a los que están perdidos en el mundo"

Cristo le confirmó lo que el Espíritu Santo le había dicho, revelándole el costo real de ser Su discípulo en Lucas 14:26-27: "Si alguno viene a Mí y no sacrifica el amor a su padre y a su madre, a su esposa y a sus hijos, a sus hermanos y a sus hermanas, y aun a su propia vida, no puede ser Mí discípulo. Y el que no carga su cruz y me sigue, no puede ser Mí discípulo".

Sabía que Dios lo estaba preparando para pelear en una batalla que él no entendía, pero sintió una paz dentro de sí mismo como nunca antes había sentido cuando decidió que cargaría su cruz y aceptaría sus circunstancias como campo de entrenamiento que Dios le mandaba, para prepararlo para ser un guerrero para el Reino de Cristo. Sintió que tenía sentido que su momento hacia Damasco hubiera llegado al amanecer. El futuro continuaba iluminando la luz de Cristo que crecía en él.

Lo que no se dio cuenta fue que el atardecer iba acercándose rápidamente mientras que la batalla real se aproximaba.

# CAPÍTULO XXIV

## Detroit
· · · · · · · · · · · · · · · · · · · · · · · · · · · · · · · · ·

Una brisa del aire de otoño penetró de manera momentánea la peste a aceite de las calles de Detroit mientras que el Agente Especial David Papián salía del Edificio "Rick Finley". La dedicación del edificio Finley para ser la oficina de campo de la Administración de Control de Drogas de los Estados Unidos (DEA, por sus siglas en inglés) en Detroit había ocurrido tres años atrás y con ella ocurrió la reubicación de Papián de Washington, D.C. a Detroit, Michigan. No estaba seguro si ese cambio significaba un ascenso de puesto o no, pero después de su divorcio y de las batallas por manutención tan desagradables en las que había estado inmiscuido, el cambio a un desagüe como Detroit era un cambio bienvenido.

Lo acababa de llamar el Detective de la Policía de Detroit, Buddy Fredericks, para que se encontraran en el restaurante Lafayette Coney. Tenía información que compartirle sobre la grabación de la intercepción telefónica de Simen Semma.

Caminó al edificio en forma de "V" en la esquina de Lafayette Boulevard y Avenida Michigan. El edificio contenía los íconos de la Isla Coney: los restaurantes de Hot dogs "Lafayette" y "American Coney". Papián no entendía la euforia que causaba la leyenda de la competencia de los puestos de hot dogs de Coney. Aparentemente, la tarde de la Gran Depresión, un emigrante griego inauguró un local de hot dogs llamado "American Coney". Después trajo a su hermano a los Estados Unidos, le enseño el negocio, y para agradecerle, su hermano abrió su propio negocio junto al de él. La competencia entre los dos se volvió legendaria y se convirtió en parte de la herencia de

Detroit. Eras fiel a uno o al otro. El detective Buddy Fredericks era leal a Lafayette Coney y Papián estaba convencido que este detective, quien era una bala perdida, podía ganar el argumento contra quien estuviera en desacuerdo.

Papián sabía que Buddy Fredericks tenía una razón fuerte para odiar las drogas y a los narcotraficantes. No supo cuándo había ocurrido el incidente, pero por ahí escuchó que un tipo corrupto le había borrado el cerebro al hijo de dieciséis años de Fredericks cuando experimentó con droga en una fiesta de adolescentes. La primera asignatura de Papián fue el crear un grupo de fuerzas especiales con la División de Narcóticos del Departamento de Policía de Detroit y sabía que Fredericks tenía el estilo y el tipo de estómago hostil que necesitaba en este tipo de equipo.

Terminar con una lacra como Joey Giovanni no era exactamente el estilo de Papián, pero Fredericks había sobrevivido la investigación subsecuente de Asuntos Internos después de que el cuerpo del capo de la droga cayera de espaldas de un segundo piso de un restaurante griego. Lo principal era que el veneno de Giovanni ya no estaría borrando mentes nunca más. La red de Giovanni estaba bien conectada con la mafia aramea y era conocida por enfocarse en adolescentes que vivían en colonias afluentes del área. Una de esas colonias era donde el hijo de Fredericks jugaba fútbol americano en el equipo titular y Fredericks descubrió que habían rastreado a la mula que le había vendido la droga al grupo de amigos que tenía su hijo y la droga venía de una granja que era propiedad de Giovanni. Esa noche Fredericks, con su aliento pestilente a whiskey Jim Bean, se paseó por el restaurante favorito de Giovanni en la zona griega y terminó con él y los dos secuaces que estaban sentados con él. Se decía que Giovanni a penas y si pudo meter la mano en su saco cuando las balas del revólver personal de Fredericks lanzaron al italiano hacia atrás, la multitud de gente en el restaurante aplaudió con euforia al ver el cuerpo de Giovanni caer por la ventana. Mientras se disipaba el humo del revólver de Fredericks, éste salió del restaurante como si hubiera ordenado comida para llevar.

Aunque Fredericks estaba motivado a atrapar a Semma, Papián quería atrapar a Munchian, sabía que el tipo estaba bien conectado y pensaba que podía ser el anzuelo a otro pez gordo. Pero el tipo había desaparecido del radar después de que su equipo había infiltrado el cartel, cuando Rizzo les compró droga. La conexión de Munchian con Rizzo era todavía vaga, pero era la única conexión sólida para llegar a Simen.

La figura imponente de Fredericks posado en la banca pequeña lo hacía ver como un bravucón enorme del patio de recreo sentado en un juguete de niño. Llevaba una chamarra de mezclilla desgarrada y estaba sentado encorvado en el mostrador, sus manos fuertes sostenían un hot dog con picadillo, cebollas y mostaza que goteaba. Papián se sentó en la banca junto a él, a pesar del olor a picadillo y cebollas, podía oler el hedor de alcohol de la cruda de esa mañana que emanaba del grandulón.

–¿Comiste el almuerzo? –preguntó Fredericks sin mirar a Papián, agitó la mano en el aire para que le pusiera atención el tipo griego de figura frágil, con mandil de cocina, que se encontraba detrás del mostrador–. ¡Dos con todo!

Papián agitó su mano para indicarle que no quería nada y el tipo griego regresó atrás del mostrador con cara de decepción.

–Gracias, pero comí un sándwich de atún hace un par de horas.

–Atún –contestó Fredericks con tono de burla, escupiendo un poco de picadillo entre los dientes al hablar.

–¿Bueno y que traes para darme? –dijo Papián, ignorando la burla.

–Munchian finalmente le contestó la llamada a Semma – Fredericks le dijo, hablando con la boca llena, después de tragarse el hot dog de un bocado.

–¿Sí?, ¿lo tienes grabado?

Fredericks negó con la cabeza, agarrando su segundo hot dog.

–Simen ha estado marcando el número de Munchian sin parar, Munchian no había regresado ninguna de las llamadas hasta ayer por la mañana. Tienen un sistema en pie. Nuestro equipo de investigación vio a Munchian salir de su casa ayer por la mañana, lo siguieron hasta el teléfono público de donde habían salido llamadas a Simen anteriormente. Basado en los registros telefónicos que tu equipo había juntado, sus movimientos eran los mismos que la última vez que se comunicó con Simen, en julio. Los dos teléfonos eran estériles por lo que no tenemos nada en archivo, pero sabemos que hablaron.

–Muy bien, entonces sabemos que están en comunicación, tenemos algo para continuar la investigación.

Fredericks se tragó el segundo hot dog de dos mordidas, negando con la cabeza de nuevo.

–Mi sugerencia es que dejes de lado el caso de Munchian. No es un buen ángulo de investigación.

–¿Qué quieres decir?

–Estos dos tipos, ninguno de los dos va a echar de cabeza al otro. Munchian está loco con la religión y decidió que su salvación dependía de que se alejara del cartel. Tiene uno que estar bromeando, porque eso es una sentencia de muerte, especialmente cuando hablamos de tipos como Simen.

Fredericks prosiguió.

– El cartel arameo tiene reputación de hacerte la vida imposible si los traicionas. El último caso que vi, hace unos cuatro años, fue cuando nos llamaron para ir a ver a un cadáver tieso que estaba en un Distrito de bodegas, lo habían arrastrado desnudo en un refrigerador de carnes, le clavaron uno de esos ganchos entrando por los testículos y saliendo por el ombligo y ahí lo dejaron, vivo, colgado hasta que sus manos y pies se comenzaron a poner negros de congelamiento. Después lo cortaron, lentamente, dejándolo que sangrara a muerte, que es una manera de morir lenta y dolorosa, toma mucho tiempo cuando tu cuerpo tiene la temperatura de una paleta helada. Seguro que en una parte recóndita de la mente de Munchian había un gancho de carne con su nombre, pero él ha estado actuando calmado, manejándolo como un asunto de negocios sencillo. Por algún motivo, Simen lo respeta y su relación ha llegado a su término.

–¿Qué te hace pensar que ninguno de estos dos tipos puede ser inquietado?

Fredericks agarró su último hot dog.

–Enfócate en Rizzo, él abrirá la boca por diez centavos de dólar, al igual que su novia Paulette, pero te sugiero que te muevas con prisa y los arrestes a ambos, sus días están contados. Si no te apresuras, los perderás cuando les disparen por la oreja o les metan un gancho de carne por sus partes privadas. El reloj de Rizzo comenzó a hacer tic-tac en el momento en que se involucró con China Mike.

China Mike, alias Mike Muldoon, había nacido en Jamaica, era negro como el carbón, con ojos rasgados y ningún árbol genealógico podía encontrarle raíces asiáticas. Era un negro con un apellido irlandés y ojos de chino que creció en Detroit. No tenía más opción en la vida que volverse rudo y al igual que Simen Semma y el cartel arameo, China Mike se tomaba su reputación muy en serio.

Papián no estaba interesado en China Mike, y no quería a Rizzo, quería a Munchian.

–Estamos todavía coleccionando evidencia contra Rizzo antes de poder arrestarlo y seguimos indagando a Simen Semma.

–Arresta a Rizzo. Tenemos unos diez delitos con los cuales empezar. Dile que estamos hablando de diez años por delito en prisión. Una vez que se dé cuenta que va a pasar el resto de su vida viendo a los pajaritos tras una malla, seguro que delata a su propia Tía Tillie para salvar su pellejo de los depredadores dentro de la cárcel, que seguramente querrán ir detrás de él.

Papián aventó unos billetes en el mostrador.

–Tus agruras corren por mi cuenta el día de hoy.

–Rizzo tiene de cuatro a cinco meses de vida, China Mike está planeando jugarle una mala pasada pronto. Si fuera tú no me pasaría mucho rato en la rueda de ratones hámster en la que están Munchian y Semma. No sacarás mucho de una escoria como Rizzo, pero por lo menos saldrás de esto con algo entre las manos.

Papián apretó la mandíbula, sabía que Fredericks tenía razón, pero tenía miedo de su propia respuesta. No quería hacer enojar a Fredericks, lo necesitaba, aunque era un tipo muy volátil.

–Nadie odia esto más que yo –le dijo Fredericks a Papián mientras este último tenía su mano sobre la puerta.

Papián se detuvo, empujando la puerta hasta quedar medio abierta.

–Lo sé.

–Las drogas envenenan el cerebro, borran vidas, vidas de jóvenes. Los narcotraficantes, tipos como Munchian, deberían de ir a la cárcel por asesinato, porque eso es lo que hacen, asesinan muchachos, son asesinos, sin importar si sus víctimas terminan físicamente muertas o sin cerebro. Proveen a los jóvenes de algo que aniquila sus sueños, que les roba su futuro.

–¿Estás seguro de lo que dices de Munchian? … ¿eso de que se volvió religioso?

–Sí. Munchian debería de estar contento que solamente tendrá que enfrentar a Dios en su siguiente vida. Si tuviera que enfrentarme a mí, me aseguraría de encontrar una forma de que el infierno le sonara como un paraíso.

A Papián se le dificultaba de manera acentuada tener que lidiar con los que se volvían religiosos. Fredericks tenía razón, estos tipos ganaban millones de dólares, y se adornaban con joyas pesadas, vendiendo producto en las calles que era como una enfermedad que se propagaba más rápido que el cáncer, pero de algún modo había un Dios que ellos creían los podía perdonar. Papián no creía en un Dios que le permitía a gente como Munchian salir intacto, no después de haber envenenado a cantidad de mentes, después de las muertes que había provocado.

–Se que no te caigo bien –dijo Fredericks–. Se que no te gusta cómo opero, pero solo quiero que entiendas cómo funciona esto y por qué te lo digo, llegaste a la fiesta Munchian muy tarde, Dios llegó antes. Enfócate en Rizzo.

En realidad, Papián admiraba a Fredericks. Por un momento breve, cuando le disparó a Giovanni y borró su existencia, tuvo la oportunidad de jugar a ser el tipo de dios que tenía sentido para Papián, el único dios que él podía comprender, el tipo de dios que no dejaría a un tipo como Munchian salir intacto después de todas las cosas espantosas que había hecho.

–Sigue investigando a Munchian y a Simen, pues yo todavía no estoy listo para rendirme.

*"Espero que tu Dios sea un Dios grande Munchian. Por tu bien, espero que sea realmente grande"* –pensó Papián.

# CAPÍTULO XXV

**Grand Lake, Colorado**
**Octubre de 1998**

. . . . . . . . . . . . . . . . . . . . . . . . . . . . . . . .

Tony Rizzo guardaba su reserva privada de droga en el compartimento de la lancha de esquiar que le había comprado a un tipo con el que hacía negocios y quien le debía dinero. Sentado en el asiento frontal para observar, con los pies recargados en la colchoneta que cubría la compuerta del motor, roló un churro grueso y lo encendió, mirando mientras tanto hacia el lago. Había comprado una casa, como a 130 kilómetros al noroeste de Boulder, Colorado, dentro de la reserva del Parque Nacional de Rocky Mountain, porque estaba a la mitad del camino entre Phoenix y Detroit, donde tenía que llevarle cargas a los tipos que trabajaban con China Mike. Su chofer, Gibby, viajaba todo el tiempo, nunca dormía, así es que Rizzo acabó contratando a otro chofer, un amigo de Gibby que se llamaba Jimmy Clay, juntos parecían un par de paramilitares.

El día de hoy este lugar le otorgaba el tipo de soledad que necesitaba al darse cuenta del bonche de idiotas con los que se estaba relacionando. Aspiró el churro a fondo, el atardecer iba cayendo, mientras miraba el lago con el aire fresco de otoño y se sentía bien, no había ni una ola en la superficie, se veía como cristal, los colores naranja y amarillo flamantes de otoño reflejaban una imagen de espejo de las parcelas que estaban rodeadas de dorado. Después de robarle aquella carga a Munchian, le había tomado un mes dejar de voltear para asegurarse que Munchian no llegara por detrás, sosteniendo una de sus armas y que lo mandara a un retiro permanente; pero después de un mes asumió que el fanatismo que sentía Munchian por Jesús era real y que seguramente estaría fuera de comisión pronto. Al tratar de salirse del negocio de esta forma estaba ocasionando que varios capos fuertes se pusieran muy nerviosos así que supuso que tenía los días contados.

La carga que le había robado había hecho muy feliz a ese cliente en Carolina del Norte y le había dejado las puertas completamente abiertas. Sus choferes, Gibby y Clay, estaban bien a secas, entre los dos tenían el coeficiente mental de una amiba y la forma en que se cortaban el cabello los hacía ver como tipos de la milicia, pero eran estables y podía confiar en ellos. Rizzo les había dado todo lo que necesitaban, le compró a cada uno un auto Jeep Cherokee, con todos los lujos, con asientos de piel y placas del estado de Michigan pues para allá iban la mayoría de las cargas, pero no le gustaba trabajar con Mo, el tipo estaba loco. Una noche Mo lo recogió para ir al changarro de Mamma Su para empaquetar una carga y cuando iban para allá se metió a una subdivisión residencial, era un lugar agradable, con viviendas hechas de estuco. Se metió a la entrada de una cochera y dijo: "ahorita regreso", se salió del auto y de la nada dos autos más llegaron velozmente y se metieron en la entrada de la cochera, repletos de tipos afroamericanos. Salieron del auto y se le unieron a Mo en el jardín de la entrada, sacaron sus pistolas y comenzaron a disparar la puerta y las ventanas; por noventa segundos la casa lanzaba destellos de los balazos y así como empezó, llegó a su fin y los tipos negros se metieron a sus autos. Mo regresó al auto, se sentó tras el volante, echó su pistola en el asiento de atrás y manejó como si acabara de llevar una pizza a domicilio o algo así, sin decir una palabra al respecto.

Los problemas serios comenzaron cuando Mo lo presentó con un tipo al que llamaban "China Mike". Los clientes de China eran muy exigentes y demandaban producto de alta calidad a tiempo; le estaban haciendo pedidos más rápido de lo que sus dos secuaces con cerebro de amiba podían entregar y le pagaban lentamente, lo cual lo dejaba con poco efectivo para obtener más producto. Mo comenzó a ayudar manejando para que pudieran mantenerse al día con las compras del producto, pero se volvió descuidado... Rizzo acababa de recibir una llamada avisándole que la carga que llevaba Mo a Kentucky había sido robada, noventa kilogramos de mariguana de grado A, obtenida sin contrato, a través de "Big Ho". José iba a exigir su dinero y Rizzo no lo tenía.

Aspiró de nuevo el churro, hondamente, su mente se sentía relajada, y la calma comenzaba a invadirlo. Sus problemas con Munchian estaban ahora ya lejos y detrás de él, pero tenía un mal presentimiento, sabía que sus problemas con Mo y China Mike apenas comenzaban.

La iglesia era pequeña, era un edificio sucio en la parte central de Phoenix, Roger asistía a esta iglesia de manera regular, aprendía himnos y la Palabra de Dios al ser predicada por el Pastor Frank. Su rodilla no estaba al cien por ciento, pero ya no estaba en reposo en cama, usaba un bastón para moverse, era como aprender a caminar de nuevo. Su caminata con Dios era una lucha diaria, sabía bien cuál era la vida que no quería vivir más, sabía que quería aprender acerca de este Padre Celestial que lo amaba tanto como para venir a su rescate en un hoyo de ratas, en la celda de una cárcel, amarrado a una silla de locos, como una pieza desechada de restos humanos; esa fue la noche que fue rescatado, no arrestado.

El Servicio había terminado y la iglesia estaba vacía, se sentó en la banca, en la segunda fila, suficientemente cerca del altar, pero no en la primera fila, estaba pensando en el mensaje de ese día del Pastor Frank, había hablado acerca del Salmo 139, acerca de cuánto piensa Dios en nosotros, acerca de sus pensamientos, si pudiéramos contarlos, sobrepasarían el número de granos de arena en la Tierra. Dios no escoge amarnos, Dios nos ama.

De repente, sintió que el altar lo llamaba, se salió de la banca y se encontró de rodillas, con los codos en el barandal, trató de orar pero no tenía palabras.

– Dios, ¿qué es lo que quieres?; Dios, ¿por dónde empiezo? – finalmente se escuchó a sí mismo decir.

Una mano gentil se posicionó sobre su hombro y sintió que alguien se arrodillaba junto a él, a su derecha. Al voltear vio a Earl Swenson, un señor cincuentón, calvo y con barriga. Earl era un consejero de la iglesia y siempre usaba el mismo traje gris a rayas con una corbata roja, gorda, tejida, cada domingo. Alguien más se arrodilló a su izquierda y no tuvo que voltear para saber quién era, pudo reconocer la combinación de perfume barato y naftalina, era la esposa de Earl, Betty.

–Es un hermoso día afuera hermano Roger, ¿qué lo mantiene aquí?

–No estoy seguro, pensaba en el mensaje de hoy.

–Hermoso, ¿verdad? –dijo Betty.

–Estoy perdido, quiero seguir a Dios tanto, pero no están saliendo las cosas como yo quisiera; hay algo que no estoy haciendo bien y no sé qué es.

–Roger, hermano, dale tiempo a las cosas –le dijo Earl–. Tu fe es joven todavía.

–Sí, Roger, un recién nacido no aprende a caminar de la noche a la mañana –dijo Betty.

Roger miró la cruz, bañada en colores caleidoscópicos que se reflejaba a través del vitral detrás del altar. La cruz se distorsionó cuando las lágrimas comenzaron a salir de sus ojos y probó el sabor salado de éstas en las esquinas de su boca.

–Es solo que no sé por dónde empezar, vengo a la Iglesia, leo la palabra de Dios todos los días, pero a veces, no entiendo lo que leo, tengo tanto que aprender, simplemente no entiendo.

–No tienes que entender todo lo que lees en Su palabra Roger, solo estar sediento de ella y dejar que el poder de Su palabra alimente tu espíritu. No te desalientes si no entiendes, tu espíritu sí lo entiende y está siendo alimentado con cada palabra de la verdad de Dios que lees.

–¿Qué quieres decir con mi espíritu?

–Roger, ¿has aceptado a Jesucristo como tu Señor y Salvador? –le preguntó Betty.

–Yo, eso creo, pienso que sí. Yo, yo pensé que lo hice… esa noche que estaba atado a la silla para locos en la cárcel del condado.

–El mensaje de hoy del Pastor Frank, acerca de los pensamientos de Dios, que es un Dios que piensa en cada persona, cada individuo, sin importar lo que hayan hecho, sin importar qué tan perdidos estén, qué tan lejos parezcan estar. Es un Dios cuyos pensamientos diarios por ti sobrepasan los granos de arena de la Tierra, Él es un Dios que haría cualquier cosa para tener una relación contigo, y así lo hizo, mandó a Su único Hijo a morir en la cruz para que, a través de su sangre, tus pecados sean borrados, y que a través de Su resurrección Él pueda tener una relación contigo –dijo Earl.

Entonces Roger se percató de lo que le faltaba, necesitaba tener una relación real y personal con el único que no lo había rechazado.

–Estoy listo –dijo Roger.

Mientras Earl lo guiaba en oración, se dio cuenta que al decir las palabras, confesando con su boca y creyendo en su corazón que Jesús murió por sus pecados, que ese compromiso debía ser real, las palabras de Simen le venían a la mente: "Por lo menos cuando eras un criminal eras un criminal honesto". Aun cuando había sido un criminal, la palabra de Roger era su garantía, su palabra siempre había sido un compromiso inquebrantable. Ahora se daba cuenta que estaba haciendo un compromiso con su Salvador, Jesucristo, quien derramó sangre y sufrió huesos rotos para pagar el precio de todas las cosas atroces y terribles que Roger había hecho en su vida. Sabía que éste no era solamente un compromiso inquebrantable con Jesús sino un voto para vivir por El Señor sin importar qué pasara. Simen le perdonó la vida gracias a que tenía palabra, ahora su palabra le iba a otorgar vida eterna.

Al ir repitiendo las palabras que Earl le indicaba para confesar sus pecados, sintió las cadenas de más de una década de crimen, arrestos y encarcelamientos soltarse. Al terminar, escuchó risas, risas incontrolables que tan solo habrían podido ser enviadas desde el Cielo, la risa llenó la iglesia y se escuchaba como si viniera de las bancas llenas de gente, de una multitud desbordante de la congregación, pero pronto se dio cuenta que las risas venían de ellos tres. Su risa no podía ser detenida, le dolía el estómago, sintió lagrimas caer por sus mejillas, no quería parar, quería que la risa y el gozo duraran por siempre.

Cuando la risa por fin cesó Roger se dio cuenta que ya no estaban de rodillas en las bancas sino estirados en el piso frente al altar, Earl estaba acostado, con su saco abierto, su barriga apuntando hacia el techo de la iglesia, su pecho rebotando y su camisa blanca y los botones en ella estirada, tratando de agarrar aire.

–Yo… yo nunca antes había sentido nada como esto –dijo Earl entre respiros–. Ahora entiendo cómo debe haber sido todo durante la celebración del Pentecostés –dijo Earl.

–¿Qué... qué quiere decir esto? –dijo Roger, con una risa incontrolable en su voz, como la que sentía después de fumarse un churro, aunque la mariguana siempre era temporal. Esto, sabía bien que nunca se iría. Esto era para siempre y sabía que no había cantidad de dinero, drogas o sexo que lo reemplazara.

Earl finalmente pudo respirar normalmente.

–Significa "Bienvenido al Reino de los Cielos" Roger. Bienvenido.

## Detroit, Michigan
## Noviembre
## 6:45 P.M.

· · · · · · · · · · · · · · · · · · · · · · · · · · · · · ·

–Ha vivido más de lo que yo esperaba –dijo Buddy Fredericks–. Mo es demasiado estúpido como para descubrir que Rizzo está ahí, en la casa, probablemente escondiéndose bajo su propia cama, zurrándose en su pijama del Pato Lucas, pero cuando lo entienda, será el final de Rizzo y tú perderás a tu mejor pista.

Fredericks agarró su taza con whiskey, la cual había rellenado Papián y la alzó como si estuviera brindando.

–Siento decir "te lo dije" –aseveró Fredericks.

Afuera, tras la ventana, cayó la noche, una ligera nevada de noviembre giraba en el viento, a través del destello de sodio de las luces, era tarde. Buddy, para no variar, había llegado queriendo discutir el asunto en el bar Cobo Joe mientras se tomaban un trago pero Papián no estaba de humor para estar en el bar esa noche, sacó la botella de Jim Beam del cajón de su escritorio y llenó dos tazas de café.

Sentado con sus pies sobre el escritorio, Papián leía el documento con la transcripción de la intercepción telefónica de Rizzo, una conversación de Mo cuando llamó a casa de Rizzo desde el metro de Detroit, el tiempo registrado era 6:17 A.M., tiempo de Arizona. Paulette finalmente contestó el teléfono. Mo iba al aeropuerto Sky Harbor en Phoenix para agarrar el vuelo de las 9 A.M. en la aerolínea Northwest.

**Comienzo del Transcrito:**

Paulette:   ¿Hola?

Mo:   Pásame a ese **improperio** ahora!

Paulette:   Mo, por favor, ¡deja de llamar aquí!, ya te lo dije anoche y te lo he estado diciendo los últimos dos días que has estado llamando, ¡Tony no está aquí!

Mo:   ¿Ah, sí?, ¿sabes dónde estoy en estos momentos?, estaré en un avión en quince minutos y estaré en la entrada de tu casa en unas horas. Dile a Tony que si no tiene la carga te voy a aniquilar a ti, lo voy a aniquilar a él y luego tomaré un avión a California, encontraré a tu mamá y la aniquilaré también. Sí, así es, parece que se te olvidó, sé de dónde eres niña y no intentes huir. ¿Te gustó el regalo que te envié ayer por la tarde?, ¿a través de la ventana?

Paulette:   ¿La piedra?, pero si estás en Detroit.

Mo:   Hombre, eres tonta, te acabo de decir que tengo gente vigilándolos. ¿Te gustó la nota que venía amarrada a la piedra?, ¿muy inteligente, no?, fue mi idea ponerle una bala con cinta adhesiva. ¿Te acuerdas qué decía la nota?: "Ésta atravesó la ventana, la que sigue te atravesará la cabeza" ¿Tú crees que no podría haberles dicho que esa bala atravesaría tu cabeza ayer que fuiste a Wal-Mart, con tus chamacos mal portados, a comprar víveres?, y ¿qué hay de esos estúpidos pavos de cartón que colgaste de la ventana de enfrente?, ahí quédate bebe, ¡el Gran Mo viene por ti!

**Fin del Transcrito**

–¿Por qué está batallando Rizzo tanto para conseguir producto? –preguntó Papián.

–"Big Mamma Su" ha estado fuera de comisión, fue a ver a un charlatán en Saint Louis, Missouri para que le engrape el estómago. Aparentemente China agarró una orden que viene de un par de clientes fanfarrones que se caracterizan por tener fuerte demanda, unos tipos con mucha influencia, con contactos en el área Grosse Point Shores. En el transcrito se ve que Rizzo estaba teniendo problemas para obtener la carga. Mientras tanto China y Mo estaban en Detroit tratando de mantener al cliente tranquilo, llamando a Rizzo cada hora, preguntándole por la entrega.

–¿Crees que podrá obtener la carga a tiempo?

–¿Crees tú que importe? –dijo Fredericks poniendo los pies en el escritorio y cruzando los tobillos–. Si Mo se pone listo y se percata que Rizzo está en su casa, va a patear la puerta y entonces sí será mejor que cierres la tienda y te regreses a Washington, D.C.; los únicos criminales que tienes, aparte de Rizzo, son Munchian y Semma. El último reporte que obtuve sobre Munchian decía que estaba rodando en el piso de la iglesia. Oye, quizás lo puedas aprehender por robarse el vino de la comunión o algo así.

Papián continuó viendo el transcrito de la llamada, no estaba seguro todavía si tenía evidencia suficiente para arrestar a Rizzo, necesitaba más tiempo.

–Si algo pasa tenemos a gente en la zona, cercando la casa de Rizzo.

Fredericks se sirvió otra taza de Jim Beam.

–¿Ah, sí?, pues solo espero que se sepan mover rápido, muy rápido.

# CAPÍTULO XXVI

**Detroit**
**Diciembre de 1998**
**4:45 P.M.**
. . . . . . . . . . . . . . . . . . . . . . . . . . . . . . .

Gibby se sentía orgulloso de sí mismo por la manera en que manejó todo, lo hizo bien, después de que Rizzo había decidido despedir a Mo y China como clientes. Rizzo, haciéndose el tipo rudo, le dijo a Gibby que tenía un nuevo contacto, un amigo de Simón llamado Meyer, que reemplazaría a los tipos de China. Rizzo, estaba tratando de arreglar las cosas después de haber echado a perder la negociación de la última carga, y a punto de que su casa fuera balaceada por Mo y sus secuaces. Este par había pateado la puerta de su casa y lo encontraron en el cuarto de atrás, zurrándose en los pantalones, después de haber golpeado a su fulana Paulette. Rizzo se las arregló para evitar que le dispararan en las rodillas, prometiendo que tendría una carga lista en cuarenta y ocho horas, él pagaría la carga y asumiría la pérdida.

Gibby sabía que Rizzo lo querría a su lado después de dejar de trabajar con Mo. Rizzo había obtenido una carga para su nuevo cliente, Meyer, en Detroit y había enviado a Gibby a entregarla, sin embargo, no tenía idea que Rizzo no tenía ninguna intención de pagarle sus diez mil dólares por la entrega; cuando Gibby regresó de dejar la carga, Rizzo, el muy patético, le dijo que Mo lo había timado, que había mandado a Paulette en un vuelo para cobrarles pero que los clientes de Mo se rehusaron a pagar, fue ahí que Rizzo le dijo que ya no tendría negocios con Mo, le debía una carga más y allí se acabaría todo, iba a dejar de surtirle a Mo.

Al principio Gibby había decidido que iría directamente con Mo para cobrarle ya que conocía el antro donde a Mo le gustaba pasar el tiempo que quedaba en el centro de Royal Oak. Divisó a Mo en el bar y éste se mantuvo tranquilo cuando Gibby se sentó en el banco junto a él, se levantó la camisa y le enseñó la culata de su pistola, que estaba metida en la cintura de su pantalón, Mo le dijo que ordenara una cerveza y arreglarían las cosas.

Mo escuchó lo la historia de lo ocurrido.

–Oye, ¿quieres cobrar el doble y un pequeño bono? –le preguntó a Gibby.

–Te escucho.

Mo ideó un plan, el cual pondría en marcha, le dijo que sabía que Rizzo tenía dos cargas grandes que iban a Detroit, una de las cargas era la que Rizzo le había prometido a él y a China Mike que sería la última, la otra, de ciento diez kilogramos de mariguana, iba a su cliente nuevo: Meyer. Para asegurarse que las dos cargas estuvieran en Detroit al mismo tiempo tendrían que incluir a Meyer en el plan, también necesitaban a Jimmy Clay, pero Mo podía arreglar las cosas para que Clay no supiera quién lo había timado y entonces se dividirían la ganancia entre los tres.

Así es que Gibby se la jugó. Una vez que le entregara la carga a Meyer, tal como Mo le dijo que lo hiciera, le iba a hablar por teléfono a Rizzo y decirle que renunciaba, que se iba a independizar y que quería su paga por la última entrega que había hecho para Mo pero que ahora iba a ser doble, veinte mil dólares, que pusiera a Paulette en el siguiente avión para que le entregara el pago. La idea era hacerlo que pagara el doble por la carga, amedrentar a Rizzo un poco y hacer que Clay viniera a ayudar con Paulette, luego distraer a Clay y alejarlo de la carga que iba a ser entregada, Mo se encargaría del resto.

–¿Veinte mil dólares?, ¿estás loco? –contestó Rizzo cuando Gibby lo llamó. Estaba sentado en la mesa de la cocina de Meyer, este último tratando de no reírse, pero acabó escupiendo una mezcla color naranja por la nariz del bocado de pasta macarroni con queso americano que estaba comiendo–. Solo ven para acá Gibby y te pago, ¿está bien?

–Me debes diez mil dólares por la entrega que hice hace un mes, es el doble con el interés, ya chequé los vuelos y hay un vuelo de la aerolínea Northwest que sale en unas dos horas, tienes tiempo suficiente para sacar a tu novia de la cama y que agarre el vuelo; llegará aquí a las 4 P.M., me veré con ella en el restaurante "Church's Chicken" que queda en la calle de Dequindre y Eight Mile.

–Gibby, te doy quince mil dólares cuando regreses, ¡solo trae el efectivo de la entrega aquí hombre!, lo necesito. No queremos meternos con el secuaz de Mamma Su, hombre, ¿entiendes?

–Tu escoges, aquí esta Meyer conmigo y él ya ofreció pagarme quince mil; a él no le parece bien la manera en que tú operas, quizás debería de tomar su oferta, quedarme aquí un rato y entregar algunas cargas para él.

Meyer se estaba riendo tanto que su estómago le dolía, no podía evitarlo.

–Gibby…

–Dime, ¿qué vas a hacer, Tony?, ¿que quedará después de que "Big Ho" y sus secuaces se hagan cargo de ti?, puedes venir en persona y hablar con Meyer para que te dé el resto del dinero.

Ahí estaba Paulette, estacionándose en el lote de "Church's Chicken" en un auto Ford Taurus rentado. Gibby miró su reloj, eran las 4:45 P.M., venía puntual; se salió del Jeep para encontrarse con ella. Los ojos grandes de Paulette siempre lo atraían, traía una bolsa grande de Gucci y se veía muy bien, completamente cubierta con esa chamarra de esquiar acolchonada, traía puesta la gorra de la chamarra que tenía el borde forrado de piel y delineaba su rostro en un marco rosado. Le encantaba su voz, de seda, y cuando sonreía, podías ver sus dientes brillosos derechos, pero hoy no sonreía, su ojo izquierdo estaba amoratado y casi cerrado lo cual le hacía ver que Rizzo no había usado la parte de atrás de su mano esta vez, no, esta vez Rizzo la había golpeado con la pistola para hacerla entrar en cintura.

–¿Te resbalaste con el jabón en la ducha esta mañana o qué? –le preguntó.

–¿Dónde está el dinero Gib?, Tony no está bromeando esta vez.

Gibby se rio.

–¿Tony no está bromeando?, tengo trecientos mil dólares de su dinero querida, ¿qué te parece si regresamos tú y yo al aeropuerto y escogemos un lugar azul agradable del Caribe y nos tomamos un cocktail Mai Tai mientras movemos la arena con nuestros dedos de los pies? y mientras tanto dejamos que los peces gordos se devoren a Tony.

–¿Dónde está el dinero Gibby? –le dijo Paulette con voz cortante y seria.

–Sabes bien qué le pasara a Tony si "Big Ho" no tiene su dinero –chasqueó los dedos dos veces–. Pum, pum, se acaba todo para Tony, pero nosotros estaríamos de regreso en una semana, ¿te agrada la idea?

–Gibby, por favor, tengo frío y quiero terminar con esto y regresar a casa, ¿dónde está el dinero?

–Yo debería de preguntarte lo mismo –Paulette abrió la bolsa Gucci y Gibby vio dos fajos de dinero con billetes de cien dólares, iba a agarrarlos, pero ella cerró la bolsa y la alejó. Gibby sonrió–. El dinero está cerca de aquí, vamos, querida, el Jeep está caliente, vamos a dar un paseo.

Jimmy Clay perdió de vista el Jeep cuando volteó a ver la bolsa de dinero que estaba sobre el asiento del pasajero, era un tic nervioso, quería asegurarse que estuviese allí todavía. Acababa de dejar la carga en las calles Eight Mile and Woodward con China Mike; los doscientos mil dólares lo hacían sentirse más nervioso que cuando llevaba cargas de un lado al otro del país. Si te paraban los policías con una carga, te ibas a la cárcel, pero si perdías el dinero te grababan otra sonrisa en el cuello o te inyectaban una receta de calibre .22 en la choya.

Iban hacia el norte, en la I-75, saliendo del área de Detroit y estaba comenzando a nevar, los copos de nieve giraban visibles en las calaveras de los autos enfrente de él en el tráfico. Cuando levantó la mirada vio las luces traseras del Jeep de Gibby deslizándose tres carriles y acercándose a la salida hacia Royal Oak.

Manejando por la Calle Main Street, en el centro de Royal Oak, se mantuvo cinco autos detrás, tal como le había indicado Gibby. Al acercarse a la intersección de Main y la calle 2, Jimmy se estacionó en un espacio de parquímetro frente al bar "Mr. B's Pub". Metió la bolsa de efectivo en el compartimento de guantes y le puso seguro, se salió del auto y caminó por la banqueta, se recargó contra la pared del restaurante "Comet Burger", con las manos en los bolsos de su chamarra, y miró la acción.

Cuando Gibby llegó a la mitad de la intersección, se detuvo en seco, las llantas del Jeep rechinaron y el auto se tambaleó hacia adelante y hacia atrás, el tubo de escape dejó de sacar humo cuando Gibby apagó el motor y sacó la llave. Jimmy podía ver las siluetas de ambos en los asientos de adelante, la de Paulette y Gibby; Paulette sacudía los brazos en protesta, Gibby le contestaba gritándole, apuntando con el dedo, los autos detrás hacían cola y tocaban el claxon. La pelea entre ellos duró un minuto y luego vio a Gibby pegarle a Paulette en la cara con la parte trasera de la mano, ella cayó de regreso en su asiento, vio como Gibby le arrebataba algo y se abrió la puerta del auto. Un montón de gente curiosa comenzó a juntarse en la calle mientras que Gibby huía del Jeep, corriendo por la calle 2, con la bolsa Gucci bajo el brazo.

Jimmy caminó hacia el auto, actuando tal como Gibby le había indicado, Paulette corrió hacia la banqueta, gritándole a Gibby mientras que él desaparecía en un callejón. Jimmy llegó corriendo, y se derrapó en la banqueta cubierta de hielo hasta detenerse.

–¿Qué pasó Paulette? –actuaba como si estuviera confuso, preocupado.

Paulette volteó rápidamente, con lágrimas en las mejillas, rímel negro congelado en su cara, una marca rojiza en el cachete derecho que Gibby le había dejado.

–¡Jimmy!, qué… qué…

–Estaba tomándome una cerveza en "Mr. B's", después de dejar la carga y decidí regresar a casa mañana; escuché la conmoción mientras estaba sentado en la cantina.

–¡Le está robando a Tony y se llevó las llaves del Jeep! Jimmy, aquí me dejo tirada, y él se llevó el dinero de Tony, ¡el *dinero!*

Los cláxones de los autos detrás del Jeep seguían pitando, el tráfico avanzaba lentamente alrededor del Jeep estacionado en la intersección.

–Está bien, está bien, hay que pensar cómo solucionar esto; primero, tenemos que quitar el Jeep de la intersección, de otro modo va a llegar la policía, déjame ver si puedo arrancarlo haciendo un puente.

Abrió el cofre mientras pretendía mover diferentes partes del motor; podía escuchar a Paulette hablar por teléfono con Tony, estaba histérica, lo cual estaba perfecto. Tentó alrededor del chasis del auto, cerca del ventilador del radiador y encontró una pequeña caja magnética que Gibby había metido allí, mientras tanto Paulette seguía caminando de un lado a otro discutiendo con Tony, abrió la cajita y sacó la llave de repuesto, cerró el cofre tratando de no hacer ruido, caminó hacia la puerta del auto, se subió al auto, encendió el Jeep y avanzó mientras le decía adiós a Paulette. Vio a Paulette por el espejo retrovisor soltar su teléfono y correr a la intersección, agitando los brazos, gritando a todo pulmón.

Jimmy se alejó de allí tan pronto como pudo esquivando el tráfico. Gibby quería la droga, el dinero y el Jeep, después de todo el Jeep estaba registrado a su nombre, otro regalo del imbécil de Tony Rizzo.

Mo salió de la cantina y se encorvó cubriéndose con su chamarra de trabajador de carga, el viento estaba soplando a más velocidad, la nieve caía cada vez más densa; se había tomado tres cervezas mientras esperaba, se sentía a gusto, calmado, en control de la situación. Sacó la ganzúa de adentro de su chamarra y le dio la vuelta al Jeep de Clay para llegar al lado del chofer; nadie lo vio forzar la cerradura del auto, todos tenían la atención puesta en la muchacha que gritaba en la calle y en el Jeep que huía. Se subió al auto y le dio un golpe a la guantera con la ganzúa, a sabiendas de que estaba cerrada con llave, le dio un tirón a la puerta de la guantera, abrió la bolsa y contó doscientos cincuenta mil dólares sin necesidad alguna de revisar los fajos pues su ojo estaba bien entrenado; se deslizó bajo el tablero y jaló los cables, le tomó un minuto arrancar el auto. Salió de donde estaba estacionado y se fue más despacio al pasar por la intercepción; el rostro de Paulette se palideció todavía más al reconocer el Jeep, tenía la boca abierta mientras que la nieve giraba a su alrededor, Mo le dijo adiós al pasar junto a ella, llevándose el resto del dinero de Rizzo y su otro Jeep.

**Detroit**
**14 de enero de 1999**
**8:35 A.M.**

. . . . . . . . . . . . . . . . . . . . . . . . . . . . . . . . .

El mensajero trajo los dos sobres y los puso frente a él, el agente especial Papián estaba tomándose su segunda taza de café; la tormenta afuera de la ventana de la oficina había cubierto el sol de la mañana, había revisado el clima esa mañana antes de salir de su departamento y vio que Phoenix iba a estar a veinte grados centígrados, con sol. Envidiaba a los agentes en Phoenix quienes gracias a la pluma del juez habían recibido autoridad total para proseguir con el arresto.

Su instinto le decía que estaba actuando demasiado pronto pero no tenía otra opción, el Detective Fredericks tenía razón, Rizzo se había metido en serios problemas con China Mike y sus secuaces y ahora estaba en crisis con los peces gordos de México, podían aniquilarlo en cualquier momento, con un balazo tras la oreja con una pistola calibre .22, o a noventa metros con un rifle telescópico con un buen supresor. Como fuera, sabía bien que sus agentes de campo no verían venir un atentando contra Rizzo para prevenirlo, las cosas estaban empeorando rápidamente, y era hora de arrestar a Rizzo, no podían protegerlo del armamento mexicano que se le venía encima.

Los sobres contenían copias de la orden de arresto dictada por la Corte de Distrito de los Estados Unidos, Distrito este de Michigan; una para Tony J. Rizzo y la otra para su fulana, Paulette Powers.

Su teléfono sonó.

–Habla Papián.

–Buenos días David, quería avisarle que los agentes federales están entrando a la residencia en Phoenix de Tony Rizzo –la agente especial Jane Hensley comentó al otro lado de la línea. Hensley era una agente especial que trabajaba con la sección de antinarcóticos del Procurador General de Arizona y les reportaba a las contrapartes de Papián en las fuerzas especiales de Aduana de los Estados Unidos, ella trabajaba con la fiscal de la oficina del Procurador General, Bobbie Rosenberg, quien era una mujer ruda.

Rosenberg era la pesadilla de todo narcotraficante, era conocida por las fianzas exorbitantes que les imponía a los narcotraficantes, manteniéndolos encerrados en el hoyo del condado, ahorcando su caso con burocracia y papeleo interminable; ésta era una técnica innovadora y Rosenberg se había hecho famosa por hacer que muchos rufianes se convirtieran en informantes, mucho más que ningún otro fiscal en Arizona. Ser atrapado por Bobbie Rosenberg era conocido como la trampa JAP ("Jewish American Princess": Princesa Americana Judía). Ya que había sido obvio que las intercepciones telefónicas de Munchian no lo llevarían a nada, Fredericks le sugirió a Papián que dejara ir el caso, que lo dejara en manos del Estado, y mejor atrapara al cartel a través de la trampa JAP; a Papián no le había hecho mucha gracia.

–Te levantaste temprano –le dijo Papián a Hensley.

–Va a ser un día largo.

Sabía que Hensley estaba ansiosa de que el caso pasara al Procurador General pues le encantaba ver a Bobbie en acción.

–¿Esta Paulette con él?

–Por lo que sabemos, sí, debemos poder agarrarlos juntos en una parada.

–Bien, gracias. Hazme saber cuando estén los dos en custodia.

Se recargo en su silla, con sus dos manos sosteniendo la taza de café que se enfriaba rápidamente mientras que veía la tormenta afuera, En Arizona estaban a veinte grados centígrados, pero en cinco minutos, las cosas se pondrían calientes en la residencia Rizzo.

# CAPÍTULO XXVII

**Campamento de la Prisión Federal**
**Nellis, Nevada**
**Febrero de 1999**

Tony Rizzo había estado vistiendo el uniforme de camisa y pantalones color café el último mes, limpiando letrinas con costras de mugre que los pilotos de la Base de la Fuerza Aérea Nellis usaban para defecar después de hacer sus ejercicios de acrobacia aérea, los cuales tenían el propósito de mantener a salvo los cielos azules sobre el desierto ardiente agrietado. La prisión proveía trabajo a los presos para apoyar a la base aérea y Rizzo estaba ahí, con la posibilidad de pasar muchos años usando el uniforme café, trabajando sin sueldo, fregando marcas fecales de los escusados de acero inoxidable.

Los agentes federales se portaron bastante bien, llegaron a la puerta de su casa con sus rompevientos azules con el arma enfundada, con la estrella amarilla en el frente de la chamarra con la palabra "Policía" estampada bajo la estrella. Todo había sucedido el 14 de enero, jamás olvidaría ese día; cuatro de ellos estacionaron sus camionetas sedan en la entrada de la cochera, tocaron la puerta educadamente y le dijeron que traían una orden de arresto, le preguntaron si Paulette estaba en casa y él estúpidamente dijo: "Sí, seguro". Poco después estaban esposados, en el auto y rumbo al edificio Federal en el Centro de Phoenix.

Lo pusieron en un retén en el Condado de Maricopa y después lo subieron a un medio de transporte que vibraba como carcacha y lo mandaron a Nevada donde se encontró con el Agente Especial

Papián y entonces todo tuvo sentido, lo reconoció enseguida, el armenio con la uniceja de un lado de la frente al otro, como Munchian, el tipo que había ordenado Whiskey Bourbon y jamás había tocado su bebida en el bar ostentoso de Martini en Scottsdale. Ahora entendía por qué nunca bebió, el tipo había estado trabajando. La cara de Rizzo se tensó, se enrojeció y sus brazos se alzaron de la mesa, queriendo cubrir su rostro incrédulo, pero se quedó algo corto, estaba temblando con las cadenas que lo confinaban a la mesa rayada de la sala de conferencias.

–Cálmate, amigo, tenemos bastante tiempo para conocernos mejor. –le dijo Papián.

Papián le había mostrado los cargos, el archivo del caso se había originado fuera de la corte del Distrito este de Detroit, estaban hablando de ciento veintiún meses en prisión a menos que quisiera cooperar. Si ayudaba a las autoridades, como informante, podían posiblemente reducir la condena a sesenta y un meses; tomó la oferta y se encontró rápidamente frente a un juez federal en Detroit declarándose culpable.

Se sentía cansando después de tres días de interrogación, las paredes de ladrillo del cuarto de conferencia parecían cerrarse, la silla de plástico dura le estaba dando un caso serio de hemorroides. Se abrió la puerta y Papián entró al cuarto, se veía cómodo con su camisa polo y sus pantalones color beige, contento de estar alejado del frío asqueroso de Detroit. Una muchacha bonita rubia, la estenógrafa, entró detrás de él, se colocó tras el equipo y depositó sus dedos con uñas color rubí sobre el teclado.

Papián estaba lívido, azotó la grabadora en la mesa estropeada mientras la estenógrafa se acomodaba del otro lado.

–Tu testimonio acerca de Munchian no concuerda con la historia de tu fulana Paulette, querido Tony, no tuvieron oportunidad de ponerse de acuerdo con sus historias.

–Es que Paulette no estaba realmente involucrada…

–Muy bien Tony, así es la cosa, voy a arrestar a Roger, voy a arrestar a varia gente con la información que tú me des y no me gusta pasar penas, lo detesto; así es que si decido que no puedo confiar en ti entonces pasarás los siguientes diez años limpiando escusados y compartiendo celda con tipos que se pedorrean a 60 centímetros de donde recargues tu cabeza por la noche. Tengo a dieciocho co-conspiradores potenciales en este asunto Tony, cualquiera de ellos me puede proporcionar la información que necesito, así es que necesitas decidir ahora; me darás la información que necesito ¿o comienzo a planear mi viaje a otros lados que no sean el asoleado estado de Nevada? … lo cual, por cierto, me enfadará aún más.

Volteó a ver a la estenógrafa, sus uñas estaban colocadas sobre el teclado.

–Está bien, ¿qué quieres saber sobre Roger Munchian?

Papián agarró la grabadora y apretó el botón para grabar.

–Cuéntamelo todo, pero esta vez que sea la verdad.

## San Luis, Missouri
## Agosto de 1999

Su vuelo llegaba a las 6:50 A.M. la siguiente mañana, la primera parada era Nueva York, luego iba directo al Aeropuerto Charles DeGaulle en Paris y de allí al Aeropuerto Internacional Rey Khalid en Riad, Arabia Saudita. Suhad Haddad estaría en casa en treinta y seis horas.

El alojamiento del Hotel Marriott en San Luis no estaba mal, las habitaciones estaban limpias; el hotel tenía desayuno continental incluido, alberca y servicio al cuarto, si así lo requería.

Tanto Rizzo como Paulette soltaron la lengua a los Federales y se veían venir los arrestos. En marzo arrestaron a Munchian y a Mo. Habían llegado a casa de Mo con una orden de cateo y no solo lo atraparon por drogas y objetos de parafernalia, también encontraron sus armas de asalto, y eso aumentó los cargos. Mamma Su había escuchado que a Roger lo habían arrestado en su oficina; oficiales de Estados Unidos entraron al lugar y lo arrestaron frente a sus empleados. El hermano de Su, AB, la llamó y le dijo que era cuestión de tiempo para que vinieran a tocar su puerta y que tenían que huir; en su ciudad natal había planes para recibirlos, todo lo que tenían que hacer era encargarse de los planes de viaje, pero mientras AB estaba tratando de sacar su pasaporte, los Federales lo detuvieron en una redada, así es que Su no pensaba esperar, hizo arreglos para sacar un pasaporte falso, reservó el vuelo, se salió del departamento donde estaba viviendo y se dirigió al aeropuerto, se quedó en el Marriott bajo un nombre falso esperando que le entregaran el pasaporte falso.

Se sentía ansiosa, sin poder dormir, le había costado trabajo dormir la mayoría de la noche, finalmente se dio por vencida y prendió la televisión, estaban pasando la película "Forrest Gump" en cable. Sentada en la cama, fumó un cigarro Newport de su tercer paquete del día; estaba a unas horas de abordar el avión y escabullirse de allí para siempre. Antes de llegar a San Luis para su cirugía le había vendido el restaurante "Lazy Su" a su prima, no había movido droga en varios meses y no le debía dinero a nadie, estaba a mano con "Big Ho" y el resto de sus contactos. La venta del restaurante le dejó suficiente efectivo en la bolsa y el hecho de que se hubiera salido del negocio cuando no le debía a nadie significaba que no pasaría el resto de su vida volteando tras su hombro; sabía bien que sus proveedores tenían brazos largos y podían terminar con ella en cualquier momento, en cualquier lugar, aun en Arabia Saudita, de eso estaba segura. Sabía con certeza que esta gente podía encontrar a quien fuera si así lo deseaban, y por eso mismo no apostaba que Rizzo y Paulette tuvieran un futuro brillante delante de ellos.

Prendió otro cigarro y sin ponerle mucha atención a la película o a su caja de chocolates, pensó en Roger, se preguntaba qué pensaba de su Dios ahora, que desperdicio, ¿de verdad había pensado que podía escapar de su pasado?, ¿escapar de quién era realmente? Si ibas a salirte, era mejor que cerraras con bombo y platillo pero en vez de eso, el único estruendo al final de la carrera de Roger era el golpeteo que hacía sobre su biblia.

Tocaron a su puerta y eso la asustó, apagó la televisión y la luz, se quedó sentada en la obscuridad, solo la luz roja de su cigarro iluminaba el cuarto; tocaron de nuevo, con más fuerza esta vez.

–Soy el Gerente del Hotel, necesito hablar con usted.

Mamma Su apachurró su cigarro fuertemente contra el cenicero y se salió de la cama, miró por el ojo de la puerta y vio al hombrecillo regordete, con mechones de rizos negros delgados que cubrían su cabeza pelona; traía puesto un saco blazer rojo y una corbata tejida, estaba parado en el corredor a dos pasos de la puerta.

–Sé que es una habitación de no fumar y ya apagué el cigarro, lo siento, no lo prenderé de nuevo –dijo tras la puerta.

–Por favor abra la puerta Señora Haddad –contestó el Gerente.

Mamma Su supo enseguida que estaba en problemas, se había registrado con un nombre falso; el Gerente traía una placa dorada en su saco que decía: "Paul Frazier, Gerente".

–Tengo un vuelo temprano, necesito dormir.

–Señora Haddad, se lo estoy pidiendo de manera amable, por favor no me haga llamar a Seguridad.

Quitó la cadena de la puerta y la abrió, dos hombres de azul entraron inmediatamente, enseñando sus estrellas doradas con las palabras "Alguaciles de EU" grabadas en el medio de la estrella.

–Señora Haddad, traemos una orden de arresto en su contra que ha sido dictada por la Corte del Distrito de los Estados Unidos, del Distrito este de Michigan. Necesitamos que venga con nosotros por favor.

## Phoenix
## Septiembre de 1999
. . . . . . . . . . . . . . . . . . . . . . . . . . . . . . . . . . .

Roger se detuvo en la curva del aeropuerto Sky Harbor de Phoenix y se salió del auto, le ayudó a sus padres a sacar el equipaje de la cajuela, iban a pasar los siguientes dos meses en Armenia, visitarían familia y la harían de casamenteros. Ahora que el caso había sido descartado y había terminado, algo que según sus padres tenía que ver con el Gobierno Federal, algo que no comprendían bien realmente, querían que Roger encontrara a alguien y sentara cabeza. Su último matrimonio había sido un fracaso y ellos suponían que era principalmente porque Roger se había casado con una armenia americanizada, lo que él necesitaba era una dulce muchacha armenia que no hubiera sido influenciada por la cultura americana.

Habían querido hacer este viaje meses atrás, pero él los había detenido, porque no sabía qué pasaría con sus problemas legales. Sus padres sabían que él estaba metido en un problema pues siempre llamaba al abogado en Michigan por teléfono y viajaba constantemente a Detroit, diciéndoles que tenía otra "junta" allá.

Roger no podía creer que habían pasado seis meses desde que

había ocurrido todo; un domingo asoleado por la mañana, el 15 de marzo, había estado en su oficina en la Aseguradora Diamondback, con su biblia descansando en la esquina de su escritorio, con la corona de espinas colgada en un clavo en la pared detrás de él, cuando escuchó la conmoción en la entrada, oyó la voz preocupada de su asistente haciendo preguntas y finalmente diciendo: "Sí, está en su oficina".

Alguien tocó a la puerta, él dijo: "Pase" y de repente su oficina se llenó de alguaciles federales del Departamento de Seguridad Pública de Arizona y de oficiales de aduana de los Estados Unidos.

–¿Supongo que no están aquí para inquirir sobre una póliza de seguros?

Lo escoltaron hacia la salida, lo metieron en una camioneta sedán del gobierno y se lo llevaron al edificio Federal en el centro de Phoenix. Le informaron cuáles eran los cargos contra él y las acusaciones procedentes de la corte del Distrito este Federal de los Estados Unidos de Detroit; su acta de detención también decía que la fiscalía tenía en custodia a varios testigos, unos tipos llamados Anthony J. Rizzo y Paulette Powers, quienes estaban dispuestos a testificar contra él por estar involucrado en conspiración y tráfico de droga. Le permitieron revisar los cargos y se dio cuenta que esto era serio, le imputaban doce cargos graves de clase 2, casi el cargo más grave; dos de los cargos eran por conspiración y por manejo de empresa ilegal y el resto por posesión de mariguana para venta o transferencia. Tener cargos de clase 2 significaba de veinte años a cadena perpetua en la prisión, rápidamente los sumó en su cabeza, eran ciento sesenta años.

Sintió como si estuviera de regreso en la calle Madison, con la posibilidad de pasar el resto de su vida en prisión.

–"Confía en Mí Roger. Confía en Mí"

Se sorprendió cuando le dijeron que le darían libertad provisional bajo caución, pero tenía que entregar su pasaporte y le notificarían cuándo sería su primera audiencia en Detroit; regresó a la oficina a la hora del almuerzo y llamó a Jay.

Jay recomendó a un abogado italiano en Detroit, Frank Marcello, que se especializaba en casos federales. Voló a Detroit para encontrarse con Frank en su oficina en el piso más alto de una torre gemela de vidrios dorados en el área de Southfield; Frank era un italiano de pecho de barril, de voz honda, con ceja poblada y cargado de joyería de oro. Frank fue honesto con él, esto era serio, el asunto era un trabajo en equipo de la Administración de Prevención de drogas, la Aduana de los Estados Unidos y la división de Narcóticos del Departamento de Policía de Detroit; la División de Prevención de Drogas de la Procuraduría General de Arizona también tenía las narices metidas en esa dirección, así es que tendría que vigilar sus espaldas una vez que el buen Frank lo sacara de ésta.

–Muy bien –dijo Frank–. ¿Qué tanta confianza tiene en que este tipo Rizzo tenga información válida sobre usted?, él y su noviecita, ¿cómo se llama? –Abrió el expediente y miró el reporte–. Ah sí, Paulette.

–¿Rizzo? –se aguantó la risa–. Seguro.

–Entiendo. Es de poca monta, me lo imaginé, no tiene ninguna información sobre usted más que lo que su cerebro del tamaño de un chícharo pueda inventar. Bien, así es como están las cosas, han estado siguiendo a Rizzo por casi un año, hasta 1998, cuando el idiota organizó una compra con el investigador principal de la Agencia de Prevención de Drogas, David Papián. La manera en que esto funciona es que se va a ver usted con Papián, él va a tratar de parecer despiadado, va a tratar de convencerlo de volverse un testigo del gobierno, le va a decir que tiene un par de testigos de fiar, que le han contado todo para ayudarlo a entender cómo se desenvolvió la historia; le va a pintar un panorama feo de lo que va a ser pasar el resto de su vida en el hoyo federal pero no necesita decir una sola palabra y le estoy aconsejando que no lo haga. Los agentes federales no tienen nada concreto contra usted Señor Munchian así es que mantenga la boca bien cerrada, vaya a todas las audiencias y déjeme hacer mi trabajo en la corte y permítame deshacer los nudos de este caso, ¿capiche? Y cuando salgamos de la corte por última vez lo llevaré al Café Roma en la zona "Little Italy" y celebraremos –Frank juntó su dedo índice, medio y su pulgar y les dio un beso tronado–. Ese lugar hace que hasta mi madre se ponga celosa.

Cuando Roger se vio con Papián, la gracia de Dios fue revelada, Frank Marcello tenía razón, Papián le pintó una imagen fea, diciéndole que tenían a dieciocho conspiradores en custodia, le lanzó varios nombres para ver su reacción, a algunos los conocía bien, como a Su Haddad, a AB Haddad y a Simen Semma, a otros los conocía de nombre, sabía que trabajaban con Rizzo: Greg Gibbons, Maurice Wilson y Simón Brash.

Al escuchar hablar a Papián se percató que todo lo que tenían de información los federales sobre el cartel había ocurrido después de que él se salió del negocio, después de haber decidido aceptar a Dios. El accidente en 1997 era más que una forma para que Dios obtuviera su atención; de haber seguido rodando cuesta abajo, a prisa por ese camino, habría estado todavía en el cartel cuando el equipo de Papián infiltró la Organización. Dios lo vio venir y lo protegió, lo detuvo en la carretera mojada de Arizona en un montón de chatarra, utilizó el choque para mantenerlo alejado de la amenaza de una vida en la cárcel, la cual se encontraba a la vuelta de la esquina.

Siguió el consejo de Frank Marcello, sin faltar a ninguna audiencia, volando a Detroit una vez al mes; al terminar agosto los federales abandonaron el caso contra él y como lo había prometido Frank Marcello, lo llevo al Café Roma en "Little Italy" para celebrar. Marcello se acabó tomando la botella completa de vino Gaja Barbaresco de doscientos dólares mientras que Roger pidió un vaso con agua y limón.

Se alejó de la curva del aeropuerto Sky Harbor viendo a sus padres desaparecer por el espejo retrovisor, parados en la línea de Delta para checar maletas y diciéndole adiós, al entrar a la I-10 su beeper sonó; era un beeper nuevo, éste era para su negocio legitimo exclusivamente y estaba anonadado al ver que era un mensaje de Simen Semma, no sabía cómo había obtenido su número pero algo le dijo que debía regresarle la llamada. Se salió de la carretera en la siguiente salida y se estacionó en una gasolinera Circle K.

–Muy bien, primero que nada, tienes que saber que Rizzo es hombre muerto, no me importa dónde termine, tengo gente en todas partes; lo agarramos adentro o lo aniquilamos cuando salga del encierro.

–Esa es tu forma de operar no la mía Simen, ¿para eso me llamaste?

–No, quería agradecerte por ser derecho, podrías haberme

causado grandes problemas, podríamos habernos causado daño uno al otro.

–¿Abandonaron tu caso también?

–Abandonaron todos los casos, Rizzo valía tanto como un pedazo de caca en el escusado de la Corte para los federales; lo último que escuché fue que los federales incumplieron el trato con él, tendrá que pagar una condena de diez años y eso no incluye el tiempo que ha pasado esperando sentencia.

–Qué mal, te aprecio Simen, pero aquí se acabó todo entre nosotros, ¿sí?, la verdad que no veo razón para que nuestros caminos se vuelvan a cruzar de nuevo.

–No estaría tan seguro.

–¿Qué quieres decir?

–Solo cuídate, ¿sí?, los federales pueden haber abandonado el caso, pero eso no significa que el estado de Arizona no decida retomarlo.

–¿Cargos de estado?

–Este viaje todavía no termina, bato amigo. Buena suerte.

Roger regresó a su auto, pensando si no era demasiado pronto para que sus papás hubieran viajado a Armenia a encontrarle una esposa.

# CAPÍTULO XXVIII

**Yerevan, Armenia**
**Martes, 4 de abril de 2000**

Fue hasta que dejó él de llamarla que se dio cuenta de cuánto le importaba. El aire de la primavera estaba fresco, la brisa fría levantaba las ramas florecientes de los árboles, el campo oscilaba gentilmente frente a ella. Detrás de ella corrían las aguas del río Hrazdan, silbando sobre rocas y peñascos. En el horizonte, el cielo azul enmarcaba las cimas del Monte Ararat, llenas de nieve con una elegancia majestuosa en el lienzo infinito de la creación de Dios.

Sirarpi decidió ir al parque para comer su almuerzo, lejos de la multitud y el ruido, para así pasar tiempo con Dios; tenía su biblia sobre la mesa de picnic carcomida frente a ella, las paginas se alzaban en la brisa, pero su pensamiento se desviaba hacia Roger continuamente. Viendo el Monte Ararat la hacía recordarlo de manera especial, la forma en que hablaba de Dios y compartía su fe con ella en el teléfono, él se sentía orgulloso de su herencia armenia y se sentía especialmente orgulloso de la prominencia del monte en la Escritura, allí había descansado el Arca de Noé cuando las aguas bajaron después del Diluvio. La había llamado casi diario después de la primera llamada sorpresa que había hecho en octubre pasado; su familia no tenía teléfono, pero su vecino había sido muy amable y les había permitido a sus padres usar el teléfono para emergencias y cosas del estilo. Acababa de llegar del trabajo, donde era cajera de una tienda en el centro donde vendían productos de oficina, cuando su vecino tocó a la puerta y le dijo que tenía una llamada, que se apurara, pues era larga distancia desde Estados Unidos.

Se presentó como Hrach, su fluidez con el armenio era carente, él había crecido en Estados Unidos de América, ella había escuchado sobre ese lugar pues tenía un tío que vivía en California, pero jamás lo había visitado, y por esa razón entendía que Hrach no hablara fluidamente.

Le dijo que lo podía llamar Roger, el nombre por el que la gente lo conocía en Estados Unidos de América. Al platicar con él ató cabos, al comienzo de ese mes los padres de Roger habían venido a visitarla a su lugar de trabajo, acompañados de los padres de Sirarpi y se habían presentado. Le dijeron que eran primos distantes con su tío en California, que habían ido a visitar a sus padres y decidieron ir a conocerla, se veían joviales y le platicaban de cuánto tiempo había pasado desde que habían visitado su país.

Su historia era una historia común, habían logrado salir de allí veinte años atrás gracias a una lotería que les había otorgado visas, las oportunidades de regresar a casa eran escasas y reservadas para las personas afluentes incluso después de colapsar el imperio soviético. El dominio de hierro del comunismo se debilitó cuando Armenia ganó su independencia de la Unión Soviética, pero el país se mantuvo en guerras por tensiones con su vecino Azerbaiyán que escalaron a una guerra sangrienta de seis años, la cual paralizó la infraestructura de Armenia causando que el combustible se racionara, que hubiera apagones y falta de comida. Armenia no estaba hasta arriba de la lista de lugares para vacacionar para familias.

Después de la guerra las cosas mejoraron en Armenia y le contaron que su hijo, Hrach, había querido que tuvieran la oportunidad de regresar a visitar a amigos y familia, así es que les había organizado el viaje. Hablaban bien de su hijo, le contaron lo orgullosos que estaban de él al salir de las calles sucias y pobres de Armenia, pasando a los guetos de Los Ángeles hasta llegar a ser un hombre de negocios exitoso en Phoenix; habían tomado muchas fotos y se aseguraron que ella estuviera presente en cada foto de grupo. Ella no había comprendido por qué querían tomarse tantas fotos con ella en la tienda pero al platicar con Roger, lo entendió, habían venido a hacerla de casamenteros.

A ella le atraía su fe, la manera en que él hablaba de Dios. Los armenios se consideraban cristianos por nacionalidad. El país, anidado en una región de comunismo sin dios y repúblicas teocráticas radicales islámicas, se había proclamado un país cristiano quince años antes de que el imperio romano se convirtiera al cristianismo. Pero la mayoría de los armenios no conocían a Dios personalmente, lo conocían como un nombre, lo adoraban en días de fiesta y en ocasiones especiales prendiéndole velas; sin embargo, cuando Sirarpi tenía seis años de edad, conoció a un Dios diferente, un Dios que la amaba, un Dios que contestaba sus oraciones, un Dios que curaba heridas y limpiaba lágrimas.

Eso había ocurrido después de la terrible explosión que alejó a su querido papito por un periodo largo de tiempo, se había ido a Ucrania, a un pueblo llamado Chernobil. Ella no entendía que había sucedido, pero hubo un tipo de explosión que mató a mucha gente y papito y unos amigos suyos habían ido allá a ayudar; después de regresar a casa se enfermó y lo que lo enfermó hizo que se le cayera el cabello, había adelgazado mucho, no podía comer y Sirarpi estaba muy asustada, su papito se iba a morir.

Oró y encontró a un Dios quien le dio paz y quien le dijo que todo estaría bien, él le dijo que no se llevaría a su papito y su padre se mejoró.

Ella tuvo que continuar su relación con Dios en secreto pues dicha relación con Dios era recibida por su familia y parientes con burlas, así es que ella no tuvo otra opción que ir a servicios de adoración clandestinos cuando tenía oportunidad de escaparse. Y sabía que si se casaba iba a hacerlo con un hombre de Dios, un hombre que amara a Dios como ella lo hacía.

Roger la llamaba todos los días, tan frecuentemente que sus padres finalmente decidieron instalar un teléfono en casa; le encantaba las conversaciones con él pues finalmente podía abrirse y compartir su fe. Le dijo cuánto lo envidiaba por tener la oportunidad de ir abiertamente a adorar a Dios a una iglesia que amara a Jesucristo íntimamente, le dijo que ella tenía que mantener su biblia escondida y le contó de las juntas clandestinas en su pueblo, los servicios donde los creyentes se juntaban y adoraban a Jesús en secreto.

Se hicieron grandes amigos, hablaban por horas y a horas extremas del día ya que había una diferencia de diez horas entre los dos países, pero ahora ya no la llamaba. No había tenido noticias suyas desde el 20 de marzo y se preguntaba qué había salido mal.

Vio su Biblia y el viento había pasado las hojas hasta llegar a Proverbios 3:5, leyó el mensaje: "Confía en el Señor de todo corazón, y no en tu propia inteligencia".

–Está bien, Señor –se escuchó así misma decir– Confío en Ti y oro porque Roger esté bien.

## Cárcel de la Calle de Madison
· · · · · · · · · · · · · · · · · · · · · · · · · · · · · · · · · · · · · · ·

El compañero de celda de Roger, un tipo llamado "Ajax", quien era una visita frecuente en el zoológico de la calle de Madison, estaba obsesionado con Salvador "Sammy The Bull" (El Toro Sammy) Gravano, el tipo de la mafia quien se convirtió en un soplón y ayudó a que atraparan a John Gotti. Gravano debió haber servido varias sentencias de vida en prisión cuando aceptó haber cometido diecinueve asesinatos, pero hizo un trato con los federales y solo cumplió cinco años por delincuencia organizada. Entró al programa de protección de testigos después de cumplir su condena, pero se salió del programa para juntarse con un escritor y escribir su historia, se hizo famoso, y decía que no tenía miedo de estar en la mira de un sicario. También hizo tratos con una pandilla en Phoenix, un grupo de locos blancos de un suburbio que se hacía llamar "The Devil Dogs" (Los Perros Malditos), eran conocidos por cómo les ladraban a sus víctimas, como un grupo de perros salvajes.

Gravano los utilizó para financiar una red de narcotráfico de éxtasis que acorraló al mercado de Arizona con las píldoras pequeñas de metanfetamina de treinta dólares que se veían como dulces de goma y que tenían estampada la palomita de la marca Nike. Mientras Roger había estado ocupado trabajando mientras corría la investigación federal de su caso, la policía de Phoenix había descubierto la red de narcotráfico de Gravano y ahí estaba Gravano, como un perro regresando a su vómito, en su propia jaula en el zoológico de la calle Madison, con un precio grande y gordo sobre su cabeza calva, y de regreso a navegar por el sistema judicial.

Durante su sentencia por los cargos de delincuencia organizada, el juez había dicho que Gravano había "irrevocablemente roto con su pasado". Roger pensó en su propia batalla para romper con el único estilo de vida que había conocido, al ver a un tipo como "Sammy The Bull" enfrentar los peligros de convertirse en informante para luego regresar de nuevo a la vida de crimen; quizás le gustaba la fama, o peor, igual y lo presionaron para regresar a esa vida, quizás había recibido una llamada de alguien que le había pintado un punto rojo como blanco en la frente y le había dicho que necesitaba hacerles un favor: "Haz esto por mí y te quito el punto rojo de la frente".

Viéndose de vuelta en el hoyo del Condado, con el uniforme de rayas, Roger se preguntaba qué tan "irrevocable" seria la ruptura con su pasado, ¿cuánto tiempo pasaría antes de recibir una llamada de alguien de su pasado pidiéndole un favor, haciéndole saber que tenía un punto rojo como blanco en su propia frente?, o peor, ¿qué tal si amenazaban a Sirarpi?

Gravano estaba encerrado en el piso de arriba en custodia preventiva, y todos querían terminar con él. Ajax pensaba que él sería quien lo haría cachitos con un cuchillo que había hecho con navajas de afeitar y un mango de un cepillo de dientes; estaba hablando de Gravano en esos momentos, Roger trataba de ignorarlo, sentado en su litera, pretendiendo dormir, pensando en ella.

Todo había ocurrido dos semanas atrás, el 20 de marzo, le había prometido a Sirarpi que la llamaría la siguiente mañana, la llamaba a diario antes de salir a trabajar. Ella llegaba a casa de trabajar cuando el día de Roger apenas comenzaba y él ansiaba escuchar su voz para comenzar su día, le encantaba su risa; su voz era como un beso de Dios, salía a través de la línea telefónica y le llegaba directo al corazón. Se suponía que eran amigos, manteniendo la relación casual, sin expectativas, pero él se estaba enamorando.

El equipo de fuerzas especiales S.W.A.T. de la oficina del Alguacil del Condado de Maricopa entró de golpe en su oficina alrededor del mediodía, y no fueron tan educados como los oficiales federales lo habían sido. Le apuntaron con armas de asalto, gritando órdenes, lo azotaron en el suelo de su oficina y le pusieron las esposas; le recordó la noche que Núñez y él le habían disparado a Frankie Richmond y sus amigos de la pandilla "Dog Town". Lo levantaron bruscamente del piso y lo sacaron a empujones frente a sus empleados anonadados, metiéndolo en la parte trasera de la patrulla.

Al estar sentado esperando en el bote, esperando a ser procesado y admitido al piso de arriba, vio a través de la sala y reconoció la celda donde había estado amarrado a la silla de locos, donde Dios había escuchado su llanto; la silla estaba recargada contra la pared afuera de la celda, parecía burlarse de él, darle la bienvenida. Sabía bien que afuera de los barrotes, del alambre de púas y de las paredes de ladrillo, estaba obscureciendo en Phoenix. La última vez que había visto la silla fue al amanecer, cuando Dios le respondió en un momento como el de Damasco, con el brillo de un nuevo día, con una nueva vida por delante, pero ahora sentía la obscuridad cubrirlo, la obscuridad de una tormenta que llega después de un anochecer denso, viendo las consecuencias que ahora enfrentaba por cosas que había hecho en el pasado.

–*"Confía en Mí, Roger, estoy aquí, estoy aquí contigo en la calma, estoy contigo en la tormenta, estoy contigo siempre"*

Para la medianoche estaba vestido con el uniforme a rayas, estirado en la litera de arriba de su celda de máxima seguridad, Ajax se encontraba sentado en la banca de metal junto al escusado.

–¿Qué clase de fianza te asignó el Juez Wapner? –preguntó Ajax.

–Medio millón de dólares.

La fianza era de $440,000 dólares para ser exactos, cerca de $300,000 dólares más de lo que podía pagar para completar la fianza; no iba a ir a ninguna parte por un largo rato y no tenían modo de hacer llamadas internacionales en el hotel feliz del Alguacil Joe. Sabía bien que se había terminado todo, aun si lograba pasar esta prueba, ella sabría todo, sabría cuál era su pasado, y no querría tener nada que ver con él. Él era un criminal, un drogadicto, un asesino, alguien que envenenaba mentes.

–*"En ti está mi justicia, Roger, eres mío, comprado con el precio de la sangre de mi único hijo. No escuches al que engaña, escúchame a Mí, clama a Mí Roger y te daré a conocer cosas grandes y ocultas que tú no conoces".*

–¿Medio millón? ¡Órale!, la fianza de Sammy el Toro es de $1.2 millones, ¡tú estás en su territorio hombre!, te están presionando. Toma un trago, necesitas esto.

Ajax metió la mano hasta el fondo del escusado de acero inoxidable y sacó una bolsa llena de líquido café, tomo un trago de la bolsa mientras esta goteaba agua del escusado y le ofreció un trago. Roger sabía bien que su expresión le dijo a Ajax todo lo que necesitaba saber.

–Es aguardiente, es pruno. ¿Qué?, ¿piensas que me estoy tomando una bolsa de diarrea?, la hacemos con lo que podemos sacar de aquí, ya sabes, naranjas fermentadas y le echamos unos cuantos paquetes de azúcar; toma, pruébala, te relajará.

–No gracias. No me gusta interponerme entre un hombre y su pruno.

Así es que ahí estaban, habían sido compañeros de celda por dos semanas, Roger tenía curiosidad al ver a Ajax parado en la puerta de la celda, mirando hacia el pasillo con el barandal de fierro, balbuceando estrategias de cómo atacar a "Sammy The Bull".

No había secretos allí adentro, Roger había contactado a Jay y le dijo que necesitaba su papela, o sea, sus documentos legales, y después de que los líderes de la cárcel los vieron, se corrió la voz rápido de que era un pez muy bien conectado, pero nada en su papela les decía del giro que había hecho en su vida, simplemente lo catalogaron como un raya grande y de seguro un tipo como éste podía encontrar la forma de terminar con "Sammy The Bull".

Sin embargo, él lo veía de manera distinta," Sammy The Bull", quien era famoso por haber ayudado a atrapar a John Gotti, no era más que un alma perdida llamada Salvatore Gravano, un hombre que necesitaba a Jesús.

La cerradura de la celda se destrabó con un sonido fuerte y escuchó la puerta abrirse, cuando volteó vio la figura corpulenta del oficial de detención que llenaba la puerta y traía unas esposas rosas columpiándose en su mano.

–Munchian, tienes una visita legal.

Sintió pena al portar las esposas rosas mientras el oficial lo guiaba al cuarto de conferencias.

–¿Puede quitarle las esposas a mi cliente por favor? –dijo Jay y eso le hizo a Roger sentir algo de esperanza.

El oficial sacudió la cabeza sin decir una palabra, en lo que le ponía a Roger las esposas empotradas en la mesa y lo empujaba en la silla de plástico que estaba al otro lado del abogado, para luego desaparecer. El cuarto de conferencia con paredes de cemento era frío y tan solitario como su celda.

Jay se enderezó en su silla y sopló el humo que salía del vaso de unicel de café, tomó un sorbo, se estremeció al quemarse la lengua y puso el vaso en la mesa junto a un bonche de documentos legales. El café olía bien y Roger sintió su cabeza punzar por la abstinencia de cafeína, su última taza de café la había bebido el 20 de marzo, hacía quince días exactos.

–Esposas de color rosa esta vez, quizás la próxima vez deberíamos de requerir que estén forradas de piel.

–Puedes ver que no me causa risa –Roger recargó sus codos en la mesa carcomida por las ratas y ésta se tambaleó por las patas desiguales, el café salpicó los papeles legales.

Jay comenzó a limpiarlos con otras hojas blancas que arrancó rápidamente de una libreta de apuntes.

–Bueno, la buena noticia es que logré reasignar tu caso a un Juez diferente, el Juez Wilson.

–¿Es cristiano?

–No pregunté, solo sé que no es el Juez Vernon, pues como te lo he venido diciendo Vernon es amigo cercano del abogado acusador.

–¿Qué hay del acuerdo de culpabilidad?

Jay sacudió la cabeza.

–Bobbie Rosenberg no hace acuerdos con los hombres que están a cargo del dinero en los carteles Roger, te lo he tratado de explicar; ha juntado todos los testimonios de los testigos federales y tiene tu historial criminal en Arizona. Además, viste cómo pintaron las cosas Tony y Paulette, le dijeron a los federales que trabajaban para ti; del modo que plantearon las cosas Tony y Paulette, Bobbie piensa que tiene a dos peces gordos en su red: tú y Simen.

–Pero los federales no pudieron juntar suficiente evidencia para culparme.

–Roger, estás en el sistema criminal del estado y tienes antecedentes, esta es la oportunidad del estado para ponerle fin a la historia de tu archivo y al mismo tiempo quizás terminar con algunos peces gordos. Sí, la constitución dice que eres inocente hasta comprobarse que eres culpable, esa basura la aprendes en todas las clases de civismo y en la docencia, pero en lo que concierne al sistema, eres culpable hasta comprobar que eres todavía más culpable. Van a quebrantar a las otras bestias del cartel y ellos comenzarán a testificar, forzando informes legales, mociones de la corte, y audiencias que sin duda garantizarán alargar el caso a dos años, quizás tres.

—Y tú que me prometiste un juicio rápido.

—Esa es la idea Roger, Bobbie se asegura de poner una fianza alta sobre tu cabeza, manteniéndote en el hoyo mientras peleas tu caso, te quita tu libertad, te tiene encerrado, hundido en el hoyo hasta que el sistema pasa por el proceso debido y te encuentra un hogar permanente donde los overoles naranjas siempre están de moda.

—Los calzones rosas y las rayas que siempre están de moda aquí.

—Y esposas rosas. Todo está diseñado para quebrantarte. Los demás en el cartel, seguro se quebrantan y testificarán contra ti; Bobbie quiere que te quebrantes hasta el punto de estar listo para testificar contra los que plantan y cosechan la droga y los que invierten en ello.

—Sí, pero con el Juez Vernon fuera del caso, ¿no podemos bajar la fianza? Jay, no quiero estar por tres años en el zoológico –pensó en Sirarpi, no podía evitar pensar que jamás tendría la oportunidad de hablar con ella de nuevo. Si el estado tenía éxito y lo condenaban por los doce delitos que le imputaban, estaría pasando el resto de su vida en prisión.

—No Roger, lo siento. El Juez Wilson está listo para bajar la fianza, pero Bobbie está presentando mociones, lo cual retrasa todo; las cosas se ven mejor ahora que tenemos a Wilson, pero, como te dije antes, todo depende de por cuánta burocracia tengamos que pasar para lograrlo. Bobbie tiene toda una bodega llena de documentos de burocracia que puede sacar en cualquier momento.

Se desplomó en su silla, sintiéndose desolado. Después de un minuto Jay rompió el silencio.

—No te tortures Roger. Tenemos un largo camino delante de nosotros. Necesito que tengas la cabeza bien puesta en el juego. ¿Estarás listo Roger?

Isaías 40:31 le vino a la mente: "pero los que confían en el Señor renovarán sus fuerzas; volarán como las águilas; correrán y no se fatigarán; caminarán y no se cansarán"

—Estoy listo.

Un viento frio de miedo e incertidumbre soplaba continuamente en la cárcel y se intensificaba en la noche. Por la noche, el edificio se cubría de un silencio insoportable, el silencio intenso que dejaba a un hombre solo con sus pensamientos.

Su pensamiento estaba consumido por ella, la podía ver, pensaba en su foto favorita, la que había tomado cerca del pueblo Hrazdan, rodeada de flores color púrpura de primavera, con la cima del Monte Ararat distante en el horizonte. Ella era hermosa, con cabello negro largo, que caía por su figura pequeña y su figura curveada hasta la cintura, acentuando cada curva adorable y cada remonte. Sus ojos obscuros hondos parecían tener vida en la foto, asimilándola y apoderándose de su corazón. La idea de nunca volver a escuchar su voz de nuevo, de jamás tener la oportunidad de conocerla, de jamás poder separar su cabello de su hermoso rostro, jamás besar esos labios ni limpiar una lagrima de sus mejillas o de compartir una risa, lo atormentaba. Si Jay no podía hacer magia reduciendo su fianza, solo volvería a ver la luz del día entre audiencias de la corte, asaría del uniforme de rayas del condado a las cascaras de naranja del Departamento de Servicios Penitenciarios de Arizona.

–*"Confía en Mí Roger. Confía en Mí"*

Su cuerpo temblaba de miedo en el viento frío del invierno, trató de encontrar la palabra de Dios en algún sitio de su corazón; lentamente un versículo salió en libertad, dándole calma y un gozo inexplicable: "El Señor mismo marchará al frente de ti y estará contigo; nunca te dejará ni te abandonará. No temas ni te desanimes"

–*"Nunca te dejaré Roger, aquí estoy"*

Su cuerpo dejó de temblar, la paz y la calma lo acobijaron, sintió un beso de Dios dándole las buenas noches, deseándole dulces sueños, y bajo esa sábana divina, cayó dormido en un dulce sueño.

## Martes, 3 de octubre del 2000
## 11:35 P.M.
. . . . . . . . . . . . . . . . . . . . . . . . . . .

Travis "Cool Ray" Rayland manejaba su auto con carrocería baja y dio vuelta en dirección oeste en la calle de Madison, viendo a través de su parabrisas enmarcado con flecos de hilo mientras el humo de su último churro de mariguana se extinguía; al dar la vuelta pudo ver la imagen de la cárcel de la calle de Madison. La silueta de alguien parado afuera de la puerta de admisión levantó la mano para proteger sus ojos de la única luz que iluminaba la calle, bajo el resplandor del poste de luz Mason Brandon se veía más pálido que de costumbre y no se veía nada feliz; ¿cómo estarlo?, no había visto la luz del día en un año y un mes, lo habían echado en el hoyo del Condado después de atraparlo a él y a cinco de sus socios y les imputaron nueve cargos por transportar mariguana desde México, además de otros cargos por lavado de dinero. Esta vez, le pusieron una fianza a Mason de $1.7 millones de dólares y se había pasado el último año juntando el colateral para juntar los $350 mil dólares necesarios para pagar el bono de la fianza.

La luz del techo del auto se prendió cuando Mason abrió la puerta del auto y se metió en él, su ropa olía al casillero de la unidad de almacenamiento de la cárcel.

–Hombre, llevo dos horas allí esperándote, ¿qué te detuvo? – mientras Mason le preguntaba esto, Cool Ray continuó manejando hacia el oeste, alejándose de la cárcel.

–Amigo, necesitas algo de sol. Nunca he visto a ningún tipo blanco ponerse más blanco.

Mason empujó el encendedor del auto del tablero, se estiró para acercarse a su amigo y comenzó a buscar en la bolsa de la camisa de Cool Ray, era una camisa manchada de grasa con las mangas cortadas y el nombre "Travis" bordado en la bolsa; de un tirón sacó un paquete arrugado de cigarros Marlboro.

–Hombre, ¿no te enseñaron a pedir las cosas?

Mason no contestó, con sus labios partidos sacó un cigarro con filtro del paquete de cigarros, luego aventó el paquete de cigarros en la alfombra que cubría el tablero, viendo a través del parabrisas, y esperando a que el encendedor botara.

–Y, ¿qué se siente ser el hombre del millón de dólares hermano? –continuó Cool Ray.

Mason metió su cigarro en la bobina naranja del encendedor, el resplandor del cigarro iluminó su rostro de fantasma de un color naranja y junto con sus cicatrices de la niñez, sus arrugas y sus ojos amarillentos se veía como si se hubiera puesto una máscara de

Halloween, un año dentro de la red metálica adornada con navajas en la parte alta lo había envejecido diez años.

–Un millón setecientos.

–Jamás imaginé que vería el día en que mi amigo Mason llegaría al millón setecientos de fianza.

–¡Bobbie Rosenberg! –contestó bruscamente Mason.

–Uy, hombre, ¿te agarraron en la trampa JAP?

–¿Alguna vez la has visto, hombre?, es una marimacha, lo único que le falta es un par de testículos y la manzana de Adán.

Mason aspiró el cigarro y dejó salir una bocanada de humo hacia el parabrisas, haciendo que los flecos de hilo bailaran.

–Me puso una fianza de $1.7 millones y no quiso jugar pelota, luego contraté a un estúpido abogado, quien me dejaba abandonado por tres meses a la vez, sin una sola noticia de mi caso y yo sabiendo que Rosenberg y mi Juez, Vernon, eran cómplices.

Cool Ray buscó en sus rastas del cabello y sacó un churro bien gordo, Mason aceptó el churro ya prendido que le ofreció su amigo.

–Sabes, me estaba preguntando –dijo Mason, haciendo una pausa para aspirar el churro después de aspirar el cigarro–. ¿Qué le pasaría a mi caso, sabes, si las llantas del auto de la fiscal Bobbie se salen del auto mientras maneja hacia el trabajo o si se resbala en las escaleras?, o algo pasa y aparece muerta, ¿qué harían?

–Uy hombre, supongo que tan solo lo reasignarían a otro tiburón vestido de traje.

–Si, pero eso me sacaría de la trampa JAP.

–Probablemente, pero tú mueves droga, tú no eres de los que provocan accidentes, no es tu campo.

–Pero resolvería algunos problemas, ¿no?

Siguieron el viaje en silencio por un rato, no tenían un destino en específico en mente, Cool Ray pensaba en lo que Mason había dicho de terminar con la Fiscal de su caso.

–Sabes, hacer que se salgan las llantas de un auto o que alguien se resbale de las escaleras, no son formas sofisticadas para hacer que alguien desaparezca, digo, no tienes control del resultado, ¿sabes?

Mason soltó una carcajada, era la primera señal de emoción que había mostrado desde que se metió al auto.

–¿Ah, sí?, ¿de repente eres un experto?  Muy bien, Señor

Hechicero, ¿qué sugieres?

–Pues, contratamos a alguien, sabes, y nos aseguramos que pueda hacerlo a una buena distancia para que pueda escapar, de otro modo los atrapan y te delatan. Sería un hombre detonador ves, consigues a alguien bueno con un telescopio y un silenciador, aprieta el gatillo: pum, pum, problema resuelto.

–Y, ¿conoces un hombre detonador?

–Tengo contactos.

–¿Tienes un hombre detonador?, Cool Ray tú no podrías encontrar un sastre para cocer un botón en tus pantaloncillos, pero bueno, digamos que consigues un hombre detonador, ¿qué ganas tú?

–Me pagas un porcentaje de lo que le pagues al tipo, sabes, por ser intermediario– Cool Ray aspiró el churro–. Y te vendo el arma que necesitas para hacerlo.

Mason echó la colilla por la ventana y se recargó en el respaldo de su asiento.

–Qué platica tan loca, hombre, lo que necesito es un trago.

Cool Ray manejó en silencio por un rato por la I-17, Mason cerró los ojos, pero Cool Ray sabía que estaba pensándolo, pensando en aniquilar a la Fiscal; más adelante Cool Ray vio las luces del lugar que estaba buscando, el lugar con el anuncio en color rosa y color de piel de leopardo.

–Pararemos en el bar Jaguar para que te tomes un trago y te entretengas.

–Cool Ray, el hombre detonador, ¿hablabas en serio?

–Tu avísame si tú hablas en serio y yo me encargo de buscar a alguien… Fiscal General, eso es algo fuerte.

–Quizás puedas hacer un trato de dos por uno, confabulamos para aniquilar a mi abogado, haciéndole un favor a la sociedad, que haya un idiota menos por las calles y ¿quién lo va a extrañar, verdad?

–De todas formas… ¿Fiscal General?, vas a necesitar sacar un préstamo para algo así pues es un pez gordo.

# CAPÍTULO XXIX

## Aeropuerto de Phoenix "Sky Harbor"
## Domingo, 4 de marzo de 2001

Roger podía ver la huella de Dios por todas partes en lo que a su caso legal correspondía; de Phoenix a Nueva York, de Nueva York a París, de París a Yerevan, Armenia, en treinta horas estaría allí, treinta horas, un viaje sobre el océano, y podría verla cara a cara, estaría abrazándola, estaría apartando su cabello de su rostro, estaría finalmente en sus brazos.

Había estado preso por veintiún días hasta que Jay finalmente logró que bajaran la fianza a $100 mil dólares; pagó la fianza el 10 de abril, saliendo temprano por la mañana lo cual le dio la oportunidad de llamar a Sirarpi. La conversación no comenzó del todo bien, pudo sentir un escalofrío salir por la línea telefónica, ella no le pidió una explicación, pero Roger fue directo al grano y le dijo que había estado fuera por negocios y no había tenido oportunidad de llamarla. Era lo suficientemente cercano a la realidad, según él, su negocio había sido drogas y éste lo había detenido; dijo la verdad al decir que no tuvo oportunidad de llamar pues no había una línea telefónica para hacer llamadas internacionales dentro del hoyo del Condado de MariCopa.

El estado había atrapado al cartel completo, Bobbie Rosenberg puso presión en cada uno de los casos y cayeron uno a uno. Cada uno fue inventado su cuento y tal como Jay lo había prometido, todos pintaron una imagen nefasta de Roger y cómo estaba él involucrado.

Rizzo y Paulette serían interrogados el viernes 16 de noviembre del 2000 en la corte de Las Vegas; Roger insistió en estar presente aun cuando Jay le dijo que era prácticamente imposible que lo lograra por la restricción que tenía para viajar, al haber salido bajo fianza, pero Jay movió los hilos de manera casi mágica y por primera vez en más de dos años él y Rizzo estaban juntos en el mismo cuarto. Tony casi se hace del baño en los pantalones cuando Roger entró a la corte; era también la primera vez que veía a Bobbie Rosenberg, una mujer huesuda y poco femenina con una manzana de Adán y cabello negro en capas con fleco al estilo niño holandés, su cuello venoso conectaba su cara a un cuerpo carente de curvas de mujer.

Rizzo se atragantó y le pidió a su abogado que sacara a Roger del cuarto cuando comenzó la interrogación; él se salió del cuarto, pero se le quedó viendo a Rizzo, sometiendo con la mirada, y el tipo se iba desmoronando visiblemente, su reputación de antaño claramente en la mente de Rizzo. Hizo lo mismo con Paulette.

Mientras Rizzo vomitaba tonterías y los días en la corte se sumaban, Roger y Sirarpi continuaron sus conversaciones diarias; trató de hacer arreglos para que volara a Arizona, anhelando que se vieran cara a cara, pero obtener una visa legítima de la Armenia desgarrada por la guerra era imposible. En enero Jay casi se cae de su asiento cuando Roger le pidió que solicitara a la corte le permitieran hacer un viaje a Armenia.

–Niño, tuve que empeñar las joyas de mi familia para lograr que aprobaran dejarte salir de Arizona para viajar unos cientos de kilómetros a las Vegas, ¿cómo le voy a hacer para que Rosenberg esté de acuerdo en dejar a su pez gordo viajar a un país del tercer mundo que tiene políticas de extradición que en ciertos casos llegan a alargar las cosas hasta cincuenta años?

–Diles que me voy a casar.

–¿Le pediste matrimonio?

–Todavía no, pero no necesitan saberlo.

–¿Le vas a pedir que se case contigo?

–Lo sabré cuando llegue allá.

–¿Le has dicho que puede que pases el resto de tu vida en prisión?

–No he abordado el tema realmente.

–Veré qué puedo hacer –dijo Jay suspirando.

Un mes después la voz de Jay era de incredulidad cuando llamó a Roger desde su oficina, no podía creerlo, la petición para viajar a

Armenia había sido aceptada.

–Tienes que regresar al país en treinta días, si no llegas a tu siguiente cita en la corte tus padres se pueden despedir de los $100 mil dólares que dieron para pagar tu fianza y sacarte del Hotel feliz de Joe.

Roger se pasó el siguiente mes haciendo planes de viaje y preparándose para finalmente conocerla; Jay continúo trabajando en su caso, haciendo mociones, manteniendo a la corte ocupada con documentos e informes, tratando de hacer que Bobbie Rosenberg se sintiera agotada, pero no estaba funcionando, dos días antes de que Roger saliera de viaje hacia Armenia Jay le habló a Roger y le pidió que fuera a su oficina.

Cuando entró a la oficina Jay estaba detrás de su escritorio, a su alrededor había pilas de documentos legales y deposiciones estratégicamente ubicadas.

–Mamma Su se declaró culpable –dijo Jay, recargándose en su asiento y suspirando.

–Eso estábamos esperando que hiciera.

Apuntó a la pila de documentos más larga en su escritorio.

–Ésta es la trascripción de su interrogación, la imagen que pinta de ti está cada vez peor Roger y le está dando munición a Bobbie para seguir escarbando; su testimonio es significativo Roger. Rizzo puede seguir parloteando y continuar haciendo cuentos, pero de todos los testigos del estado Mamma Su fue la que trabajó más cerca de ti y si esto va a juicio y ella testifica eso será el martillo que dé en el clavo que selle tu ataúd.

–¿Entonces crees que esto llegue a juicio?

–Puedo seguir retrasando esto por otros ocho, quizás doce meses, pero a menos que un milagro ocurra y nos parta un rayo por segunda vez, te apuesto que en un año estaremos haciendo preparaciones para el juicio.

–¿Que un rayo nos parta por segunda vez?

–Logramos quitar al juez corrupto de tu caso, ahora necesitamos un milagro, que Bobbie se jubile, por ejemplo; necesitamos sacar a Bobbie Rosenberg del caso, de otro modo no harán un trato y sin trato tendremos que irnos a juicio. Si pierdes en el juicio y con un testigo como Mamma Su, quien es una herramienta fuerte para la parte acusadora, estaremos hablando de una condena máxima. El estado podría concedernos la moción para tener un nuevo juez, pero reemplazar al fiscal general, eso no va a suceder; Roger, estamos hablando de condena máxima para los doce cargos.

Roger sintió que se encogía en la silla.

–No lo entiendo, estábamos listo, ¿no?, digo, tú dijiste que estábamos listos si Mamma Su se convertía en testigo.

–Roger, estamos hablando extraoficialmente ahora, ¿sí?

–Está bien.

–Usa tu boleto dorado.

–¿Boleto dorado?

–¿Leíste alguna vez o viste la película "Willie Wonka and the Chocolate Factory" (Willie Wonka y la fábrica de chocolates)?

–Si, un niño pobre que se llamaba Charlie o algo así, quien va a una fábrica donde todo está hecho de chocolate ¿y?...

–Él se ganó la visita a la fábrica de chocolate Roger; un día el niño encuentra un dólar que está volando por el aire, que alguien tiro descuidadamente, va a la tienda de dulces, compra una barra de chocolate Wonka y se gana el último boleto dorado. La probabilidad era uno en un millón pero lo gana.

–¿Cuál es el punto?

–Tu boleto "uno en un millón" es el permiso que te dio la corte para viajar fuera y regresar de donde viniste: Armenia.

–¿Qué estás sugiriendo Jay?

–¿Extraoficialmente?

–Absolutamente.

–No regreses, independientemente de si te casas con la muchacha o no, encuentra un trabajo de pastor de ovejas o vete de peregrinaje a buscar el Arca de Noé, lo que sea con tal de estar lejos de Bobbie Rosenberg y este problemón, no hay forma de que vayan a buscarte hasta allá.

La idea no le sentó nada bien a Roger.

–Mis papás perderán el dinero.

–Manda por ellos.

–La familia completa de vuelta en Armenia, un lugar del que escapamos para encontrar una mejor vida.

–No Roger, encontraste una vida abundante, la abundancia tiene dos caminos, legal e ilegal y tú escogiste la vía ilegal.

–Pero mis padres, ellos no escogieron esto.

–Pero tu sí y ningún hombre es una isla Roger, tus elecciones afectan a todos a tu alrededor, los culpables y los inocentes. Si decides quedarte aquí y terminas el resto de tu vida en la prisión eso impactará a tus padres; supongamos que hay chispas entre tú y la muchacha, esto la impactará. Si te quedas en Armenia eres un hombre libre, si regresas a casa, pues, tendrás una opción limitada de guardarropa: Overoles naranja y zapatos cafés, o zapatos cafés y overoles naranja. Solo te estoy poniendo las cartas sobre la mesa, haciéndote saber tus opciones; sí, el dinero de la fianza se perderá, pero ciertamente puedes notar que tu libertad vale $100 mil baros.

Ahora se encontraba Roger sentado en el avión, siguiendo su camino, listo para despegar; en unos cuantos minutos las llantas del avión subirían al avión y en treinta horas, más o menos, Phoenix, su caso legal y Bobbie Rosenberg quedarían once mil kilómetros atrás. Ningún hombre era una isla, sus decisiones afectaban a otros; podía sentir al enemigo atacarlo mostrándole lo que su pasado había ocasionado, las vidas que había destrozado, diciéndole que jamás escaparía, sin importar a dónde volara, la promesa del enemigo era el seguir atormentándolo con su pasado.

Su biblia estaba reposando en la charola frente a él, abierta en Salmos, busco Salmo 107 y sintió su espíritu vibrar al leer el versículo diez: "Afligidos y encadenados habitaban en las más densas tinieblas por haberse rebelado contra las palabras de Dios, por menospreciar los designios del Altísimo. Los sometió a trabajos forzados; tropezaban, y no había quién los ayudara. En su angustia clamaron al Señor y Él los salvó de su aflicción. Los sacó de las sombras tenebrosas y rompió en pedazos sus cadenas."

Pensó en los prisioneros sufriendo en cadenas, de las almas perdidas a las que había conocido cuando estuvo encarcelado, pensó en Ajax adorando el altar de acero inoxidable que guardaba su pruno fresco, en Arnulfo asaltando tiendas Blockbuster, en Martín, su compañero de celda de la Ciudad de Tiendas de campaña, quien recientemente había sido sentenciado a diez años en prisión por tráfico de mariguana, y tantos más. Pensó en el miedo palpable que invadía las cárceles, especialmente en las noches, y la sábana de paz que había sentido sabiendo que Cristo estaba cerca, que jamás lo dejaría; la paz del amor de Dios siempre estaba presente, incluso en la peste de la prisión, alguien tenía que compartir la palabra con ellos, con los prisioneros que sufrían en cadenas, alguien tenía que compartirles que tan solo Dios los podía sacar de la obscuridad, los que estaban perdidos tenían que saber, tenían que saber que el amor de Cristo podía alcanzarlos, que Jesús es real. Podrían haberse rebelado pero la gracia de Dios es nueva cada amanecer; debían saber que Dios les da la mano, que el amor eterno de Dios jamás se dará por vencido para traerlos de regreso al buen camino.

La voz del capitán se escuchó en el alta voz, anunciando que estaban listos para salir; poco después estaban en el aire, yendo en dirección hacia el este. Al volar sobre el centro de Phoenix Roger miro por la ventana del avión, viendo el pequeño edificio que sabía bien que era la Corte, se veía tan pequeño desde allí, iba desapareciendo poco a poco; también reconoció la cárcel de la calle de Madison con sus ladrillos color café, tan solo a unas cuadras de la Corte, pequeño e insignificante, iba quedando a lo lejos mientras el avión ascendía.

Reclinó su asiento y cerró los ojos, preguntándose si sería la última vez que vería el edificio de la Corte, a Bobbie Rosenberg y a la cárcel en la calle Madison.

–*"Confía en Mí, Roger. Confía en Mí"*

## Yerevan, Armenia
## Viernes, 9 de marzo de 2001
· · · · · · · · · · · · · · · · · · · · · · · · · · · · · · · · · · ·

La joyería quedaba en la calle Tumanyan, al otro lado del Teatro Ruso de Drama Stanjslavsky, el cual estaba situado en una cuadra adoquinada con una fuente, alumbrada por unas luces color rosa y azul que le daban vida. Una campana muy pequeña sobre la puerta anunció su llegada y el joyero panzón de baja estatura les mostró la selección de anillos que tenía en la tienda.

El corazón se le había subido a la garganta cuando Sirarpi lo saludó al salir del avión; él la saludó con un abrazo y un beso en la mejilla, gentilmente retirando su cabello de su rostro tal como lo había soñado y sintiendo como si la hubiera conocido toda la vida.

Platicaron sin parar durante la noche, sin dormir desde el momento que él había llegado a Yerevan, pasearon por las calles, Roger con su brazo alrededor de ella, se sentía en casa; no estaba seguro si solo era el hecho de estar con ella o si parte de su espíritu armenio había encontrado refugio en la reunión con su lugar de nacimiento, con su verdadera herencia: las estructuras medievales, las calles antiguas revestidas con enredaderas de hiedra, hibernando durante el frío de invierno, las iglesias con techos de domo de piedra gris con el Monte Ararat con su cima cubierta de nieve a la distancia. Podía quedarse aquí, podía vivir aquí, aquí sería libre y estaría con ella.

Le propuso matrimonio y ella aceptó, reservaron la estancia del lujoso Hotel Yerevan y fijaron el día de la boda para el diez de marzo; solo tenían dos días para prepararse, ese día escogieron los anillos.

Al salir de la joyería sintieron la brisa pronunciada de invierno, Sirarpi se encorvó tratando de cubrirse bien en su abrigo de piel, su cabello largo fluía en la brisa, sus ojos color café estaban fijados en los de él con una confianza que le daba a Roger calma por dentro y que momentos después le causaba una honda preocupación; se le estaba pasando el tiempo, él sabía que le estaba mintiendo al guardar el secreto de sus problemas legales y tenía que contarle todo.

–¿Tienes hambre? –le preguntó.

–Hrach, creo que no hemos comido desde anoche, no paramos de hablar y no desayunamos, ¿te acuerdas?

Un vendedor estaba vendiendo brochetas cerca de la fuente y compro dos órdenes, se sentaron en la orilla de la fuente y comenzaron a comer; el cielo era de un color azul fuerte, el aire era refrescante, la compañía era perfecta.

–¿Estás lista para esto? –le preguntó.

Ella sonrió, y mordió su brocheta, masticando la comida suavemente.

–Hrach, nunca me he sentido más feliz y nerviosa al mismo tiempo que en estos últimos días, estoy lista Hrach, te amo.

–Bien, mira, hay un par de cosas que necesitas saber antes de que estemos frente a Dios y que juremos vivir nuestras vidas unidos.

Trató de no demostrarlo pero él sabía que ella podía ver que algo lo perturbaba.

–Hrach, ¿qué pasa?

–Primero que nada, quiero que sepas que estuve casado antes.

La sangre se le bajó del rostro y el destello en sus ojos se desvaneció.

–¿Se murió?

–No, me divorcié.

–¿Te divorciaste?

Varias personas que iban pasando se detuvieron al escucharla.

–Ella... ella te dejó, ¿o no?, ¿ella es la que te lastimó?

–No Sirarpi, fui yo.

Comenzó a levantarse, queriendo dejarlo, Roger la tomó del brazo y la sentó de nuevo gentilmente.

–Sirarpi, eso ocurrió antes de que conociera a Dios, fue en mi vida pasada, yo estaba viviendo en el mundo y deseaba más de lo que el mundo me podía ofrecer, no había espacio en mi vida de entonces para el compromiso.

Roger señaló la iglesia que estaba al otro lado de la calle, era gris, fría, sin tumbas, lo único que le daba calor era la luz ocasional de una vela y no la vida espiritual de Jesucristo.

–Nos casamos en una iglesia como esa Sirarpi, llena de imágenes, pero sin Cristo; ese fue nuestro matrimonio.

–Pero Dios odia el divorcio, Él dice que lo que Él une ningún hombre puede separarlo.

–He batallado con eso Sirarpi, créemelo, pero a Dios hay que entenderlo por su palabra completa: "Lo que Dios ha unido", *unido*, ese matrimonio no fue un matrimonio que Dios hubiera unido, ¿cómo podría haberlo sido?, yo estaba viviendo una vida diferente, no lo conocía, pero ahora es diferente. Sirarpi, sé que Dios está detrás de esta unión, lo siento en el fondo de mi corazón.

–¿Y hay... hijos?, ¿tienes hijos? –dijo después de tragar de saliva.

–No Sirarpi, ella perdió un bebé y después de eso no volvimos a intentarlo; yo solo quería ir detrás de las cosas que este mundo ofrecía por lo que le pedí el divorcio.

Ella se quedó en silencio, viendo a la multitud, pensando las cosas.

–Dijiste que había un par de cosas que querías decirme, ¿con qué más me vas a sorprender?

–Tengo problemas legales en Estados Unidos.

–¿Qué quieres decir con problemas legales?, ¿eres un fugitivo?

–Lo seré si no regreso a los Estados Unidos el veinticinco de este mes; el mes que no te llamé solo te dije la verdad a medias Sirarpi.

–Una verdad a medias es una mentira completa Hrach, ¿cómo me mentiste?

–Mis negocios me mantuvieron alejado en un lugar donde no pude llamarte; mi negocio criminal me mantuvo lejos, en la cárcel.

–¿La cárcel?

Las personas que paseaban por la calle se detuvieron de nuevo.

–Estoy libre porque pagué algo que llamamos "fianza", tuvimos que juntar cien mil dólares en efectivo para poner un depósito en la corte y que yo pudiera salir.

–Eso es mucho dinero.

–Dinero que no tenía así es que tuve que pedirle prestado a mis padres; si no regreso ellos perderán el dinero, si no regreso, entonces sí seré un fugitivo.

Lo que Roger no le dijo fue que el convertirse en un fugitivo podía ser su única opción de libertad, todavía no tomaba una decisión de si iba a quedarse o a regresar a los Estados Unidos. Él quería que esa decisión la tomaran él y Dios.

–Sirarpi, dejé esa vida turbia cuando decidí seguir a Cristo, eso es mi pasado, ya lo dejé atrás; ahora todo lo que quiero es seguir hacia adelante y ver al futuro. En estos momentos, no me imagino ese futuro sin ti.

–Y, ¿generalmente dejan a tipos que están libres con fianza salir del país?

Recordó las palabras de Jay: "... Te sacaste el boleto dorado"

No Sirarpi, es prácticamente imposible, especialmente en un caso como el mío y es por eso que estoy convencido de que Dios está inmiscuido en esta unión, solo Dios podría haber hecho que esto sucediera. Sirarpi, he visto a Dios hacer cosas increíbles, no prometo que esto va a ser fácil, en especial en los siguientes meses, pero sé que Dios tiene un plan y estoy confiando en Él. Esto, tú y yo, es lo correcto Sirarpi.

–Se quedó en silencio de nuevo, Roger tomó su rostro en sus manos y la miró a los ojos.

–Te amo Sirarpi y sé que Dios cuidará de nosotros, confía en Él.

Poco a poco el brillo en sus ojos regresó y su sonrisa lo hizo sentir en paz.

–No hemos dormido en casi tres días Hrach, hay mucho trabajo que hacer para preparar esta boda.

Hasta ese momento Roger no había pensado que podía amarla más de lo que ya la amaba, la besó apasionadamente y el mundo a su alrededor se detuvo, solo estaban ellos, como si fueran uno solo, juntos por siempre; al día siguiente Dios los uniría en uno solo.

## Aeropuerto Internacional Zvartnots
## Yerevan, Armenia
## Sábado, 24 de marzo
## 10:10 A.M.
· · · · · · · · · · · · · · · · · · · · · · · · · · · · · · · · ·

No estaba seguro si habían llegado tarde por el tráfico de Yerevan o porque simplemente no quería llegar al aeropuerto; tenía que estar en ese vuelo ese día para poder llegar a los Estados Unidos a tiempo y evitar incumplir con su libertad bajo fianza. Su nueva esposa, Sirarpi, no sería capaz de regresar con él en su viaje, la documentación necesaria para que fuera capaz de salir del país estaba siendo procesada.

La boda estuvo maravillosa, el banquete duró toda la noche; Roger y Sirarpi se quedaron dormidos en la mesa principal mientras sus invitados celebraban la boda hasta el amanecer. Ninguno de los dos había dormido en varios días y habían caído agotados de sueño antes de las 10 P.M.

Cuando llegaron al aeropuerto les notificaron que había perdido su vuelo, Roger deseaba que esto fuera una señal de que Dios le estuviera diciendo que se quedara, que construyera su vida allí. Su siguiente audiencia en la corte estaba agendada para el veintinueve de marzo; si no regresaba Jay se daría cuenta que había tomado su consejo, ¿qué más podía hacer ahora?, Zvartnots no era el Aeropuerto de Los Ángeles, podía tomar hasta una semana para encontrar el siguiente vuelo que tuviera cupo para un pasajero con visa de los Estados Unidos.

–Tiene suerte usted –le dijo el empleado de la aerolínea mientras tecleaba sin parar en la computadora–. Tengo cupo en el vuelo de Air France que va al Aeropuerto Charles DeGaulle y que sale de aquí el veintiocho de este mes, vuela directo a Houston y se conecta con Continental a las 10 A.M., estará en Phoenix el veintinueve de este mes a las doce del día.

Su audiencia era el veintinueve a las 2 P.M.

–Señor, ¿quiere que lo confirme en ese vuelo?, ¿Señor?

–"Los sacó de las sombras tenebrosas y rompió en pedazos sus cadenas" –A Roger le vino ese versículo a la mente.

–¿Señor? –volvió a decir el empleado de la aerolínea.

–¿Hrach? –le dijo Sirarpi, tomándolo de la mano–. ¿Pasa algo?, el vuelo, tienes que irte.

No quería soltarla, tenía el boleto dorado, podía quedarse; si se quedaba podía aferrarse a ella, mantenerla junto a él, si se iba, tendría que dejarla ir, y podía pasar el resto de su vida encarcelado, pero sabía que ella no le pertenecía. Dios había unido sus vidas en una sola pero aún le pertenecía a Dios.

*"El corazón del hombre traza su rumbo, pero sus pasos los dirige el Señor"*

El tema de la película "Willy Wonka y la Fábrica de Chocolates" no era acerca de las riquezas del boleto dorado, cada niño que ganó el boleto tenía la promesa del enemigo de Wonka, un tipo llamado Slugworth, de encontrar riquezas, siempre y cuando fueran capaces de robar un Caramelo Eterno; todos trataron de ultrajar al Señor Wonka, todos fallaron, solo Charlie regresó el caramelo y Charlie ganó, ganó porque le regresó al Creador lo que era suyo.

Tenía que regresar a su amada Sirarpi a Dios; tenía que regresarle al Creador lo que era Suyo. Y tenía que entregarle a Dios sus virtudes propias para que Él las usara para Su propósito para alcanzar a los perdidos y a los que eran menos capaces o afortunados.

–¿Señor?

–¿Hrach? –llamó su atención Sirarpi.

–*"Confía en Mí Roger. Confía en Mí"*

–Sí, confirme el vuelo por favor.

# CAPÍTULO XXX

**Centro Médico de Salud de Scottsdale**
**Scottsdale, Arizona**
**Sábado, 16 de marzo de 2002**
**7:55 P.M.**

Miró a su hijo recién nacido, Andrew, llamado así en honor al padre de Roger, Andranik, y en honor al apóstol. El cuarto del hospital estaba en silencio, Sirarpi estaba profundamente dormida con su bata de hospital, acostada en las sábanas blancas esterilizadas del hospital, descansando merecidamente. Andrew llegó al mundo el catorce de marzo. El día siguiente saldrían del hospital y Andrew llegaría a su nuevo hogar.

Roger había logrado hacer que Andrew durmiera, tenía su chupón en la boca y se encontraba en paz. Lo acurrucó en sus brazos, necesitaba dormir, pero no estaba listo para ponerlo en su cuna, lo quería sostener entre sus brazos un rato más. Nunca habría imaginado experimentar el nivel de amor que sentía por esa vida frágil inocente en sus brazos; sosteniendo a su hijo, acurrucado en sus brazos, podía ver las huellas continuas del amor infinito de Dios.

Había dejado de intentar comprender a Dios, su caso se iba desmoronando día a día. El mes anterior Sirarpi lo había llamado "cebolla", sin saber que la palabra llevaba una connotación despectiva en los Estados Unidos; mientras tanto él se guardaba los detalles del caso, sin compartir los matices de la batalla legal, pero mientras tanto las noticias iban empeorando cada día, él le iba revelando a Sirarpi un poco más del caso, una noticia a la vez. Sirarpi había dicho que enterarse de todo lo que concernía a Roger era como pelar una cebolla, cada capa que iba pelando le traía más lágrimas a los ojos; no tenía idea de qué tan mal estaban las cosas, pero fue enterándose, una capa a la vez.

Jay siguió trabajando en su caso, pero la fiscal Bobbie no cedía, Jay hacía lo que podía para negociar un trato y mantener el caso fuera de la corte, pero la corte era donde residía la fuerza de Bobbie e iba a hacer que Roger se convirtiera en testigo o lo iba a mandar a prisión por el resto de su vida.

Fue Isaías 55:8 lo que hizo que Roger dejara de tratar de entender a Dios: "Porque mis pensamientos no son los de ustedes, ni sus caminos son los míos –afirma el Señor–." Entendió que hay que dejar a Dios ser Dios. No hay que tratar de entenderlo. No podemos comprender sus caminos. En Efesios 3:18-19 leyó: "pueden comprender, junto con todos los santos, cuan ancho y largo, alto y profundo es el amor de Cristo; en fin, que conozcan ese amor que sobrepasa nuestro conocimiento, para que sean llenos de la plenitud de Dios"

Se dio cuenta que Dios nos dice que lo único que tenemos que entender acerca de Él es la profundidad de Su amor por nosotros. Ahora que era padre, mirando la inocencia de su bebé en sus brazos, sintió la profundidad del amor de padre; apenas podía imaginar la profundidad eterna del amor incondicional que tiene nuestro Padre Celestial por sus hijos.

Roger sabía que tenía que preparar todo para ir a prisión, ella necesitaba estar económicamente protegida por lo que comenzó el proceso para la valuación de la Aseguradora Diamondback; no quería vender el negocio de la familia, pero la valuación inicial fue de $400,000 dólares.

Se imaginó la mesa del comedor, con una silla vacía a la cabeza, cada vez más llena de polvo, vio una familia funcionando sin la cabeza del hogar. Cerró sus ojos y oró en silencio mientras abrazaba a Andrew muy fuerte y oró:

–*Dios, tú me condenas continuamente con tu palabra, me recuerdas a los prisioneros en cadenas que sufren, tú prometes sacarlos de la obscuridad. Señor, te pido que intervengas, oro para que, de algún modo, de alguna forma, a través de Tu poder y voluntad, que esto no se vaya a Juicio, que mi familia pueda estar completa, que me pueda quedar con mi familia y sea el esposo y el padre que necesitas que yo sea. Me someto a tu voluntad, sin embargo, Dios, sabiendo que tienes toda la sabiduría y el poder, si mi misión es alcanzar a los que están perdidos tras las rejas por el resto de mi vida entonces lo acepto; sé que no hay límite a esa libertad que se encuentra en tu amor, sé que aun si vivo el resto de mi vida en la Tierra en la prisión, siempre estaré libre en Tu amor. Lo acepto, Señor, y serviré donde tú necesites que esté. Pido esto en el nombre de Jesús. Amén.*

Andrew hizo un gemido y Roger escuchó su teléfono celular vibrar, estaba sobre la pequeña mesa junto a su silla; se le hundió el corazón cuando vio que era Jay, Jay jamás llamaba tan tarde por la noche con buenas noticias.

Dejó que la llamada se fuera al buzón no queriendo perturbar el sueño de Andrew al tomar la llamada; cuando se prendió la luz del buzón puso a Andrew en su cuna y salió al corredor del hospital para escuchar el mensaje del buzón.

–Roger –la voz de Jay era una voz estoica, con intención–. Necesitas presentarte en la corte este jueves, 21 de marzo a las dos en punto. Roger, no dejes de atender a la audiencia o estarás de regreso en la cárcel y la fianza será de medio millón. Ésta será nuestra única audiencia conciliatoria; llámame para asegurarme que recibiste el recado. Lo siento Roger, hice lo que pude.

Roger sintió las lágrimas caer por sus mejillas, recordó su oración, pero aun así tuvo que evitar la urgencia que sentía de gritarle a Dios: "¿Por qué?", pero luego escuchó el llanto de Andrew que venía de adentro de la habitación; quizás era un cólico o se le había caído su chupón. No quería que molestara a su esposa, ella necesitaba descansar así es que se limpió las lágrimas y regresó con prisa al cuarto para atender las lágrimas de su hijo. Su familia lo necesitaba; su familia necesitaba a su papito.

## Martes, 19 de marzo de 2002
## 11:52 P.M.
. . . . . . . . . . . . . . . . . . . . . . . .

La primera vez que Edward Ortez, conocido como "Eddie Boy" (El

Niño Eddie) fue a la cárcel fue por asalto agravado por siete años. Él y su perro fiel, Juice Cunningham, habían manejado por la casa de un narco y habían convertido la puerta principal en queso suizo; donde las cosas salieron mal fue cuando un policía pasó por la siguiente cuadra y los disparos y destellos llamaron su atención y antes de que llegaran a cien metros de la cochera ya tenía las luces de su patrulla sobre ellos.

Dentro de todo las cosas salieron bien, mientras estaba en el zoológico le habían hecho una novatada para entrar a la Mafia Mexicana, los "eMes", y se convirtió en un torpedo efectivo, o sea, el tipo principal que aniquilaba a los que estaban en la lista negra. Los de la pandilla "Big Homies" lo contrataban regularmente, pero ahora le pagaban en efectivo en vez de subir de nivel en la jerarquía por cada cabeza que caía; lo contactaban usualmente para aniquilar gente de fuera, pero de vez en cuando hacía que lo arrestaran para regresar al zoológico y hacer una limpia adentro. El control de los "eMes" en el sistema de la prisión les permitía transferirlo de una prisión a otra como si estuviera usando un agente de viajes para confirmar su estancia.

Eddie Boy no pensaba en ser atrapado de este modo de nuevo, no esta vez, especialmente cuando el objetivo era la poderosa Fiscal General, así es que le dijo a Cool Ray que, si iba a disparar una bala por la ventana de esa tipa, no solo tenía que proveerle el arma, pero quería un silenciador, para hacer las cosas como un matón profesional de verdad. Cool Ray le dijo que los silenciadores del mercado negro no eran nada baratos y que el intermediario de este trato se iba a llevar una parte del pago y que él tenía que mantener su margen de ganancia, así que lo que hizo fue ir a la tienda de herramientas "Home Depot" y comprar tubería de plástico de quince centímetros, pintura negra, una tapa y un tubo de cobre; construyó el silenciador y pudo atornillarlo en el cañón de la pistola Sig Sauer que Eddie Boy había escogido para el asesinato. Tuvo que hacer cuatro intentos hasta asegurarse que el silenciador hecho en casa era lo suficientemente fuerte para la carga de 9mm.

Según entendía Eddie Boy, el cliente de Cool Ray era un inútil llamado Mason Brandon que había salido bajo fianza y estaba acusado de un asunto de drogas, el tipo estaba trabado porque una fiscal le había hecho la vida difícil; Eddie Boy había oído su nombre antes y sabía de su reputación, era la fiscal marimacha llamada Bobbie Rosenberg. El tipo, Mason, suponía que si podía sacar de la jugada a la Fiscal y a su propio abogado por haber estropeado su caso, sus problemas estarían resueltos. Así es que se juntó con Cool Ray y le pidió que usara sus conexiones con los "Big Homies" para resolver esto; era una tarea difícil y pasar por la Mafia Mexicana, le estaba costando $75,000 dólares. La mayoría de la lana era para los criminales rayas gruesas de la cárcel y los que iban a hacer el trabajo sucio, él y su amigo Casper, iban a cobrar $10 mil dólares por jalar el detonador. Diez mil dólares, era el pago por jalar el gatillo y terminar con una fiscal poderosa de la Procuraduría del estado, $5 mil dólares de pago para cada uno.

El plan completo fue confabulado dentro de la Cárcel de la calle de Madison, Eddie Boy hizo que lo metieran dentro por un crimen pequeño y estaba ocupado limpiando casa en la Calle Main cuando le dijeron que fuera a ver a "Night Owl" (El Búho Nocturno) a su celda. Night Owl, el líder de los "eMe" en esa sección de la cárcel, fue quien le dijo que recibiría una visita de un tipo que se llamaba Robby O; era un investigador de un abogado defensor local que iba a entrar usando credenciales falsas, Robby lo liberaría y le explicaría las cosas con detalle más tarde.

Una semana después, él y Joey "Casper" Guajardo estaban sentados en el Cadillac de Robby O, manejaban por una colonia solvente en el lado oeste de Phoenix. Robby le señaló la casa donde vivía la Fiscal con su hermano lerdo; luego los dejó en el departamento de Cool Ray en el centro de Phoenix y Ray les mostró la selección que tenía de armas con los números de serie ya limados.

Esa misma noche era la noche del golpe, Casper se quedó en la camioneta pick up, vigilando, con el motor encendido. Con el silenciador de Cool Ray atornillado al cañón de la pistola Sig, Eddie Boy, vestido de negro, caminó por el pasto bajo la sombra de un arbusto alto de adelfa que era iluminado por la luna; vio a través de las ventanas iluminadas por la luz de dentro de la casa de Rosenberg para analizar si detectaba movimiento. Se trasladó a la parte de atrás de la casa y escuchó unos dedos tecleando en una computadora, el sonido venía de un cuarto obscuro en la esquina de la casa, la ventana estaba medio abierta para dejar entrar la brisa de marzo.

Se acercó tanto como pudo, la ventana no estaba tan abierta como le hubiera gustado y no quería romper el vidrio para no hacer más ruido, pero no tenía otra opción; las luces del cuarto estaban apagadas, el mosquitero de la ventana era obscuro y le complicaba ver a la persona sentada en la computadora, solo veía una silueta bajo la luz de la computadora. La sombra de la persona estaba sentada jorobada sobre el teclado, era delgada, sin curvas femeninas; tenía que ser ella, la fiscal marimacha. Apuntó la pistola y le disparó, el silenciador de tubería de plástico redujo el disparo de la bala de 9 mm a un estrépito no muy audible, no hubo destello; la silueta giró en la silla, pero no se cayó. Eddie Boy disparó tres veces más, esperando un estallido fuerte, asumiendo que el silenciador de tubería de plástico se habría derretido después del primer disparo, pero tres disparos no muy audibles salieron de la pistola y la silueta se cayó de la silla, hasta desaparecer de vista.

Eddie Boy podía sentir el calor del silenciador hecho en casa a través de su guante negro al desatornillarlo con urgencia, dejándolo caer en el pasto y escabulléndose de ahí; al cruzar la calle a donde lo esperaba Casper en la camioneta pickup y viendo como la ponía en marcha, se rodó en la caja de la camioneta. Una vez que estuvieran a unas cuadras de la casa de la fiscal gatearía en la cabina de la camioneta por la ventana trasera, para no hacer que se prendiera la luz del domo de la cabina. Para la mañana siguiente, seguramente el forense estaría cerrando la bolsa de vinyl del cuerpo de Bobbie Rosenberg y los problemas de Mason se habrían terminado.

# CAPÍTULO XXXI

**Jueves, 21 de marzo**
**6:30 A.M.**

La casa estaba en silencio, Roger había salido a trabajar esa mañana, Andrew estaba dormido. Sirarpi estaba sentada en la mesa de la cocina, no tenía apetito para comerse los huevos revueltos fríos que estaban en el plato frente a ella, volteó a ver el lugar donde Roger se sentaba, había un plato sobre el mantel individual con la mitad de los huevos que le había servido, una pieza de pan tostado con dos mordidas y una taza de café casi llena; tampoco él tenía apetito, estaba preocupado por su día, le había dicho que tenía que irse temprano de nuevo, por tercera vez esa misma semana. Estaba perdiendo mucho peso y el ceño de preocupación estaba más marcado en su rostro al ir avanzando las preparaciones para su juicio.

Sirarpi no podía imaginarse la vida sin él, y aún así, muy dentro de ella, a pesar de estar en la negación, sabía que tenía que enfrentar la realidad de que él podía ir a prisión por el resto de su vida, por el resto de sus vidas; pensó en Salmo 112, versículo 4: "Para los justos la luz brilla en las tinieblas". Esas palabras describían a su esposo, aunque la obscuridad lo rodeaba, los rodeaba, había un brillo a su alrededor; había esperanza viva tras ese ceño de preocupación. Él lo era todo para ella, Dios no podía llevárselo, simplemente no podía.

Y así, otro salmo vibró en su corazón, el Salmo 91, Dios diciéndole en los dos primeros versículos: "El que habita al abrigo del Altísimo se acoge a la sombra del Todopoderoso. Yo le digo al Señor: 'Tú eres mi refugio, mi fortaleza, el Dios en quien confió'"; trató de ignorarlo, sin querer afrontar la realidad de que Dios, un Dios celoso, deseaba que ella dependiera completamente de Él y si tenía que alejar a Roger de ella para obtener su total confianza, lo haría. Ella no quería aceptarlo, pero sabía que era real.

Él se sentía como un zombi, actuando de manera automática en el trabajo, poniendo los negocios pendientes en orden y preparándose para el juicio, Roger salió temprano esa mañana, ignorando la noticia del día en el periódico "The Arizona Republic", no vio la noticia de primera página, bajo la parte doblada, que decía:

## Atentando contra la Fiscal General falla

### El intento de asesinato deja a su hermano herido

Una fiscal de asuntos de narcóticos de la Ciudad de Phoenix apenas y escapó de ser asesinada el jueves por la noche cuando una bala fue disparada a través de una ventana de su casa, la cual hirió a su hermano.

El atentado sucedió un poco antes de la media noche en el hogar de Bobbie Rosenberg en el norte de Phoenix, Rosenberg es Fiscal General de la Procuraduría General del Estado, anunció la policía el miércoles.

Mientras iba en dirección sur por la I-17, su mente estaba en otro lado, el camino y el mundo frente a él era una neblina; a las dos de ese mismo día estaría de regreso en la corte, pero las cosas eran diferentes ahora, esta vez, no había esperanza de un trato con Bobbie Rosenberg, no habría más retrasos, discutirían el proceso, la selección del jurado, la lista de testigos, los días en la corte y el resumen de los cargos. Todo se resumía a una cosa: tiempo en la prisión para él.

"Los sacó de las sombras tenebrosas y rompió en pedazos sus cadenas."– fue el versículo que le vino a la mente.

En su bruma solo escuchó parte de las noticias en el radio: "…
en este momento, la condición del hermano de la Fiscal General
del Estado de Arizona, Bobbie Rosenberg, se reporta como crítico.
El representante de la policía de Phoenix, el Sargento Michael
Anderson, dijo que la policía está todavía investigando el incidente.
El hermano de Rosenberg, Reginald Rosenberg, de 40 años de edad,
estaba visitando a la Señorita Rosenberg y según reportes estaba
sentado en la computadora en un cuarto en la parte trasera de la casa,
cuando por lo menos uno de cuatro tiros lo tocó. Los investigadores
creen que un silenciador fue usado para encubrir los disparos, los
cuales fueron disparados por una ventana con mosquitero de la
parte trasera del hogar. Anderson dijo que un silenciador hecho en
casa construido con tubería de plástico fue encontrado en el sitio por
los investigadores y sospechan que quien disparó no era un matón
profesional; no ha habido arrestos hasta el momento."

Roger no estaba seguro qué pensar al escuchar el reporte, o qué
significaba esto hasta que Jay lo llamó a la oficina más tarde.

–¿Escuchaste del incidente? –le preguntó Jay.

–¿Contra Bobbie Rosenberg?, sí, lo escuché en el radio.

–Tu audiencia ha sido cancelada hoy, la agenda de Rosenberg ha
sido cancelada indefinidamente.

–Jay, ¿qué pasó?

–Fiscales Generales con alta gerencia como Bobbie tienen
muchos enemigos Roger.

–Y, ¿cómo impacta mi caso todo esto?, ¿qué quieres decir con
que su agenda ha sido cancelada?

–Roger, un intento de homicidio a una fiscal de alta jerarquía en
la Procuraduría General del Estado es algo serio; los investigadores
estarán escarbando hondo en todos los expedientes de sus casos en
un examen meticuloso de tamaño royal. ¡Quién sabe!, esto podría
ser una bendición oculta.

–¡Tu amigo le dio al hermano, estúpido! –la voz de Mason
estalló en la línea. Cool Ray estaba en una bruma de droga, sentado
en su sala, sobre su pecho había migajas de chocolate de la marca
"Little Debbie", tenía un clip de metal en los dedos, el cual sostenía
un churro prendido; el programa de Oprah se escuchaba en la tele,

estaba esperando a que comenzara el programa de Jerry Springer, el cual iba a empezar en unos diez minutos, así es que quería terminar esta llamada pronto, no le gustaba perderse un segundo del programa de Springer.

–¿Cómo querías que lo previniera?, la tipa esta es marimacha, hasta tú lo dijiste; este bato le disparó a una sombra, sí, se veía como un tipo, pero ella se ve como un tipo, ¿cómo querías que supiera que tanto ella como su hermano tienen la misma silueta?

–Dejó tu pequeño dispositivo en el lugar del crimen, ¿por qué haría eso?

–Quizás tenía prisa, estaba tratando de salir de allí, sabes, en caso de que alguien escuchara el vidrio roto.

–¡Dejó evidencia allí!

Ray volteó a ver el reloj, faltaban cinco minutos para que empezara el programa de Springer, el programa de Oprah estaba por concluir.

–Tienes que arreglar esto, Ray.

Cool Ray aspiró el churro profundamente.

–Y, ¿cómo quieres que haga eso?, ¿quieres que le diga a mi bato que vaya al hospital, se disculpe con el hermanito y le diga: "Perdón, pero la bala era para ella" y entonces que termine con la hermana quien estará sentada al lado de su cama acompañándolo?

–Quiero que me regresen el dinero Ray.

–Óyeme, esto no es Kmart, ¿qué tipo de póliza de devolución crees que tengo?

–Espero que sea una buena.

–Vamos a pensar las cosas un rato, ¿sí?, dejemos que las cosas se enfríen –quedaban tres minutos para que comenzara Springer–. Si comenzamos a mandar giros de dinero por todas partes, ¿no crees que eso va a llamar la atención de la policía?

–Yo no pienso caer solo, Ray. Si esto apunta hacia mí, te vienes abajo conmigo.

–Fíjate bien en lo que dices Mason, puedo construir otro silenciador y mi amigo no confundirá tu silueta.

–¿Me estas amenazando…?

–Ya empezó Springer, me tengo que ir.

Cool Ray colgó el teléfono y le subió el volumen a la televisión,

Springer anunciaba de qué se trataría el programa de ese día; iba a ser un buen programa.

## Sábado, 2 de noviembre de 2002
## 10:30 A.M.

. . . . . . . . . . . . . . . . . . . . . . . . .

Roger estaba en la oficina el sábado por la mañana tratando de mantenerse ocupado, tratando de mantener su mente alejada de la locura de su caso; seguían en pausa, las cosas seguían en silencio en las oficinas de Bobbie Rosenberg. Sospechaba que las cosas comenzarían a moverse de nuevo mientras estaba sentado en el escritorio, leyendo la historia del periódico "The Arizona Republic":

## Dos sospechosos acusados en el caso de intento de asesinato de la Fiscal General de Narcóticos

Dos sospechosos han sido acusados del atentado de asesinato perpetrado en marzo pasado contra la Fiscal General del Estado de Narcóticos.

La figura central de la conspiración, Mason Deacon Brandon de treinta y nueve años de edad, fue arrestado por la policía de Phoenix el martes pasado en conexión con el atentado de asesinato contra la Fiscal General de Arizona Bobbie Rosenberg en marzo de 2002.

En 1999, Brandon fue acusado por un gran jurado federal en San Diego y por dos grandes jurados de Arizona de supervisar las redes de narcotraficantes que hacían contrabando de grandes cantidades de mariguana en el país; mientras estaba en libertad bajo fianza Brandon aparentemente contrató a un matón para terminar con Rosenberg, quien era la Fiscal Especial en el caso de Brandon. El intento de asesinato hirió al hermano de Rosenberg quien se encontraba dentro de la residencia Rosenberg, el hermano de Rosenberg fue herido de gravedad, pero se ha recuperado.

Investigadores encontraron un silenciador hecho en casa afuera de la casa de Rosenberg. Trevor Alen Rayford, de treinta años de edad, de la ciudad de Phoenix, fue acusado de manufacturar o proveer el silenciador. De acuerdo a archivos de la corte, Rayford, conocido como "Cool Ray", tiene por lo menos tres delitos anteriores de tráfico de droga, pero no tenía ningún cargo de armas.

Además de los cargos del estado, un gran jurado federal acusó a Brandon de cargos de contratación para asesinato.

Jay lo llamó por teléfono en la tarde.

–La agenda de Rosenberg está activa de nuevo, se va a quedar en el caso –Roger sintió que se le hundía el estómago–. Sin embargo, parece ser que la Fiscal Janet Napolitano la va a reemplazar en los casos de alto perfil; nombrarán a Rosenberg como abogado acusador principal en el caso, pero ella se enfocará en los criminales de poca monta. Estará a cargo de los casos de Gibby y Clay, China Mike y Wilson, los que la Procuraduría ve como el nivel inferior del cartel; ya que el Procurador te considera un alto directivo tu caso será designado a otro abogado acusador.

–¿A un nuevo abogado acusador?, ¿esto es inusual?

–Tan inusual como un rayo que cae dos veces en el mismo lugar, pero todavía no salimos de esta Roger, esto todavía es un volado; puede que nos toque un abogado acusador que quiera negociar y mantener esto fuera de la corte, o puede que este atentado de asesinato obligue a la oficina de Napolitano a darle con más fuerza a los narcotraficantes, para mandar un mensaje severo de que este tipo de intimidación no será aceptado en el Estado de Arizona, pero por el momento hay que verlo como un destello de esperanza que no teníamos antes.

Un destello de esperanza. La huella de Dios –pensó Roger.

# CAPÍTULO XXXII

**Lunes, 17 de marzo de 2003**
**2:20 P.M.**

El abogado que había comenzado a trabajar en el caso era un fiscal veterano llamado Louis Giovanni; tenía reputación de ser conservador, era duro con los narcotraficantes, pero Jay escuchó rumores de la oficina del Procurador que revelaban que Rosenberg no era santa de su devoción. En un principio se había mostrado duro con el caso de Roger, pero al verse abrumado con la carga extra de trabajo al tomar la carga de la oficina de Rosenberg, quiso cerrar tantos casos como pudo y le hizo saber a Jay que estaba abierto a una negociación en el caso de Munchian. Giovanni puso presión para castigarlo fuertemente por los delitos graves de clase dos, pero Jay se resistió; al final, Jay convenció a Giovanni de enmendar el doceavo cargo de "Transporte para venta o transferencia de mariguana" a "Intento de Transporte", reduciéndolo de felonía de clase 2 a felonía de clase 3. También logró que descartara el resto de los cargos.

Dos días más tarde el acuerdo de condena fue entregado a la oficina de Jay y Roger fue a firmarlo; era de siete años, estaría encarcelado por casi una década, lejos de su familia, pero confiaba en Dios. Aun sin entenderlo prefería estar dentro del plan de Dios que fuera de él.

–*"Nunca te abandonaré Roger. Nunca."*

Roger se sentó en su oficina, archivando papeles y atando cabos del negocio, haciendo las cosas de manera automática; acababa de colgar el teléfono con el intermediario banquero, le pidió que quitara a la Aseguradora Diamondback del mercado de venta. Aun cuando había firmado un acuerdo de condena de siete años no estaba seguro que el negocio seguiría funcionando sin él. Había estado a punto de dejar ir la Aseguradora cuando un representante de una de las compañías con las que había trabajado entró a su agencia, su nombre era Manny, un representante de seguros competente que buscaba nuevas oportunidades; después de entrevistarlo Roger se dio cuenta que Dios se lo había mandado, lo contrató y Manny comenzó a trabajar en la Agencia de Seguros enseguida.

Su teléfono sonó, la voz de Jay se escuchó al otro lado de la línea.

–Acabo de recibir noticias de la Corte.

–¿Sí?

–El día de tu sentencia es el 11 de abril, necesitas estar en la Corte a las 8:30 AM.

El tono de voz de Jay le hacía ver que él pensaba que debería de haber tomado su consejo y se debería haber quedado en Armenia.

–*"Los sacó de las sombras tenebrosas y rompió en pedazos sus cadenas"* –pensó en ese versículo de nuevo.

–Gracias Jay.

Colgó y antes de poder pensarlo mucho su teléfono volvió a sonar, era Sirarpi, sollozando.

–Hrach…

Ella tartamudeó y su voz se quebró por la emoción, sentía dolor y gozo al mismo tiempo, de la obscuridad que traía el miedo, de la incertidumbre y de la luz de traía algo nuevo.

–¿Qué pasa Sirarpi?

–Hrach, te amo tanto.

–¿Qué pasa Sirarpi?, ¿qué ocurre?

–Hrach, oh, Hrach, estoy embarazada; te vas ahora y vamos a tener otro bebé.

La realidad lo asedió al pensar que este niño estaría saliendo de primero de primaria para cuando él pudiera abrazarlo siendo un hombre libre.

–*"Confía en Mí Roger. Confía en Mí"*

PARTE 4

# Dios Libera

# CAPÍTULO XXXIII

**Sección de admisión de la Prisión Estatal
de Alhambra en Phoenix
Viernes, 25 de abril de 2003
1:35 P.M.**

Sirarpi se sentó en la banca dura, las paredes de ladrillo del lugar eran frías e intimidantes; tan solo tenía un poco más de un mes de embarazo, la peste de desecho y mugre podrida la hacía sentir más nausea. Roger había desaparecido de vista cuando se cerraron las puertas de metal frío, apartándolos en sus ojos por una eternidad a pesar de que él le aseguró que se verían pronto. Hubo un ruido fuerte de metal y Sirarpi pegó un brinco, una puerta de metal se abrió y salió un oficial, dijo algo que ella no entendió pues apenas estaba aprendiendo el idioma, pero logró entender el nombre "Munchian".

–Yo, yo soy la Señora Munchian.

El oficial le entregó una bolsa transparente de plástico que contenía la ropa que Roger había usado esa mañana al entregarse, tomó la bolsa y el oficial le entregó un paquete pequeño, de nuevo diciendo algo que no comprendió. El oficial regresó atrás del umbral de la puerta y la puerta se cerró.

Sirarpi se dio la vuelta y caminó hacia la puerta, abriendo el paquete que le había dado el oficial; al fondo de la bolsa estaba el anillo que ella le había puesto a Roger en el dedo anular el día que juraron unir sus vidas en las buenas y en las malas, en una ciudad a más de once mil kilómetros de allí. El anillo se distorsionó en un charco de lágrimas que salían de sus ojos, sintió que corría hacia la puerta, sin poder verla claramente en el flujo de angustia salada que llenaba sus ojos; sin saberlo había cruzado la calle y había entrado al estacionamiento y estaba ahora dentro del auto, tras el volante, tratando de recordar como prenderlo. Acababa de aprender a manejar en un curso de dos semanas que Roger había insistido que tomara, diciéndole una y otra vez que necesitaba aprender a manejar, que tenía que aprender a moverse por sí sola.

Los señalamientos de tránsito parecían pasar velozmente a un ritmo vertiginoso, no estaba acostumbrada a tal velocidad en las cosas; al crecer en Armenia vio autos en las calles, los veía pasar, pero su velocidad era lenta. La velocidad de las cosas allá era siempre lenta, a diferencia de este país, donde todo pasaba rápidamente, siempre a las prisas, excepto por el tiempo que pasaría sin él, excepto por el tiempo que tomaría para que esas puertas de metal se abrieran de nuevo y pudieran reunirse de nuevo algún día. A penas unas horas atrás lo había visto caminar por el pasillo estrecho, la línea amarilla sobre el suelo de decía que había ido tan lejos como le era permitido; al llegar al final del corredor de ladrillos Roger volteó, todavía usando su ropa de civil, con su anillo todavía en su dedo anular, que representaba la unión entre los dos, y le dijo adiós. El ruido de la puerta hizo eco en las paredes, los motores comenzaron a zumbar y la puerta grande de metal se cerró, él se había ido.

*"Para bien y para mal, en la salud y en la enfermedad."* –recordó.

Ella estaba sola, había vida nueva dentro de ella formándose, una vida que Dios estaba entretejiendo; podía regresar a Armenia, allí tenía familia, gente que la podía ayudar a educar a sus hijos, quienes hablaban su mismo idioma. Allá no estaría sola, no sentiría tanto miedo.

*"Hasta que la muerte nos separe"* –pensó

Había hecho un juramento, el juramento era con Dios; aun con el miedo que sentía, con la incertidumbre, confiaría en Dios, simplemente confiaría en Dios. Podía decirle a Dios cuánto confiaba en Él, pero se lo iba a demostrar cumpliendo su juramento.

–Hrach –dijo en voz fuerte–. Hrach, te amo.

Detrás de él se cerró otra puerta, el silbido del sello de la puerta hizo eco en el corredor, al cerrarse la puerta el ruido de los candados de la celda hizo un ruido fuerte; miró los papeles de admisión en sus manos temblorosas, ya no era Roger Munchian o Hrach Munchian, o "Roger Rabbit", ahora era el preso "175948", sexo masculino, estatura: 1.67 metros, peso: 79 kilogramos. origen étnico: otro.

Había tomado casi la mitad del día para que lo admitieran, hubo varias personas que fueron a testificar a su favor el día de su sentencia; el Juez Wilson había también recibido varias cartas que constataban la nueva vida de Roger, una vida comprometida con Dios, evidencia de un compromiso nuevo de vivir su vida como un miembro productivo de la sociedad y como hombre de familia.

–Antes de que lo sentencie Señor Munchian –dijo el juez cuando llegó el momento de tomar la decisión–. Quiero preguntarle si comprende que al traficar drogas y facilitar las substancias en las calles es usted culpable de envenenar mentes jóvenes.

–Sí, su Señoría, lo sé.

–Porque no es realmente la distribución de drogas de lo que se le acusa aquí, Señor Munchian, si la ley me permitiera encontrar a sus víctimas, las mentes que ha destruido, los futuros que ha arruinado, la juventud que usted ha robado, lo enviaría a la prisión con varias sentencias de vida.

–Sí, Su Señoría, lo entiendo.

–Sin embargo, esta corte escuchó los testimonios dados el día de hoy –El Juez Wilson hablaba de sí mismo en tercera persona ahora, despersonalizándose; así lo hacían los jueces antes de dar una sentencia seria. Roger no entendía a dónde iba el Juez con todo esto, había firmado para acordar el ir a prisión por siete años, pero los jueces podían negar un acuerdo. Roger se preparó para lo peor–. Esta corte lo ha observado y ha escuchado el testimonio dado, hay fuerza y sinceridad en usted que no puede negarse. Señor Munchian, era la intención de la corte el desechar este acuerdo y otorgarle el máximo castigo posible por este crimen; sin embargo, en un momento inusual de reconsideración, la corte ha decidido desechar el acuerdo y reducir la sentencia de siete a dos años y medio en el Departamento de Correccionales de Arizona, dándole un crédito pre-sentencia de veintiún días. La sentencia comenzará inmediatamente el 11 de abril, de 2003.

Después de que el Juez golpeó el mazo en el bloque de madera, pasaron a Roger a una ante sala; sentado, esperando a que vinieran a esposarlo y que lo subieran al camión, no podía comprender lo que acababa de ocurrir, el Juez había rechazado su acuerdo y había reducido su sentencia.

La puerta se abrió y entró un oficial, le entregó un montón de papeles agarrados por un clip y le informó a Roger que podía irse; los papeles eran instrucciones para su rendición. Su petición para darle un plazo de dos semanas para poner sus asuntos en orden fue otorgada, los papeles le señalaban que debía presentarse en la Prisión del Estado de Alhambra el 25 de abril y rendirse ante las autoridades estatales.

Generalmente las cosas no funcionaban así, lo normal es que hubiese ido directo de la Corte a ponerse el overol naranja; el hecho de que lo sentenciaran y le dieran dos semanas para arreglar sus asuntos, dos semanas extra con su esposa y familia, no era algo que sucedía normalmente.

– *"Confía en mi Roger, estoy en cada detalle de tu vida"*

Las siguientes dos semanas se fueron rápidamente, tuvo que asegurarse que Sirarpi fuera capaz de obtener su licencia de manejar, le enseñó el negocio y arregló todos sus asuntos económicos. Sirarpi se encargaría del negocio por los siguientes dos años y medio, pero Manny la ayudaría.

Alzó la mano para despedirse de ella, la puerta se cerró y ella desapareció, él se quedó allí parado, viendo el largo corredor ante él, sintiéndose muy solo, pero sabiendo que no lo estaba, una paz descendió sobre él, una paz que sobrepasaba todo entendimiento.

– *"Estoy aquí contigo Roger. No estarás solo"*

Se percató del domo traslúcido en el techo que le decía que alguien lo cuidaba, tenía que seguir adelante. El corredor por el que caminaba para procesar los papeles sería los últimos trece metros que caminaría en sus propios zapatos por un largo tiempo.

Después de intercambiar su ropa de calle por el overol naranja, le entregaron un documento con su número de celda, a su alrededor había como veinte presos procesando documentos. Se les indicó que se formaran en hilera frente a una puerta de metal la cual después de un ruido metálico fuerte comenzó a abrirse, haciendo eco a través del cuarto; se les dirigió en fila india a las entrañas de la prisión, las puertas de la sección de celdas donde residirían se cerraron con fuerza, el lugar se quedó en silencio total, como una biblioteca, una vez que cesó el eco de la puerta final. Encontró la celda con los números que coincidían con los del papel en su mano, la puerta se abrió y el hedor de sudor de días y olor de desagüe lo invadió.

–Adentro "175948".

Roger dio un paso atravesando el umbral de la puerta y la celda se cerró, encerrándolo en el cuarto del tamaño de un closet donde otros dos presos dormían en la litera, sin percatarse de que tenían un compañero de celda nuevo. Uno era un hombre delgado negro, tan delgado como los barandales de la litera, sus ronquidos silbaban a través de su labio leporino, la peste fresca del olor a calle salía por sus poros; Roger se puso cómodo en el colchón del ancho de una oblea que era un lujo de un Rey comparado con la alcantarilla de desagüe donde había dormido la noche anterior, el otro tipo era un pedazo de res que estaba envuelto en la única sábana en la celda, su figura colosal hacía que los resortes de la litera se estiraran al límite.

No tenía idea de qué hora era, tan solo sabía que el tiempo para procesar su entrada había sido eterno y estaba agotado; no había ventanas para ver hacia afuera, no podía ver el anochecer, el descender de la luna a la medianoche, todo lo que sabía era que era tarde. Silenciosamente se metió a la única cama que estaba vacía en la celda tratando de no molestar a sus compañeros y se quedó dormido rápidamente.

Sintiendo que alguien lo vigilaba, los ojos puestos en él de alguien que venía de un mundo denso, obscuro e intenso, lo despertaron. El hombre inmenso que había estado cubierto con la sábana la noche anterior y tronando los resortes de la cama con cada respiro estaba sentado, sin camisa, en la orilla de la cama; era un Chicano con pecho de toro, su cuerpo era un lienzo panorámico de tatuajes representando cada símbolo del reino de Satanás: en su frente se expandía el número "666" y a cada lado de su cabeza rapada había tatuajes de cuernos con imágenes de sangre derramada, arriba de su cabeza se encontraba una interpretación de Satanás con lengua de víbora. En el centro de su pecho de forma de barril, había un hexagrama rodeado de ángeles caídos con alas puntiagudas que servían a Satanás, sus colas en forma de tridente se extendían hasta sus hombros gruesos y seguían hasta su espalda. En cada antebrazo de músculos definidos llevaba el tatuaje de una cruz de cabeza que hacía burla de la crucifixión de Jesucristo y tenía el símbolo de las suásticas en cada nudillo calloso de sus manos; al ver sus ojos negros podías ver un abismo frío donde muy dentro de su alma batallaba eternamente con ataduras de odio.

El tipo inmenso sonrió, revelando los dientes caninos que habían sido adelgazados a propósito como colmillos filosos; sus fosas nasales se abrieron mientras aspiraba fuertemente como un animal que huele a su presa, solo que este animal no iba a devorar carne, sus instintos buscaban al Cordero de Dios. Habló entonces, usó un lenguaje que Roger nunca antes había escuchado, pero su espíritu lo reconoció como un lenguaje gutural, del mundo de ultratumba, que conllevaba una autoridad diabólica y ésta penetró su alma como hielo atravesando su corazón.

–Eres Cristiano -dijo después en un lenguaje que Roger pudo comprender.

–Sí, lo soy – Roger se recargó en su codo.

–San Pablo escribió la mayoría del Nuevo Testamento en prisión, ¿no fue así?

–Fue por eso que estuvo en prisión.

–Arresto domiciliario, estos romanos, que mequetrefes.

–Entonces conoces la Biblia, ¿sabes si puedo obtener una aquí? Dejó salir una carcajada.

–¿Aquí?, no hay forma cristiano, ¿para qué quieres una biblia?, la Biblia es simplemente un montón de mentiras, escrita por judíos que quieren apoderarse del mundo, así lo querían entonces y así lo quieren hoy.

–Sabes, San Pablo no solo estaba en arresto domiciliario, parte del tiempo que pasó en prisión fue en un calabozo; también lo golpearon y lo dejaron abandonado, dándolo por muerto.

–¿Es esta la primera vez que estás aquí?

–De algún modo sí.

Sus ojos se fijaron en él, Roger sintió la presencia fría y obscura de un espíritu malo dentro de él.

–Tienes facha de que solo has estado encerrado en el condado. Sí, esta es tu primera vez en el jardín de los adultos, ¿crees tú que tu

Dios te siguió hasta aquí?

*"Nunca te dejaré, nunca te desampararé"*

– Él estará conmigo a donde yo vaya.

–Si tú fueras Dios, ¿estarías donde hay tanta peste como aquí?

–Creo yo que este lugar es precisamente donde Dios quiere estar, donde están los perdidos.

–"Estaba perdido y ahora he sido hallado", sentado en un hoyo de desagüe de alambre de púas, gracia divina, ¿no?; muy bien, pues déjame decirte cómo funcionan las cosas aquí. Acostúmbrate a este hoyo, acostúmbrate al olor a orina, excremento y el hedor del sudor de cada raza que Dios creó, los simios aquí son los más rancios. Estarás en este hoyo las veinticuatro horas del día, cada tercer día nos dan dos horas para salir al patio, solo eso; al amanecer puedes bañarte, nos amontonan como a veinte en el baño, en fila india, culo contra nalga así es que acostúmbrate cristiano, y esperemos que no te toque en fila adelante de alguien a quien le guste. Vas a estar bañándote y durmiendo en tu celda con todo tipo de individuos, aquí todavía no nos clasifican así es que no hay secciones especiales para los homicidas, para los chomos (pedófilos) o los pervertidos; encuerados o con el overol naranja todos somos iguales, pero no puedes ponerle una máscara al alma.

–Almas perdidas, solo Cristo puede rescatar a las almas perdidas.

El tipo inmenso sonrió con una sonrisa que dejaba ver sus colmillos.

–Las cosas son diferentes aquí cristiano, acostúmbrate… si sobrevives a esto el tiempo suficiente. La gente mirará cómo vives tu vida, di lo que quieras decir, pero cómo vivas tu vida va a determinar si sales de aquí en una pieza o en pedazos. –levantó su almohada, dejándole ver un cuchillo hecho a mano, toscamente hecho con un enlace de cadena de la reja del patio y el mango formado con estambre de una sábana de cama–. Espero que vivas tus creencias de manera sólida cristiano –entonces dejó la almohada caer.

Roger usó el tiempo de aislamiento en la celda para hablar con Dios, pero extrañaba la palabra de Dios, había pasado más de una semana y Roger no había tenido noticias de si lo iban a clasificar o dónde lo iban a mandar; tenía ganas de salir al patio, extrañaba la voz de Sirarpi, extrañaba leer la palabra de Dios.

Después de dormir en las mismas sábanas sudadas y llenas de manchas por casi dos semanas, finalmente le dieron sábanas limpias; al quitar las sábanas sucias, unos papeles que habían sido escondidos entre el colchón de oblea y la plancha de cemento cayeron al suelo, su corazón se regocijó cuando los levantó, eran hojas arrancadas de una biblia, cuatro páginas, dos del libro de Ezequiel y dos de Salmos. El primer pasaje de la palabra de Dios que había leído después de más de una semana le levantó el ánimo.

Ezequiel 34:16 "Buscaré a las ovejas perdidas, recogeré a las extraviadas, vendaré a las heridas y fortaleceré a las débiles, pero exterminaré a las ovejas gordas y robustas. Yo las pastorearé con justicia"

Se sentó en su cama y se puso a leer la palabra de Dios, su mente devoraba cada versículo del mismo modo que un náufrago devoraba su primer alimento en una isla desierta.

Una semana después, a las cinco treinta de la mañana, su celda se abrió, las llaves del oficial de la correccional tintineaban contra su cadera mientras su figura corpulenta llenaba el marco de la puerta.

–Para afuera "175948"!

Le entregó su clasificación y le informó cuál sería su dirección nueva: La Prisión del Estado de Arizona en Lewis, Edificio 5, pabellón E, cama 5. Sintió alivio al ver su clasificación: 3-3, en seguridad media, nivel tres, tan solo a un pelo de haber sido encerrado con homicidas y los que sirven vida en prisión en el nivel 4 de máxima seguridad.

*"Confía en mi Roger, no te angusties, estoy contigo"*

# CAPÍTULO XXXIV

**Prisión del Estado de Arizona en Lewis**
**Patio Stiner**
**Buckeye, Arizona**
**4:43 P.M.**
. . . . . . . . . . . . . . . . . . . . . . . . . . . . . . . . . . . . . . . . . .

Al pasar el camión por las puertas de la prisión, podía ver a través de los orificios pequeños de la malla metálica que a penas y ventilaba el camión de la prisión caliente por el sol, cómo se deslizaba el alambre ondeado de púas de las rejas de la cárcel. A través de la ventana de vidrio grueso de la puerta de metal que separaba a los presos de la cabina con aire acondicionado del chofer, dentro del mismo camión, podía ver la figura gruesa del chofer uniformado manejando el camión, la lonja de su espalda gelatinosa estaba empapada de sudor a pesar del flujo de aire que salía de las ventilas abiertas del aire acondicionado. En la cabina junto al chofer estaba un policía toro con pecho de barril, sentado en el asiento plegable atornillado a la mampara, armado con un rifle en su regazo y un cigarro prendido que colgaba de sus labios. En la parte trasera Roger estaba sentado, amarrado a un asiento de metal caliente, con una cadena que lo unía a su compañero de asiento; no había aire acondicionado y el sol de Arizona había calentado el tubo metálico del pasamanos a una temperatura de cuarenta y ocho grados centígrados. El aire caliente del desierto soplaba a través de las rendijas de la ventana como el aliento de sulfuro de un dragón.

Cuando los frenos rechinaron para detener el camión, Roger y su compañero de asiento salieron disparados hacia adelante contra la barra de metal. El olor del diésel del tubo de escape se mezcló con la peste de sudor mientras el chofer estacionó el camión. El oficial armado se levantó y abrió la puerta con la llave, tiró su cigarrillo al suelo y lo apachurró con su bota.

–¡Bienvenidas a la prisión Lewis, muchachas!, al patio Stiner; echen un buen vistazo a su alrededor antes de que entren. Para la mayoría de ustedes ésta va a ser la última vista del mundo allá fuera por un buen rato.

Roger frunció el ceño por la luz del sol que lo iluminó al salir de la sala de proceso y comenzó a empujar su carretilla de utilería por el patio cercado, en el que llevaba su colchón y su uniforme naranja. La puerta hacia el edificio 5 se abrió, al cruzar el umbral de la puerta la carretilla brincó, al ver hacia abajo vio qué era lo que detenía la puerta, manteniendo la puerta de hierro abierta, era una biblia.

Roger se inclinó y la jaló para liberarla, asiéndola contra su pecho mientras que las bisagras de la puerta gruesa hacían que la puerta se cerrara, silenciando el grito del preso que venía atrás de él. Al apretar la Palabra de Dios contra su pecho sintió libertad que ningunas esposas o puertas de metal podían silenciar.

*"Estoy contigo, Roger. No temas"*

La puerta al Corredor E se abrió al empujar su carretilla por el piso de la sala semicircular; a la mitad del cuarto vio la silueta de un guardia del cuartel. El edificio 5 consistía de seis corredores, a los que le llamaban "pabellones" en el condado, e iban de la A a la F. Un vidrio grueso convertía cada corredor en una pecera de acuario, cada uno adornado con pirañas naranjas con escamas musculosas pintadas de arte de cárcel, se desplazaban en bancos mortales de peces, tras su presa. El ruido metálico y la puerta de la celda abriéndose para dejar entrar a un pez fresco era como el sonido de una campana para la cena.

Al entrar el hedor de testosterona pura abundaba en el aire y podías oler la tensión territorial de manera acentuada. Dejó su carrito afuera, y escuchó la puerta cerrarse mientras caminaba por el pasillo de literas, con el colchón colgado sobre su hombro, botas y ropa bajo el brazo. Sintió los tentáculos de algo que había salido de una abertura del colchón y gateó a su frente, pero no se atrevió a parpadear, pues podía sentir los ojos de los predadores hambrientos midiéndolo, tenían hambre y ya había pasado la hora de la cena.

Desempacó y se acomodó en su nuevo hogar en unos cuantos minutos. Se estaba estirando en su litera sin esperar el sonido del timbre de la puerta cuando unos vecinos se detuvieron a darle la bienvenida al vecindario. Abrió la biblia deshilachada y comenzó a leerla hasta que el cansancio del viaje lo hizo presa y se quedó dormido.

Brincó cuando escuchó los resortes de su litera rechinar y sintió que la cama se movía, un muchacho hispano flaco se sentó en la esquina de la cama, con sonrisa que mostraba sus dientes amarillos y con una barba de candado grasosa puntiaguda.

–Me llamo "Gordo" –le dijo, estirando su mano huesuda; su mano fría sostuvo la de Roger sin apretarla mucho.

–Roger.

–Yo manejo a los Chicanos.

Sin preguntar, Roger ya sabía cuál era el rol de Gordo, los llamaban torpedos, eran seleccionados de los ganados jóvenes, muchachos jóvenes que morían de miedo. El sistema los movía de la caja de arena para delincuentes juveniles al patio de hombres; hacían lo que fuera para sentirse a salvo y eso era lo que los líderes de cada raza les pedían que hicieran, lo que fuera, llevar drogas de un lugar a otro, delatar a un soplón, identificar a un "fresita" (preso que se prostituye) para un amigo preso que le urgía tener sexo, o meterle un cuchillo hecho a mano a otro preso, atravesando el riñón.

Su tarea del día era el medir al tipo nuevo, para ver si podían agregarlo al grupo de Chicanos.

–¿Qué hora es? -le preguntó Roger.

–La hora aquí no importa –se agachó y agarró una bolsa pequeña tipo saco de entre sus pies–. Traigo aquí algunas cosas que pensamos puedes necesitar.

–¿Pensamos?

–Mis amigos, los chicanos, hombre. Pensamos que igual y te quieres unir con nosotros, sabes –de la bolsa sacó un jabón color hueso–. El jabón que ponen en las regaderas disuelve la piel, apreciarás este. Traigo también champú Pert, es bueno pues el que ponen en las regaderas te pudre la cabeza; traje algunas botanas de la comisaría, hay algunas revistas también, pero veo que ya traes algo que leer, eso no sucede a menudo, y traigo un sobre con un timbre pues todos quieren escribirle a alguien enseguida. Toma tiempo el que te pongan dinero en tu cuenta, sabes; puedes enviar algo en el próximo envió de correo si quieres.

Metió todo de vuelta en la bolsa y se lo ofreció a Roger.

–Gracias.

–¿Que estás leyendo hombre?

–La Biblia.

Asintió con la cabeza, con la mirada en blanco, tratando de recordar todo lo que le habían dicho que preguntara; estaba visiblemente preocupado de hacer la siguiente pregunta, pero prosiguió.

–Y, ¿cuál es tu historia?; sabes, tú me cuentas y yo lo reporto exactamente como es. Si no quieres compartir tu historia, entonces terminaras hablando con los peces gordos de cualquier forma porque van a pedir ver tus documentos y entonces no podemos garantizar tu seguridad ni te ayudaremos.

Roger había estado preparado para esta situación, sacó sus papeles legales y se los dio a Gordo.

Gordo los revisó, su falta de educación era evidente al ver los documentos sin poder comprenderlos, tratando de entender lo que podía.

–Mariguana, ¿eh?, ¿dos años en el patio?  Hombre, que no te agarren haciendo eso aquí adentro; el promedio son quince años.

–Simplemente voy a servir el tiempo que me dieron y salir, eso es todo.

–Muy bien, entonces te unes a nosotros, comemos a los veinte minutos. El desayuno es a las 7 AM, nosotros vamos al desayuno a las 7:20 AM., el almuerzo es a las 12 PM, nosotros vamos a las 12:20 PM, ¿entiendes?, te presentas tengas hambre o no. Para el recreo, vas a la jungla con nosotros te guste o no, ¿puedes hacerlo?

–No tengo otros planes en mi agenda social.

–La sopa se sirve en veinte minutos, ¿querías saber la hora no?, en veinte minutos se sirve la sopa –sonrió Gordo.

Casi un mes había pasado y Roger se había acoplado a la rutina. Esa mañana, como cada mañana, se despertó antes que todos los demás presos en su sección, estaba sentado leyendo su biblia en una de las bancas de metal en una mesa del cuarto de recreo. Las primeras tres semanas usó la Biblia deshilachada que había servido para detener la puerta hasta que le llegó un paquete de Sirarpi, le había enviado una Biblia de estudio nueva, traducción Nueva Versión Internacional (NVI), la explicación de cada versículo y citas bibliográficas eran ambas instrumentales para enseñarle cómo aplicar la palabra de Dios en su vida.

Leyó Juan 14:26 "Pero el Consolador, el Espíritu Santo, a quien el Padre enviará en mi nombre, les enseñará todas las cosas y les hará recordar todo lo que les he dicho". Roger tomó la escritura literalmente y oró a su Padre Celestial para que usara la biblia para enseñarle la verdad de Su palabra. Percatándose de que hay tantas denominaciones con perspectivas diferentes que no son esenciales entre cristianos, Roger no quería basarse en opinión humana de lo que aprendía. El creía que el Espíritu Santo le traduciría la verdad de Dios y pidió con intención pura conocer a Dios y Su camino como nunca antes.

Durante el recreo era obligatorio juntarse con los chicanos cuando se congregaban en la mesa de almuerzo y en el patio de recreo para mostrar su fuerza en número. Todo se resumía a números; para el Estados era un número: Preso "175948", su lugar de residencia era un número: Edificio 5, su cuarto era un número: Corredor E, Cama 6. Pero para Dios él no era un número. Salmo 139: 17-18 prometía: "¡Cuán preciosos, oh Dios, me son tus pensamientos! ¡Cuán inmensa es la suma de ellos! Si me propusiera contarlos, sumarían más que los granos de arena"

Su "raza" pensaba en él cuando necesitaban mostrar su fuerza en números, Dios pensaba en él sin cesar, incondicionalmente. Si trataba de contar la cantidad de pensamientos que Dios tenía al día acerca de él, sería mejor contar los granos de arena de la Tierra.

Esa mañana Roger iba a descubrir que su "raza" pensaba en él cuando tenían otras necesidades; Gordo de repente apareció, sentándose frente a él.

–Jorge quiere verse contigo en el baño en una hora.

Roger volteó tratando de descubrir qué le había hecho a Jorge; el reunirse en el baño era una invitación a pelear o a ser golpeado pues no había cámaras en el baño. Había visto qué tan feas se podían poner las cosas cuando salías del rango de vista de una cámara: golpizas casi a morir, ahogamientos casi mortales en el agua de un escusado sucio.

–No es para eso, Jorge no tiene bronca contigo. Su área va a ser revisada por policías toros y está esperando a que lleguen; te va a pasar algunas cosas, escóndelas bien, lo más seguro es que a ti no te revisen. Si te revisan y lo encuentran, entonces no sabes de dónde salió, ¿entiendes?

Roger estaba enfadado, este muchacho joven lo veía para abajo, como si fuera menos que él.

–He traficado un montón de drogas en mi vida pasada. No gracias.

La cara de Gordo registró asombro, sin poder comprender el desafío.

–Nadie te está pidiendo un favor, tienes que hacerlo.

–¿Quién lo ordenó?

–Mira, esta orden viene de "Two-Pack".

"Two-Pack" García era un líder chicano del Edificio 5. La forma en que funcionaba la jerarquía era que cada corredor de la prisión tenía un líder que le reportaba al líder del patio. El líder del patio le reportaba al líder del edificio. El líder del edificio estaba más cerca de la cima, y le reportaba al líder del complejo, "Two-Pack" era como el presidente de la Compañía que le reportaba a la mesa directiva.

–Todo el patio está siendo revisado, hombre, no solo nuestra cuna; si te rehúsas estás rehusando órdenes directas de "Two-Pack".

–Quieres que guarde la bolsa de Jorge, está bien, jugaré el juego pero no la esconderé; me descubrirán, me reprimirán por eso y me mandarán al almacén frio por un rato. Nunca he acusado a nadie en mi vida, mi palabra es y siempre ha sido mi fianza, pero va a salir a la luz de todas formas, Jorge va a perder su bolsa, quizás quiera pensarlo mejor a quién quiere de mula.

Roger puso su atención de nuevo en su biblia, claramente terminando la conversación.

Gordo se sentó, tratando de entender las cosas.

–Estás loco, hombre.

–Mi apodo solía ser "Insane" (Loco)

Gordo se sentó por un minuto sin saber qué hacer.

–Predicador loco –giró en el asiento y se fue.

El baño estaba vacío cuando entró Roger para su junta con Jorge, obviamente que Jorge había escogido a otra mula para esconder sus pertenencias. No estaba seguro qué pensar, pero estaba seguro que esto no había sido el final de la discusión.

Después de la junta en el patio para demostrar quién era más fuerte en números Roger se ponía a trotar por la pista para correr, trotar le permitía estar solo con sus pensamientos mientras experimentaba la libertad de movimiento dentro de los confines enjaulados del patio. Después del primer mes corría ya cinco kilómetros y había bajado al peso de sus días de futbol de la Preparatoria. Antes de entrar a la pista, escogía un versículo de la Biblia y meditaba en él sin parar, cada vuelta; la paz del Espíritu Santo lo envolvía como nunca antes y para el tercer mes había llegado a correr ocho kilómetros diarios.

Generalmente estaba solo en la pista para correr, pero ese día sintió la presencia de alguien más; mientras corría, escuchó el golpeteo de pies pisando la grava detrás de él, acercándosele. Continúo corriendo consistentemente hasta terminar el primer tramo, quedando entonces el sol detrás de él y revelando la sombra de no solo uno sino dos perseguidores que se le acercaban; habían pasado dos meses desde que hacía rehusado ser la mula de Jorge y éste no perdió sus pertenencias, pero Roger seguía esperando que pusieran su nombre en la lista.

Apresuró el paso sin ver hacia atrás pero se le acercaron rápidamente, cuando estaba por cortar camino y salirse de la pista, se le pusieron al lado, uno a cada lado, los dos sin aliento y molestos, ninguno estaba en condición física adecuada para el trabajo brutal que era correr en botas de trabajo.

–¿Quieres irte más despacio hermano?

Los dos eran de la raza chicana y de alto rango en la jerarquía de orden. "Cheeks" Sánchez y "Jefe" Torres eran del corredor A y siempre andaban con "Two-Pack". Roger se fue más despacio pero no dejó de correr.

–"Two-Pack" te ha estado vigilando por un mes, ¿entendido? –dijo Cheeks inhalando con trabajo–. "Two-Pack" está listo para tener una junta con el nuevo pez.

Roger siguió corriendo sin contestar.

–Quiere conocer al Predicador –dijo Jefe.

Roger se detuvo, y tanto Jefe como Cheeks se agacharon exhaustos, con las manos en las rodillas, tosiendo y tratando de jalar aire.

–¿Predicador?

–Sí, sí –dijo "Jefe" –. Así te llama: El Predicador. Si "Two-Pack" te pone un apodo se queda contigo; te lo quedas, no tienes opción, no, no.

–Como que me gusta.

–Qué bueno –dijo Cheeks –. Porque ahora es tu nombre. Estás invitado a la mesa ejecutiva esta noche Predicador, no necesitas reservación; ahí te vemos.

Su cara guapa estaba quemada por el viento, como si hubiese sido cincelada y se veía saludable, su color de piel café era más bien gris por el aire de la prisión después de que le habían dado cadena perpetua. "Two-Pack" García podría haber sido una estrella latina de cine de no haber escogido un camino diferente pero meterse en pandillas lo había llevado a las drogas, las drogas a homicidio y el homicidio a cadena perpetua. "Two-Pack" obtuvo su apodo en las calles por su reputación de cargar siempre dos balas, solo necesitando una, y usando solo una, una pistola, una bala. Había acabado, según los rumores, con once tipos hasta que jaló el gatillo contra el hijo de un policía, lo cual trajo el peso de la ley sobre él de manera pesada; había pasado la mayoría de los últimos veinte años en máxima seguridad. Era un preso de condena perpetua en un patio de seguridad media, tenía dos horas al día afuera y veintidós encerrado; eso era a lo más que podía aspirar el resto de su vida.

De las mangas naranjas enrolladas en sus bíceps salían brazos musculosos, gruesos y definidos, que se asemejaban a una cuerda gruesa; sus nudillos estaban llenos de callos y estaban apachurrando el filtro del cigarrillo prendido entre sus dedos.

–Ya te mandé investigar y tus papeles se ven limpios, Predicador –dijo mientras aspiraba el cigarrillo profundamente–. No eres un soplón, por lo menos no lo veo o huelo; tenías relación con unos narcotraficantes serios, pero has estado fuera de comisión por un rato, por lo que leo, tratando de caminar derecho. Sin embargo ir derecho no funciona para tipos como nosotros, ¿o qué Predicador?, el pasado nos alcanza, ¿o no?

–Cometí errores y ahora estoy pagando por ellos.

"Two-pack" arrojo la ceniza de su cigarrillo en la tasa de café que usaba como cenicero, miró a Roger por un largo rato a través de sus ojos de piedra, los cuales podrían haber sido extraídos de una gárgola.

–¿Qué deuda tienes allá afuera?

–¿Qué te hace pensar que todavía estoy preocupado y viendo tras mi hombro?

–Se te dio una orden y nos insultaste Predicador, necesito saber por qué lo hiciste, toma muchos cojones el hacer algo así. Me hace pensar que estoy lidiando con alguien a quien no le da miedo ser aplastado en este lugar; si alguien que llega aquí con apoyo viene a morder al viejo "Two-Pack" y a sus amigos entonces tratamos de enseñarle disciplina.

–"Como vuelve el perro a su vómito, así el necio insiste en su necedad"

–¿Qué dijiste?

–Es un Proverbio.

–¿Qué quiere decir?

–Significa que no me meto con drogas, me mantengo alejado de ellas, y si eso significa que me aplasten pues entonces que me aplasten. Solo tengo al Señor en quien apoyarme, eso es todo.

"Two-Pack" aplastó su cigarrillo en la palma de su mano y tiro la colilla en la taza de café; su charola con comida estaba a la mitad de la mesa y arrimada a un lado.

–He estado en esta prisión casi veinte años Predicador, veo muchos de tu tipo pasar por aquí. Encuentran a Dios al entrar, oran antes de irse a dormir por la noche, oraciones de cárcel; pero una cosa es hablar de Dios aquí Predicador, y otra cosa es vivir lo que predicas. Veo a los predicadores de la prisión derretirse en el fango que los rodea. Estas rejas grises matan el alma de un hombre, la enfrían profundamente hasta que se hace tan fría como las paredes de concreto. Sí, todavía hablan de Dios, pero luego los ves inyectarse las venas en el baño, tomando licor bajo el asiento del escusado o metiéndose con un "fresita" en la lavandería.

Agarró otro cigarrillo en su mano y metió la punta de éste en un cerillo que había prendido al rasgarlo con su uña estriada.

–Demonios, mira la mitad de los tipos a los que silencio en este lugar eran predicadores de prisión que se encontraron en situación de empeño por causa de los hoyos que cavaron ellos mismos para mantener sus hábitos.

–Y, ¿por qué compartes esto conmigo?, ¿por qué me señalas?

–Te he estado viendo Predicador, muy de cerca. No hay mucho en que equivocarse Predicador, pero me ha impresionado bastante lo que he visto. Si en algún momento pasara por aquí alguien auténtico, serías tú; por eso decidí sobrepasar el asunto de Jorge, pero si das un paso equivocado Predicador, voy a tener que reevaluar las cosas, ¿nos entendemos?

–Creo que sí.

"Two-Pack" se inclinó hacia adelante, recargando sus codos sobre la mesa, acercándose a Roger y bajando la voz.

–Muy bien, aquí viene el siguiente favor que te voy a hacer, va a ver un encuentro aquí a la hora de la sopa, mañana por la noche; la tensión está aumentando entre los blancos basura y los negros por una deuda de apuesta. No es nuestro pleito, pero si esto explota la cafetería completa va a reventar; si no te unes en grupo con nosotros, los chicanos tendrán que aplastarte. Si esto explota sé que esto irá contra lo que predicas, te lo digo, mantente atrás de nosotros, mantente al margen, pero estate listo para actuar, tus hermanos necesitan tu apoyo; si te mantienes detrás nuestro estarás todavía apoyándonos, pero así tendrás menos riesgo de que te metan en la bronca, ¿lo entiendes?

–Sí, creo entender –"Two-Pack" se hizo para atrás y Roger leyó su cara–. Algo me dice que traes algo en mente.

–Sí, ustedes los que predican les gusta andar predicando a quien escuche. No tenemos problema mientras apoyes a tu "raza", y que no apoyes a los musulmanes, en especial a ellos.

Roger se vio tentado a discutir, hacerle saber que la palabra de Dios no conoce color y no está restringida por límites raciales, pero sabía que tenía un hilo delgado con el cual coser, tenía que manejar las cosas dentro de las políticas del sistema.

–Tendré cuidado –Roger se paró y comenzó a caminar.

–Eso esperemos, es algo inusual el tener un encuentro con "Two-Pack" del que salgas en una pieza; esperemos que no haya otro encuentro.

–Seguro no lo habrá.

La tensión era palpable la noche siguiente a la hora de la sopa. Los toros debieron haber deducido que algo iba a pasar, o escucharon rumores de que algo iba a suceder entre los blancos basura y los negros porque reforzaron la seguridad; Roger a penas y si toco su comida. Gordo de repente apareció junto a él, deslizando su charola con comida-basura en la mesa y dejándose caer en su asiento.

–Los peces gordos están todavía negociando, están moviendo a sus torpedos de una mesa a otra. Si no se arreglan en quince minutos el lugar va a explotar en pelea. Tenemos una apuesta que te incluye, sabes.

–No.

–La apuesta es para ver si te mantienes ajeno o te involucras; sabemos que "Two-Pack" te dijo que está bien si te mantienes ajeno, pero ya sabes, aquí las cosas vuelan, todos sienten la tentación de aplastar a un negro o dos, sabes.

–Y, ¿cómo apostaste?

–Aposté que te metes en la bronca.

–No escogiste con sabiduría.

–Yo creo que sí lo hice, tengo información que tú no tienes; "Two-Pack" también tenía esta información.

–Y, ¿cuál es?

Gordo apuntó a la mesa de los negros y el corazón de Roger se le hundió cuando reconoció a un chaparro al final de la mesa, el que tenía el sesgo chino en sus ojos: China Mike.

–Acaba de entrar, "Two-Pack" sabía desde hace unos días que llegaría al patio, ¿qué opinas ahora, eh? El lugar irrumpe en pelea, se desata el infierno, y tienes oportunidad, ¿no?, oportunidad de terminar con el tipo que testificó en tu contra, el tipo que ayudó a que te metieran aquí. Sí, todavía tienes el instinto homicida Predicador, sí, creo que aposté correctamente.

# CAPÍTULO XXXV

**Prisión del Estado de Arizona en Lewis**
**Patio Morey**
**Domingo, 30 de noviembre de 2003**
**5:25 P.M.**

. . . . . . . . . . . . . . . . . . . . . . . .

Ricky "The Rooster" (El Gallo) Wassenaar, prisionero número "16155", encerrado en máxima seguridad, sacudió los rizos de cabello color café de encima del mandil de plástico transparente que estaba puesto sobre su torso tatuado desnudo. El zumbido de la rasuradora cesó y sintió unos dedos con callos de "Bones White" (huesos blancos) sacudiendo los rizos recién cortados de su cuello.

–Te ves bien, hombre, "Rooster". ¡"The Rooster" se ve bien en la penitenciaria!

Se quitó el mandil, sacándoselo por la cabeza, se paró de la silla de plástico dura y se dirigió al baño; se vio en el espejo, su rostro cacarizo, su cara todavía con mucha barba que escondía la mayoría del acné que había sufrido años atrás, su cabello largo y salvaje había sido ahora rasurado tan corto como el de un ejecutivo con corbata de moño. No le gustaba como se veía pero era necesario y tenía que cambiar el aspecto de una vez; sabía que inicialmente el cambio de aspecto inexplicable de "The Rooster" Wassenaar haría que varias cejas se alzaran y quería asegurarse que toda sospecha se esfumaría para cuando terminara este trato.

Wassenaar llevaba siete años en prisión de una condena de veintiocho años por asaltar un club de striptease en Tucsón. El plan había salido mal a la mitad del atentado porque alguien activó la alarma silenciosa contra el crimen, llegó la policía y rodeó el lugar en diez minutos; Rooster salió derrapando de allí en su Pontiac GTO arreglado, apretando el gatillo contra los policías que lo seguían.

Lo último que recordaba antes de despertar con las esposas en sus muñecas, con la cara refregada por el asfalto, era como había dejado su auto irse contra la motocicleta de un policía que venía hacia él. Después de rehusarse a aceptar el abogado que le ofrecía la corte, decidió defenderse él solo en la Corte Superior del Condado Pinal y no le fue tan bien, el juez le dio máxima sentencia.

Mientras se afeitaba los pelos de la zona de la barba con un rastrillo, vio dos brazos musculosos con unos tatuajes verdes de la figura de una víbora abrir la llave del agua del lavabo junto al suyo; con las manos unidas en forma de tazón llenó sus manos con agua su compañero de celda: Stephen "Pony" Coy. Luego bajó la cara hacia el lavabo y echó el agua en su rostro y se llevó las manos mojadas hacia su cabeza rasurada.

–El Paquete llegó antes de lo previsto, Rooster –le dijo Pony, el ruido del agua del lavabo aseguraba que su mensaje solo fuera escuchado por él y Wassenaar–. Escusado número tres.

Wassenaar trató de controlar su enojo, pero acabó por dar un puñetazo en el lavabo, cerrando el flujo de agua y echando su rastrillo en el lavabo; se dirigió al escusado número tres y se sentó en el escusado de acero inoxidable y con una mano alcanzó atrás del dispensador de papel de baño y encontró las armas plantadas allí: dos navajas hechas a mano, una hecha de una pata de silla afilada, la otra hecha con una pieza de una cadena, ambos tenían mangos hechos de tiras de sábana, la tercer arma era una navaja de afeitar que había sido fundida a un mango de cepillo de dientes.

Las armas eran las que habían ordenado, pero habían llegado demasiado temprano, había soñado con escapar de la prisión desde que había llegado. El encontrar trabajo en la cocina cuatros años atrás le dio la oportunidad que había esperado, aprendió los procedimientos, los movimientos de los oficiales de custodia, de los prisioneros empleados allí y del personal civil. Sabía las debilidades de la operación de la cocina y el mejor momento para atacar, pero si descubrían las armas en alguna revisión no anunciada, todo tendría que posponerse por otros seis meses por lo menos.

Deslizó la navaja con el cepillo de dientes en una ranura del elástico de la cintura del pantalón y metió las navajas en el dobladillo de sus pantalones; cuando regresó al lavabo Pony seguía lavando sus manos.

–El pájaro tiene que volar –le dijo a "Pony", agarrando su rastrillo y prosiguiendo a rasurarse.

–¿Cuándo?

–Más pronto de lo que habíamos planeado.

## Buckeye, Arizona
## Sábado, 20 de diciembre de 2003

La reja, con el alambre de púas en la parte superior, y las torres de vigilancia color gris que se alzaban a lo alto de la correccional hacían que la vista majestuosa de los montes de Arizona en el horizonte se vieras feos. Desde el asiento trasero, se escuchó la voz emocionada de Andrew al reconocer hacia dónde iban.

–¡A la casa de papi, a la casa de papi!

La fe de un niño. Sí, la Prisión del Estado Lewis era la casa de papi, las compuertas selladas, los edificios sin color, la cerca amenazante, el uniforme naranja que robaba de toda identidad a los presos era motivo de celebración para un niño de dos años de edad; significaba tiempo con papi, una visita una vez a la semana con papi, usando su pijama naranja, siempre con su pijama naranja. La casa de papi era muy divertida.

Rachel, de un poco más de un mes, arrullada en su silla del carro, también parecía sentir emoción de estar pronto en los brazos de papi de nuevo. Sentada en el asiento trasero con ellos la mamá de Roger jugaba con sus nietos.

–¡Sí, papi!, vamos a ver a papi muy pronto –dijo la mamá de Roger con voz de felicidad mientras veía a Rachel.

Sirarpi anhelaba que esa fe inocente fuera contagiosa, pero al manejar sobre el monte hacia el oeste en la I-10, el complejo feo que se revelaba sobre el horizonte era simplemente un recordatorio del tiempo que le habían robado; se habían llevado a su marido, le habían quitado su identidad, le habían dado un número y lo habían encerrado, ¿cómo podrían pagarle por lo que había perdido?, ¿cómo podían pagarle por las noches sentados alrededor de la mesa sin él?, ¿o las noches sin él en su cama, junto a ella?, ¿o por la falta de su compañía?, ¿o por la seguridad de tener a su lado a un marido que temía a Dios?; era tiempo robado, tiempo que jamás regresaría.

Nunca se había sentido tan sola, aun en la iglesia, donde había anhelado encontrar apoyo y paz, se sentía como una extraña. Sí, cada domingo recibía la sonrisa de apoyo, le estrechaban la mano y le decían el obligatorio: "¿Cómo vas?" pero después se daban la vuelta, volviendo la mirada al libro de himnos, olvidándola al igual que a Roger hasta el siguiente domingo.

Quizás no sabían cómo tratar a la esposa de un criminal, quizás la mancha que dejaba su encarcelamiento les era conveniente para encerar al villano, haciéndolo avergonzarse dentro de una comunidad encerrada por un alambre de púas, lanzándolo por la borda como lo hacían con los leprosos de antaño; de la forma que fuera, una vez que el órgano empezaba a tocar y los aleluyas se alzaban en unísono, Sirarpi se sentaba en la banca rodeada del "Cuerpo de Cristo", sintiéndose abandonada y sola.

El día de visita era los sábados, ella esperaba con impaciencia las visitas no solo porque era momento de pasar tiempo con su esposo sino también porque era momento para beber del gozo y la paz que se habían hecho dueños de su esposo con una reverencia inexplicable. Él tenía una luz en su cara, una paz que salía de una intimidad que había descubierto al usar su tiempo en prisión para acercarse a Dios.

Santiago 4:8 dice: "¡Acérquense a Dios y Él se acercará a ustedes! ¡Pecadores, límpiense las manos!   ¡Ustedes los inconstantes, purifiquen su corazón!"

Cada semana, al terminar la visita miraba a Roger, diciéndole adiós antes de que la puerta de fierro se cerrara. Aunque sus adioses estaban llenos de lágrimas, Roger siempre regresaba a su celda con una mirada de paz, como si tuviera un encuentro con alguien, un amor a quien ver; y así era, regresaba adentro de su celda para pasar innumerables horas solo, con Dios.

Sirarpi finalmente se dio cuenta que, aunque ella no estaba físicamente detrás de las rejas, ella era la que estaba encadenada, había permitido que sus circunstancias imposibles la inmovilizaran de manera más firme que lo que podían lograr las paredes de la prisión Lewis. Su batalla interna estaba en tratar de comprender el por qué, ¿cómo podía haber sucedido esto?, pero Roger le dijo que meditara en Isaías 55:8: "Porque mis pensamientos no son los de ustedes, ni sus caminos son los míos –afirma el Señor–. "

–¿Qué significa eso Hrach? –le preguntó.

–Significa que dejes a Dios ser Dios.

Dios le había quitado todo en lo que ella había dependido para que aprendiera a confiar y depender solo de Él. Isaías 55:8 lo decía claramente, Dios decía: "No me preguntes por qué, no me preguntes qué, solo confía en mi". Sirarpi decidió preguntarle a Dios "¿Qué?" y no "¿por qué?", ansiosamente anticipando su respuesta, confiando en su promesa en Jeremías 33:3: "Clama a mí y te responderé, y te daré a conocer cosas grandes y ocultas que tú no sabes"

Decidió soltar lo que le preocupaba y dejar que Dios fuera Dios y su fe se volvió maravillosamente fuerte.

La pelea tan esperada a la hora de la sopa entre los "blancos basura" y los negros nunca ocurrió, pero Roger sabía que "Two-Pack" lo seguía vigilando, esperando ver su reacción ante la llegada de China Mike al patio. En el mundo de "Two-Pack" si un tipo ayudaba a que te encerraran, tu tenías que terminar con él, en sus ojos Roger había perdido su oportunidad con el pase que le había dado, con la confusión en el comedor que le habría permitido terminar con ese narco dentro de todo el caos, pero Roger sabía bien que no iba a cruzar la línea de la venganza, la línea que iba a cruzar era la de la carrera, en vez de dar un puñetazo en son de venganza iba a tocar a otros con la palabra de Dios.

Su primer encuentro con China Mike ocurrió dos días después, a la hora del recreo; China Mike estaba solo, extrañamente estaba aislado, sentado en la única mesa de picnic que obstruía la vista de la torre, lo cual hizo que Roger se preguntara si esto no había sido arreglado por alguien. Quizás "Two-Pack" había aprovechado sus contactos y había hecho que el tipo estuviera solo, para ver que hacía el Predicador; Roger caminó por la cuerda floja hacia China Mike, alerta de los ojos que lo miraban al acercársele por atrás; de manera simple, puso presión, acercándose lo suficiente para hacerle entender el mensaje a Mike.

–Hola Mike.

China volteó a verlo, sus ojos rasgados abiertos al reconocerlo, primero viéndolo con terror, luego viendo hacia su derecha e izquierda, de repente percatándose por primera vez que estaba peligrosamente solo; su boca se abrió y se cerró, pero no salieron palabras de sus labios, era un hombre convencido de que había cometido su último error.

–Dios te ama hermano –y Roger le estrechó la mano, golpeteó la espalda de China Mike y se alejó.

El mensaje había sido entregado, la semilla había sido plantada.

*Dios te ama.*

Algunas veces era todo lo que se necesitaba, pero sabía que le había fallado a su "raza" y había cruzado un límite; sin embargo, no iba a sudarla. Cristo prometió en segunda de Timoteo 1:7: "Dios no nos ha dado un espíritu de timidez, sino de poder, de amor y de dominio propio". El Espíritu Santo no solo lo estaba aconsejando y enseñándole la verdad de la palabra de Dios, pero estaba viviendo dentro de él. Iba a dejar que ése mismo poder que había hecho que Jesucristo resucitara de entre los muertos funcionara dentro de él, rehusando el quedarse sentado inamovible y solo siendo un cristiano de nombre, había pasado los primeros veinticinco años de su vida inamovible.

Emigrar de un país cristiano le había otorgado el título por herencia, no por la sangre sacrificada de Cristo, pero en los últimos seis meses, rodeado las veinticuatro horas por tentación, obscuridad y depravación habían intensificado su camino cristiano. No solo lo rodeaban corazones depravados llenos de maldad, listos para dar el primer salto al primer tropiezo, pero más que nada, por corazones rotos y arrepentidos que buscaban esperanza y luz en un lugar obscuro y maldito.

Su momento "camino a Damasco" había llegado al amanecer, la luz de Jesucristo había iluminado una celda de prisión obscura; el atardecer había empezado a cubrirlo al mismo tiempo que Dios permitió que su pasado lo alcanzara. La obscuridad llegó con las sombras sofocantes del patio de la prisión cercado por rejas y cadenas, pero dentro de esta obscuridad, mezclado con los que sufren, los perdidos y los indefensos, fue allí donde reconoció el poder y la majestuosidad de la luz de Jesucristo que brillaba a través de él. En este lugar de encierro constante, de políticas malditas de prisión y vigilancia las veinticuatro horas del día por los policías toros y por los líderes de cada raza, era allí donde sabía que no podía esconder la luz gloriosa pues había muchas almas perdidas y muchas eternidades que salvar.

Se había quedado apenas dormido después de la sopa de la mañana cuando las compuertas de la sección se abrieron, haciendo eco en las paredes; la figura carnosa del policía toro llenó la puerta y comenzó a llamar a los nombres afortunados que tenían visita.

–¡Munchian, cama seis!

Se levantó de su litera, agarró su biblia y se formó, ansioso de ver a su familia; el día de hoy tenía noticias buenas para Sirarpi.

La puerta de metal del cuarto de visitas se abrió y Sirarpi y la mamá de Roger estaban sentadas en la mesa usual; Andrew volteó hacia arriba mientras jugaba con sus carritos de marca Hot Wheels en la mesa de fórmica, sus ojos se iluminaron y corrió hacia Roger,

–¡Papi, papi! –gritó mientras daba un salto hacia los brazos de Roger.

Los ojos de Sirarpi se iluminaron también mientras se acercaba a ella, cargando a Andrew con un brazo mientras Andrew se agarraba de su cuello. Rachel estaba dormida, acobijada con una sábana color rosa, acostadita en su silla del coche; su mamá sonrió acogedoramente al verlo acercarse.

El día de visitas era el sábado, una vez a la semana tenía seis horas completas para pasar tiempo con su familia; Roger pasó las primeras dos horas jugando con Andrew y sus carritos. El día de hoy era especial pues Andrew lo dejó jugar con el carrito Shelby, decidió que jugaría con el carrito negro y en algún momento del juego hizo un ruido con la boca como si rechinaran las llantas y hubiera una explosión y estampó el carrito contra una pata de una silla de metal. El carrito negro rebotó y cayó al piso y Roger sintió el cinturón de seguridad apretando su pecho, vio la explosión de su accidente en su mente, sintió cómo lo sofocaba la bolsa de aire, y los gritos que lo acechaban recordándole la vida que se perdía en la noche.

–Hrach, ¿Hrach? –sintió los dedos delicados de Sirarpi en su hombro–. Suegra, está hirviendo.

Roger vio una gota de sudor caer de su frente en la parte frontal del carrito que sostenía con su dedo pulgar y su dedo índice.

*"Te perdono Roger, déjalo ya ir"*

Una paz lo cubrió, una paz que sobrepasaba todo lo que él era capaz de comprender, volteó hacia arriba y vio a Andrew aun jugando y haciendo rugidos continuos con el carrito blanco, sin percatarse de lo que su papá había sentido.

–Estoy bien querida –dijo y se puso de pie; volteó a ver a su madre quien se veía consternada y le sonrió con seguridad. Andrew había tomado un carrito de policía de su colección de carros marca Hot Wheels y estaba ocupado jugando a una persecución a alta velocidad por la pared de ladrillos azul.

–Vamos a platicar un poco –dijo, dejando el carrito Shelby estacionado frente al charco de sudor y dirigiendo a Sirarpi a una mesa donde podrían tener algo de privacidad.

Hablaron sin detenerse por más de una hora, la conversación pasando rápidamente de pendientes de la casa a Dios y a su creciente fe; abrieron sus biblias y leyeron varias escrituras juntos, Roger dirigía la lectura y Sirarpi escuchaba atentamente. Su admiración por ella crecía más y más cada día, viendo su fe fortalecerse.

Volteó las hojas hasta llegar a Mateo 25:40 y leyó en voz alta.

–"El Rey les responderá: 'Les aseguro que todo lo que hicieron por uno de mis hermanos, aun por el más pequeño, lo hicieron por mí'" –cuando iba a comentar el versículo, volteó a ver a Sirarpi y se dio cuenta que su rostro estaba distante.

–¿Que no somos nosotros los más pequeños Hrach? –dijo Sirarpi.

Roger se quedó en silencio por un minuto, viéndola a los ojos, las lágrimas en sus ojos magnificaban un dolor muy hondo que solo el amor de Jesucristo podía tocar.

–¿Sigues sin ir a la iglesia? –le preguntó.

–No Roger –negó con la cabeza, viendo la mesa–. No puedo, no puedo continuar sentándome en la banca, siento que no pertenezco allí.

–Necesitas ir a alabar a Dios Sirarpi, es parte de conocer a Cristo mejor, alabándolo.

–¿Y tú Hrach?, ¿dónde alabas a Dios aquí?, ¿dónde está tu iglesia?

Miró alrededor del cuarto, viendo los rostros de los hombres abatidos vestidos de naranja, sus expresiones sin gozo mezcladas con sonrisas tensas, momentáneamente celebrando el sabor de la libertad restringida que venía del contacto limitado en día de visita con el mundo externo; si veía un rostro los veía a todos. La preocupación que mostraban causaba que su rostro pálido, color plomo, se viera arrugado, sus ojos estaban enfocados en los pensamientos eternos que llegaban con los días largos, controlados y en total restricción, rodeados por paredes grises y bardas de alambre amenazantes.

Las sonrisas eran forzadas, estaban bien practicadas en el tiempo ilimitado que tenían de estar sentados en prisión, esas sonrisas falsas podían parecer genuinas como si fuera el arte de un actor principal de Hollywood, pero los ojos, que eran la ventana al alma, revelaban la verdad; los ojos hundidos con mirada profunda en los rostros mórbidos y patéticos de aquellos sin esperanza, eran de todos colores: azul, café, verde, gris, negro. Cada matiz era un lienzo de puntos negros salpicados y cada punto pigmentado era una historia de remordimiento, de pena, de dolor no sanado que brotaba de un alma pertinente buscando a alguien que quisiera escuchar, una voz compasiva que les diera tranquilidad, un contacto del mundo externo que les dejara saber que todavía eran humanos.

A través de la ventana de los ojos desesperados que buscaban respuesta podía ver una flama pequeña en cada uno de ellos, una esperanza de color ámbar que esperaba ser abanicada y convertirse en una llama. Las drogas, el alcohol, el sexo, todos estos estaban disponibles dentro de la prisión, pero su calor era temporal; sólo el poder de la sangre sacrificada de Jesucristo podía prender la llama eterna que nunca podía ser extinguida aun en los lugares más obscuros de ese lugar vacío de desesperanza encadenada. Necesitaban ser rescatados, necesitaban conocer la esperanza eterna de Jesucristo.

Volteó al otro lado del cuarto de visitas y reconoció la cabeza arrugada y manchada de Earl Watson, arrastrando los pies sin la ayuda de su tanque de oxígeno; atrás de él, su delicada esposa de cabello canoso, Bea, lo seguía. La Biblia negra gorda que Earl llevaba agarrada hacía que pareciera que estaba a punto de rompérsele su frágil brazo; venían de una iglesia pequeña cerca de la prisión que no los apoyaba en este ministerio. Daban servicios religiosos con poca audiencia en esa prisión, dos domingos al mes, y traían una grabadora de discos compactos que era prestada y con discos compactos rayados con música de alabanza.

–¿Qué hay de tu alabanza Hrach?, ¿dónde alabas en este lugar?

¿Dónde?, ¿dónde estaba la iglesia?, lo único que tenían era a los fieles Earl y Bea, gente de edad avanzada, misioneros viejos, desahogando su amor que venía de corazones que latían cada vez menos, con el propósito de ayudar a aquellos que estaban perdidos tras las rejas; pero, ¿dónde estaba la verdadera iglesia?, ¿dónde estaba la iglesia completa? Algunos presos tenían amigos por correo a través de algunas organizaciones religiosas y otros le sacaban provecho a las clases por correo, trabajo que los mantenía ocupados; algunos aprovechaban ofertas clavadas al pizarrón de corcho en el comedor, mensajes parecidos a aquellos que anunciaban perros perdidos publicados en un mercado sobre ruedas, pero, ¿dónde estaba el contacto humano?, ¿la voluntad de contactar a los desechados, de ser las manos y los pies de Jesucristo y rescatar al desecho de la sociedad?

En un lugar de cosecha abundante, un lugar que desbordaba con los más pequeños quienes estaban hambrientos por la luz eterna de la esperanza; ¿dónde estaban?, ¿Dónde estaban los fieles dispuestos a acercarse y traer la luz de Jesucristo a los leprosos de la sociedad contemporánea, la paja humana desechada y olvidada como la basura de ayer?, ¿en dónde?

–Le voy a escribir otra carta al Pastor Frank.

–No Hrach, ya no más cartas –dijo Sirarpi meneando la cabeza de forma negativa.

–Sirarpi, ¿cuántos pagos de hipoteca pudo hacer el Pastor Frank con nuestras donaciones?, ¿cuántas veces me llamó diciendo que necesitaba dinero para poder mantener la iglesia abierta?

–Eso ya no importa Hrach porque ahora estás aquí, en este lugar y no saben qué hacer con nosotros Hrach. No saben qué hacer con nosotros.

Roger se sentó en su silla, sintiendo los huesos de su espalda tensos y con los músculos llenos de nudos, ocasionados por sentarse en bancas de metal sin respaldo por casi un año y por los resortes de metal que salían de forma protuberante del colchón delgado de su cama.

–Las cosas van a mejorar Sirarpi, te lo prometo; tengo buenas noticias.

–¿Qué noticias Hrach? –Roger podía ver el espíritu de su esposa levantarse.

–Me acaban de reclasificar y me van a trasladar a una cárcel de seguridad mínima, lo más probable es que sea al Patio Bachman.

–¡Bendito sea Dios Hrach!, ¿cuándo? –su rostro se iluminó al decir esto–. Pensé que habías dicho que estarías aquí en Stiner por el resto de tu condena, ¿no dijiste que del modo en que funcionaba el sistema de clasificación estarías ya por salir para cuando te reclasificaran a una prisión de mínima seguridad?

Esto era cierto, después de su audiencia a los seis meses de haber entrado no esperaba que lo reclasificaran; las reclasificaciones no eran nada comunes después de la primera audiencia. Lo mejor que había esperado que sucediera era que lo reclasificaran de máxima seguridad a seguridad media al año de haber entrado. A la mitad del año siguiente, con buen comportamiento y asumiendo que no lo bajaran de nivel por políticas de la prisión, podría ser reclasificado a seguridad media baja, pero todavía seguiría en Stiner, y la audiencia después de esa ya estaría listo para salir. Sin embargo, dos semanas después de su primera audiencia de reclasificación, el 17 de diciembre, recibió un comunicado que le decía lo habían reclasificado a seguridad mínima; estaría recibiendo la orden muy pronto para que comenzara el proceso para trasladarlo a una de las prisiones de mínima seguridad del condado de Lewis.

–Tienes amigos con influencias allá afuera, ¿o no Predicador? –"Two-Pack" le había dicho a Roger en otra junta que había tenido con el rey del patio; Roger anticipó la reunión cuando la noticia voló de que el Predicador se había saltado cinco clasificaciones, lo cual era un hecho sin precedentes.

–Tan solo tengo un amigo poderoso "Two-Pack", me encantaría presentártelo, con Él no existe política alguna, a Él no le importa el color de la piel, tampoco le importa con qué raza te juntes o a qué grupo pertenezcas en la jerarquía.

–Si, ya sé, ya sé Predicador, Jesucristo.

–Es el único amigo poderoso que necesitas.

–Buena suerte Predicador, no esperes tener una fiesta de despedida.


–Todo esto es obra de Dios Sirarpi –le dijo Roger a su esposa–. Todo esto es Dios. En el patio de Bachman puedo tener dos visitas a la semana, sábado y domingo.

–¡Alabado sea Dios! –dijo Sirarpi, con los ojos llenos de lágrimas–. Y, ¿cuándo te difieren?

–Se dice transfieren, querida Sirarpi; espero sea en un mes, no antes de la mitad de enero.

Cuando ya iba a concluir la visita, Roger acompañó a su familia hasta donde le permitían llegar en el cuarto de visitas. Rachel balbuceó cuando Roger le besó su rostro lleno de puré de manzana para despedirse y Andrew golpeó la mano de Roger con su manita (en señal de "high five"). Besó a su madre y apartó a Sirarpi de su familia mientras que su madre guiaba a los niños a través del detector de metal donde estaban los guardias uniformados.

–Sirarpi, hasta Jesús aprovechó su momento de sufrimiento para acercarse a Su Padre.

–¿Qué quieres decir?

– Él nos mostró el camino Sirarpi. Jesús vino a la tierra y fue atacado y rechazado. No hay ningún nivel de dolor o pérdida que nosotros sintamos que Jesús no haya experimentado, pero la angustia que experimentó aquí lo hizo acercarse todavía más a Dios, a un grado que sudó sangre cuando pensó lo que sería el estar separado del Padre, de perder la intimidad que logró en su camino en la Tierra con el Padre. Sirarpi, no tienes por qué cargar las cadenas, este momento de prueba puede ser el único que tengas para experimentar intimidad con Dios de un modo más profundo del que te puedas imaginar; cualquiera que así lo desee puede sentir la presencia de Dios, Él está siempre a nuestro alrededor, fuimos creados para estar en sintonía con Él, pero solo aquellos que permiten que Su amor los libere de sus propias cadenas experimentan una conexión con Él. Únete conmigo en este trayecto Sirarpi, caminémoslo juntos.

Un mar de lágrimas hizo crecer la llama de entendimiento que brillaba muy dentro de los ojos de Sirarpi, era una flama pequeña que daba luz a un alma que acababa de ser liberada del cautiverio de preocupación.

Roger sintió más amor de lo que había sentido por ella en el pasado, un amor profundo que sabía muy bien que jamás habría alcanzado fuera de esas paredes cercadas por cadenas y alambre de púas.

–Te amo Hrach, te amo con todo el corazón.

–Y yo te amo a ti.

## Domingo, 18 de enero de 2004
## 9:30 AM

Estaba muy emocionada, sabía que iba a ser una semana muy especial, era la semana que Roger recibiría el anunciamiento diciendo que lo iban a transferir y lo mandarían al patio de mínima seguridad; Sirarpi sentía miedo por él a diario, sabiendo muy bien la línea tan delgada y peligrosa por la que caminaba Roger en el patio de Stiner. Viniendo de un país como Armenia que siempre estaba en batalla, ella conocía muy bien cuán salvaje podía ser la guerra, había visto soldados uniformados de ambos lados, sus compatriotas y del enemigo; había visto bombas, disparos, sangre y muerte. Armenia estaba hecha de guerra y sangre, pero Estados Unidos era el país de la libertad, de la oportunidad; no sabía que también en este país fluía la sangre, sangre derramada en la zona de guerras donde abundaba la barbarie de soldados aleatorios uniformados con la firma y atuendo de las pandillas.

Antes de llegar a Estados Unidos nunca jamás había escuchado nombres como "Mexican Mafia", "Aryan Nation", "Blood" o "Crips"; éstas controlaban las calles donde Roger creció, como los soldados manejaban las calles de Armenia, y estaba aprendiendo que también controlaban las prisiones y que su marido estaba encerrado en una jaula veinticuatro horas del día con ellos. Sí, sabía bien que había crecido con ellos, tenía la experiencia de la calle y la inteligencia que le otorgaba un sentido innato de sobrevivencia, pero, ¿y si esos sentidos se habían debilitado a través de los años?; la prisión de mínima seguridad estaba todavía muy lejos de la libertad, pero se sentía en paz sabiendo que su esposo estaría más seguro allí y que Dios seguiría protegiendo a Roger.

Le cambio el canal a la tele y pegó un grito cuando vio cómo se desenvolvía la noticia de primera plana en el noticiero; escuchó cómo se rompía una taza de la cocina cuando la mamá de Roger dejó caer la taza, asustada por el grito de Sirarpi.

−¡No, no!, oh Hrach, ¡no!

No comprendía por completo las palabras que decía el conductor del noticiero, pero sabía que algo malo había ocurrido en la prisión Lewis, algo muy malo.

# CAPÍTULO XXXVI

**Domingo, 18 de enero de 2004**
**3:10 A.M.**

El olor de la masa de panqueques burbujeante en el comal era siempre un cambio bienvenido en comparación al olor de sudor y orina de la celda de prisión. El turno de la cocina estaba generalmente poco vigilado por policías toro veteranos que estaban a meses de retirarse, o con peces frescos que acababan de salir de entrenamiento; deben haber asumido que nadie trataría de llevar a cabo un plan de escape así de temprano, Ricky Wassenaar contradeciría esta teoría.

Wassenaar era parte del equipo de cocina y estaba asignado al comal; vertió parte de la masa de los panqueques de un tazón enorme de metal con una pala de metal tamaño industrial para mezclar y lo echó en el comal, haciendo círculos de masa del tamaño de un disco volador, frisbee, en columnas verticales. Volteó la cara hacia arriba y vio la figura corpulenta de Pony trabajando con una mezcladora de tamaño industrial, sus brazos protuberantes con tatuajes de figuras de víbora vertían la bolsa de masa premezclada en el tazón gigante de acero inoxidable. Pony miró a Wassenaar y asintió con la cabeza, Wassenaar vio como dejaba la bolsa de la mezcla en la plancha y casualmente sacaba el cuchillo prefabricado de donde lo había escondido en su calcetín.

Sintiendo como corría la adrenalina por su cuerpo Wassenaar dejó a un lado el tazón, pero siguió sosteniendo la pala pesada en su mano; con su otra mano sacó el cuchillo prefabricado de la ranura de la cintura de su pantalón y cruzó la cocina, acercándosele al guardia viejo, un policía toro pesado llamado Martin Kennick, quien estaba fumando un cigarrillo cerca de la alacena, con la mirada puesta en el cielo todavía obscuro a través de la ventana de barrotes. Wassenaar sabía que el tipo nunca lo vería venir, abrazándolo por detrás, pasó su brazo por el cuello de Kennick, sostuvo el cuchillo prefabricado de manera firme contra la yugular del oficial y lo golpeó con la pala a un costado de la rodilla izquierda, Kennick se dobló, casi ahorcándose con el brazo de Wassenaar.

–Muy bien, aquí está el plan –le susurró al oído a Kennick–. Tengo que estar en este lugar hasta que sea más viejo que tú así es que no tengo nada que perder; tú eliges cómo quieres que esto salga.

Kennick cooperó mientras lo empujaba a una oficina que estaba cerca y le ordenó se quitara el uniforme hasta quedar en calzoncillos. Le quedaba algo apretado el uniforme de Kennick a Wassenaar, pero le quedo lo suficientemente bien; esposó a Kennick en el cuarto de aditamentos para la cocina y salió vestido con el uniforme color beige del guardia, con el cinto de la pistola y todo lo demás. Cuando regresó a la cocina vio que Pony se había hecho cargo y había arreado a los voluntarios civiles en la alacena, encerrándolos allí; Wassenaar alisó las arrugas de su uniforme, revisó su pistola y salió de la cocina, cruzando el patio hacia la torre de vigilancia.

El sonar de las llaves en su cinto lo hizo sentir poder y autoridad mientras subía las escaleras de la torre; las llaves eran la autoridad mayor entre el encarcelamiento y la libertad, tenían el poder de abrir o cerrar celdas y de abrir cadenas. Palmoteó la pistola que estaba abrochada a su cadera; sabía que tenía el control de la libertad, el control de la vida y el control de la muerte. Estaba a cargo de toda la operación.

Al llegar a la última escalera pudo distinguir las facciones jóvenes y bien marcadas del oficial al otro lado de la ventana en la torre, era un pez fresco llamado Dan Auchman de veintiún años de edad, que llevaba un poco más de tres meses en el trabajo. Wassenaar golpeó la ventana, asustando a Auchman, sostuvo el radio de Kennick a la vista y subió los hombros pretendiendo que estaba mal el radio, después hizo un gesto con el dedo como si empujara un botón, señalándole a Auchman que abriera la puerta. Auchman volteó y le dijo algo a otro oficial que estaba en la torre, se puso de pie y le hizo señal a

Wassenaar para que caminara hacia la puerta de la torre.

Sosteniendo la pala de metal a un costado Wassemaan esperó en la puerta, cuando sonó el ruido para que la puerta se abriera se abalanzó con todo su peso pateando y perforando el centro de la puerta de metal; el grito de Auchman se escuchó junto con el eco de las paredes al sentir un hueso roto tras ser golpeado por la puerta. Wassenaar metió el hombro en la puerta antes de que esta se pudiera cerrar y pasó disparado dentro del cuarto, balanceando la pala de metal sobre su hombro como lo haría un beisbolista profesional sosteniendo su bat. Auchman iba tambaleándose mientras se alejaba de la puerta, tenía sangre en su frente que le bajaba por el rostro; Wassemaan bateó la pala con la misma fuerza y el mismo muñequeo que un beisbolista de serie mundial, golpeando con la parte plana de la pala la mejilla del pez fresco. Saliva, sangre y dientes rotos salpicaron la pared de ladrillo que estaba detrás de él y Auchman se colapsó en el suelo. Un grito femenino hizo eco en la torre y vio a la atrevida oficial de custodia saltar contra él; tomo vuelo y con el mango de la pala la bateó de un revés y la derribó. Mientras la oficial gateaba para alejarse, arrastrándose por el piso, la pisoteó con la bota sobre la parte inferior de su espalda y su rostro quedó plano contra el piso de linóleo, se arrodilló sobre ella presionando con fuerza el mango de la pala contra su ojo.

–Muchacha, tú y yo vamos a festejar en grande –le dijo–. Pero primero son los negocios, abre la bodega de las armas y muéstrame cómo manejar los controles.

## 5:35 A.M.
· · · · · · · · · · · · · · · · · · · · · · · · · · · · · ·

La Capitana Betty Salmón, jefa de seguridad de la Unidad Morey llegó a el cuarto que había sido designado para resolver la situación, sus oficiales habían preparado la información después de que las alarmas habían sonado indicando que un atentado de escape estaba ocurriendo y que la prisión Lewis estaba pasando por una situación muy seria que involucraba a rehenes; los oficiales de la Policía de Buckeye y los agentes del alguacil del Condado de Maricopa ya habían llegado al lugar. Se le informó que los equipos contra asaltos iban en camino y los negociadores de rehenes del FBI ya habían sido contactados. Un teniente joven, Roberto García, le dio una taza de café y los archivos de la prisión con la información de los dos presos que estaban en la torre.

–¿Dijiste que uno de los rehenes es mujer? –preguntó después de leer la historia de abuso sexual de uno de los presos en el archivo, Stephen Coy.

–Sí señora. Se trata de la Oficial Friedman.

–¿Louise?

–Sí señora –García continuó con el reporte–. Tenemos confirmación de que uno de los oficiales ha sido herido. El preso Coy aparentemente corrió por el comedor para dirigirse hacia la torre cuando fue divisado por los oficiales Roy Kelly y Liz DuBois, quienes estaban haciendo su ronda; Coy le rajó la cara con un cuchillo prefabricado al oficial Kelly en el altercado, y prosiguió corriendo por el patio para llegar a la torre. Después de que el oficial DuBois activó la alarma, media decena de oficiales detuvieron al preso Coy mientras corría hacia la torre, los oficiales lograron detenerlo con gas lacrimógeno, pero mientras lo detenían el preso Wassenaar salió de la torre con un rifle AR-15 y les disparó a los oficiales y mientras él disparaba el preso Coy logró llegar a la torre.

–Entonces la bodega de armas ha sido accedida.

–Sí señora.

–Maravilloso, ¿hubo algún otro intercambio de fuego?

–Ningún otro ha sido reportado.

El teléfono del cuarto de control sonó, la luz del teléfono le hizo ver a la Capitana Salmón que la llamada venía de la torre.

–Capitana Salmón hablando.

–Disculpe que la haya despertado señora.

–¿Con quién hablo?

–Soy Wassenaar.

–¿Cómo están mis oficiales Señor Wassenaar?

El Oficial Kelly va a requerir un médico pues decidió atacar un utensilio de metal de cocina muy pesado con su cabeza, estuvo muy raro.

La Capitana Salmón se mordió la lengua, sabiendo que tenía que permitirles a los negociadores que hicieran su trabajo.

–Por favor deje libre al Oficial Kelly para que se le pueda dar la atención médica apropiada.

Wassenaar se rio.

–Hagamos un intercambio, el oficial Kelly es un pez fresco, mándeme un teniente.

–No puedo hacer tal cosa Señor Wassenaar.

–Bueno, entonces envíeme un Sargento –Wassenaar soltó una carcajada–. ¿No va a preguntarme qué es lo que exijo?

–Ese no es mi trabajo en este momento, mi trabajo es asegurarme que mis oficiales estén bien.

–Pues nos está dando hambre aquí, quisiera una pizza a domicilio entregada a nuestra puerta –Wassenaar hizo una pausa–. De hecho, que sean dos pizzas y un helicóptero.

Wassenaar se rio y colgó el teléfono.

# CAPÍTULO XXXVII

Roger supuso que hoy sería el día, estaba esperando recibir la orden de transferencia y estar en la prisión de mínima seguridad para el medio día, en vez de eso despertó y se enteró de que nadie iría a ninguna parte, la prisión estaba en encierro total por razones de seguridad. Cada día pasaba veinticuatro horas al día, siete días a la semana encerrado en ese hoyo con veinte hombres prisioneros y la única vista que tenían a la libertad era ese corto tiempo que pasaban en el patio, el cual ahora se había esfumado.

La tensión aumentaría pronto y la paciencia disminuiría, el encierro total por razones de seguridad era el último golpe de robo de libertad y lo único que era peor era estar en confinamiento, en el hoyo, por mala conducta. La libertad era marcada por las manecillas del reloj, generalmente tenían dos horas para estar afuera en el patio y veintidós horas encerrados; dos horas de libertad, o lo que era lo mismo, siete mil doscientos movimientos de las manecillas del reloj. Todo lo que tenías al estar preso era tiempo y Roger sabía que, a menos que descubrieras la libertad real de la palabra de Dios, te volvías loco al luchar por unos cuantos tics de las manecillas del reloj.

El encierro total por razones de seguridad significaba que no podías hacer compras de la tienda ni había despensa de artículos de baño, esto significaba que no había golosinas ni botanas saladas, tampoco cigarrillos y la nicotina era algo tan preciado entre los bienes accesibles que podía usarse para trueque como si fuera el néctar de la vida. El comedor estaba cerrado, se les darían sándwiches rancios en bolsas de papel.

Lo único que el encierro total por razones de seguridad no detenía era el flujo de información, los policías toro podían cerrar todas las puertas, pero las paredes de ladrillo se mantenían tan porosas como una esponja; dos horas más tarde ya había corrido la noticia de que dos prisioneros en el patio Morey, un preso con pena de vida en prisión, llamado Stephen "Pony" Coy, y un pez gordo llamado Ricky "The Rooster" Wassenaar habían tomado la torre y tenían rehenes. Uno de los rehenes era un novato con tan solo tres semanas en el puesto, al que habían herido con el cuchillo prefabricado que traía Wassenaar y estaba inconsciente; el otro oficial era una nena y la tenían secuestrada Pony y Rooster para ellos solitos. También tenían los rifles de asalto listos para mantener al escuadrón al margen.

El primer día pasó con la ansiedad de que esto terminara pronto, los dos presos lograrían escapar de la torre por el edificio administrativo y convertirse en alimento de coyote en el desierto o la historia podría terminar con ambos convictos en el piso de la torre, cada uno con una bala en la frente. Roger estaba muy decepcionado de ver que la anticipación y ansiedad que rondaba la prisión no tenía nada que ver con compasión por los rehenes o por ambos compañeros presos, pero tenía que ver con un deseo egoísta de que se terminara el encierro y poder recuperar esos cuantos minutos de libertad.

Información del enfrentamiento fluía a diario; para el tercer día, durante el lunch de sándwiches distribuido en bolsas de papel, Gordo les compartió las últimas noticias.

–Muy bien, pues la última noticia en cuanto a Pony –dijo mientras sacaba su sándwich de la bolsa–. es que le vio la cara a Wassenaar en todo este plan.

–¿Qué quieres decir? –preguntó Jimmy Smith, él era un blanquito al que le permitían ahora juntarse con los chicanos pues las restricciones de raza eran flexibles cuando estaban en encierro total por razones de seguridad.

–Pues bien, hace un tiempo, un pez fresco de dieciocho años llego aquí, después de haber pasado los últimos cuatro años aquí usando el uniforme con las líneas amarillas en los hombros y trabajando para el Tío Joe.

Roger sabía muy bien que se refería a un delincuente juvenil quien había pasado los últimos cuatro años en la cárcel del condado de Maricopa al haber sido juzgado como adulto; los delincuentes juveniles con crímenes severos no eran puestos en la Correccional del Estado, donde usaban los suéteres y pantalones color café, sino que eran encerrados y servían su condena como delincuentes juveniles siendo huéspedes del Alguacil Joe, con el uniforme a rayas negras y blancas y calzones rosas. Las camisas de los delincuentes juveniles eran marcadas en color amarillo en la parte de los hombros.

– Pony escogió a un lobo sabueso de confianza quien estaba en la recepción, el lobo sabueso se había ganado respeto amansando mulas de todas las razas, sin tocar a los jefes.

Lo que le rompía el corazón a Roger más que nada era la mentalidad de la manada de lobos que escogían a los muchachos jóvenes que llegaban al sistema de la prisión y que venían de las correccionales; todos llegaban al patio como muchachos jóvenes sin importar qué tan rudos se vieran por fuera o qué tanto los hubiera endurecido el tiempo que pasaron en la correccional de Maricopa. Eran gorriones que apenas tenían la protección de sus plumas finas, inexpertos y aterrados que entraban a un mundo de adultos depredadores; si hubiese una forma de que Roger pudiese acercárseles antes de que llegaran a este lugar, antes de que fueran reciclados una y otra vez por el sistema de correccionales juveniles y terminaran aquí.

–Dios, enséñame el camino, enséñame cómo hacerlo –pensó Roger.

Una vez que llegabas a este lugar, como gorrión de plumas finas, tus opciones eran limitadas; se te señalaba en el momento que entrabas, esto lo hacía un preso leal que estuviera bien conectado o un preso que llevara años en la prisión y que quisiera ganar puntos con un pez gordo, que pudiera conectar al joven con la raza apropiada. Después tenías que trabajar arduamente, te indicaban por qué preso ir, peleando con quien te dijeran que pelearas, traficando lo que te dijeran que traficaras; de otro modo te tendrías que juntar con las reinas del patio o te culparían de haber hecho algo que no hiciste y eso eventualmente te ocasionaría un cuchillo clavado al costado o una serie de visitas no bienvenidas en el baño. De la forma que fuera, sin importar cuál había sido tu jerarquía en la correccional de menores, serías una rata en este lugar y mientras más lucharas contra la jerarquía de la prisión peor te iría.

El camino empeoraría a menos que encontraras a Dios, sin

un camino con Dios uno se acostumbraba a su rol como torpedo, sirviendo a los jefes de cada grupo y esto finalmente se convertía en tu estilo de vida, haciéndola de mula, acuchillando y matando a otros presos, haciendo el trabajo de terminar con los individuos en la lista negra de los peces gordos y no se te permitía pensar por ti mismo, aquellos criminales con poder te aleccionaban y borraban tu identidad, hacían de ti lo que ellos querían, lo que necesitaban y serías un torpedo nato, aleccionado y de mucho valor para los peces gordos y sus benefactores.

Luego un buen día te pedirían que terminaras con un pez joven quien rompió una regla más; y mientras el susodicho se bañaba, sin sospechar nada, tu arma daría en el blanco y mientras el cuchillo drenaba la vida de su cuerpo, el muchacho voltearía a verte preguntándote con los ojos: "¿por qué?", y su rostro de niño te recordaría a alguien que solías conocer, alguien a quien conociste mucho tiempo atrás.

Llevarías probablemente ocho años cumplidos de una condena de diez, con dos años más de caminar por este lugar para poder salir libre, pero ese último asalto saldría mal y te verías inmiscuido en la política de la prisión, como buen soldado te echarías la culpa y tus diez años se convertirían en cadena perpetua. Finalmente sentirías que te habías ganado el reconocimiento y las condecoraciones que te permitirían alejarte y pasar el resto de tu tiempo en prisión de manera más fácil, les notificarías a tus benefactores lo que esperabas y ellos sonreirían y dirían: "Claro, disfruta tu vida"; a las dos semanas serías golpeado en el baño al estar orinando, hasta dejarte en coma y despertarías en la enfermería, tomando comida líquida a través de un tubo por el siguiente mes, con el respirador afianzado a tu garganta y te darías cuenta que el quedarte adentro en la prisión te trajo cadena perpetua y por primera vez, podrías ver hacia atrás y darte cuenta el abismo sin esperanza en el que se había convertido tu vida.

Para cada historia había escenas individuales que eran versiones únicas, escenas abundantes como los números individuales de cada preso, pero el guion era el mismo y no había finales sorpresivos; al final de la cola solo había un patio de prisión o un panteón familiar lleno de lágrimas y preguntas sin responder: ¿por qué?, ¿en dónde se desbocó todo?

Todo se iba al lugar equivocado sin Dios, así lo pensó Roger; tenía que haber algún modo de alcanzar a estos jóvenes con la verdad del amor de Dios antes de que fuera demasiado tarde.

–Pero el pez fresco no mordió el anzuelo –dijo Gordo al explicar lo que había pasado–. De hecho, se fue en contra del perro fiel y entonces éste hizo arreglos para que lo enviaran de regreso a prisión con cargos serios; casi de manera mágica, el muchacho se encontró en Main Street, y no donde usualmente van los peces frescos. Él se encontró solo en el patio, sin ningún aliado pues nadie lo quería en su grupo; no tenía a dónde ir y el rumor era que traicionó a un pez gordo de la mafia mexicana, así que los "eMes" pusieron la luz verde sobre él. La manada de lobos comenzaron a acecharlo una mañana en el baño y ahí es donde Coy intervino; los policías toro decidieron que eso era todo por el día, al muchacho lo mandaron a custodia preventiva y Coy entró en la lista negra de los "eMes". Desde entonces Coy ha estado tratando de que lo admitan en custodia preventiva o lo saquen del patio, pero los policías toro han estado jugando a las vencidas con él porque saben lo que ocurrió; así funciona el sistema hombre, Coy los salvó de tener un pez fresco muerto en el patio y se lo agradecen deteniendo su caso.

–Y entonces, ¿cómo fue que le vio la cara a Wassenaar? –preguntó Smith.

–Wassenaar ha sido un conejillo de indias desde que llegó al patio, sabes, siempre hay alguien hablando de darse a sí mismo licencia permanente; por ahí dicen que Coy sabía que esto no saldría bien, pero lo único que quería era asegurarse de que pudiera mantener la bala del francotirador fuera de su cabeza, sabía que al asociarse con Wassenaar éste lo sacaría del patio, quizás sería transferido a otra prisión.

–Una vez que estás en la lista negra de los "eMes" te encuentran adonde vayas –dijo Smith.

–Es su única salida.

Los días pasaban lentamente y los temperamentos hervían, especialmente para aquellos que necesitaban nicotina; no había lavandería por lo que el uniforme comenzaba a apestar cada vez más, día con día, con el olor de sudor y el lodo de la prisión. Las paredes se mantenían porosas y los rumores y la información seguía fluyendo libremente; los policías toro finalmente les permitieron a los presos prender la tele y ver las noticias del asalto, como el resto del mundo, a través de los ojos de las cámaras del noticiero.

Al ver las noticias en la tele, Roger sintió la convergencia de dos mundos, dos mundos perdidos, un mundo con alambre de púas dentro de paredes grises y otro, libre de bardas de alambre con cable de púas en la parte superior, pero encadenados de la misma forma en una búsqueda personal egoísta, un mundo hundido en la preocupación.

Los reporteros bien rasurados se encontraban fuera de la prisión y usaban su experiencia para describir lo que estaba sucediendo dentro de las bardas de alambre, hablaban sin cesar acerca del historial criminal barbárico de Wassenaar y de Coy y, mientras ellos iban deshumanizando a la población completa de la prisión con su retórica, Roger era presa de un flujo inesperado de compasión, no solo por los rehenes en la torre de vigilancia sino también por los dos compañeros criminales. A su alrededor no había preocupación por las vidas inocentes y en riesgo arriba en la torre o por el futuro cierto para los dos criminales; solo les importaba salir del encierro total, sus botanas, sus cigarrillos, una hora al día de libertad en el patio.

Afuera, la gente estaba sentada en sus salas viendo la acción con voyerismo indiferente, las cadenas de televisión habían subido su rating, la audiencia estaba saciando su curiosidad pero, ¿y los dos criminales?, ¿estaba alguien orando por ellos?  El acto criminal que habían elegido hacer merecía el enojo que Roger sentía al ver la noticia en la televisión pero, ¿por qué sentía esa compasión repentina?, el Espíritu Santo le trajo Mateo 9:36-38 a la mente: "Al ver a las multitudes, tuvo compasión de ellas, porque estaban agobiadas y desamparadas, como ovejas sin pastor. La cosecha es abundante, pero son pocos los obreros –les dijo a sus discípulos–. Pídanle, por tanto, al Señor de la cosecha que envíe obreros a su campo"

¿Cuántos cristianos estaban sentados en sus salas en esos momentos viendo cómo se desarrollaba esta historia?, ignorando a la cosecha abundante detrás de las paredes grises con alambre de púas, ¿cuántos se sentían conmovidos y deseosos de orar?, ¿cuántos se sentían motivados a reunirse con los pocos trabajadores, muy pocos, y tratar de alcanzar a aquellos que estaban perdidos detrás de los barrotes de la prisión?; sabía que no eran muchos, considerando la respuesta de su propia iglesia con su esposa y su familia.

Y ya no se trataba tan solo de ayudar a los que estaban tras las rejas, Roger sentía que fuera de la prisión y de las cadenas había una campo de cosecha de los que ya eran hijos de Dios, pero que solo eran cristianos solo de nombre, caminando por la vida y viviendo vidas vacías; sus corazones necesitaban ser transformados, su propósito debía ser definido, debían ser encontrados y traídos de vuelta a los brazos llenos de amor de Dios donde Él, y solo Él, podía aclarar el propósito de cada uno de ellos para que ayudaran a traer almas de una cosecha ilimitada que necesitaba ser salvada por Jesucristo.

El golpe criminal duró dos semanas, el domingo del Super Tazón de futbol americano Wassenaar y Coy bajaron las escaleras de la torre con los rehenes y se rindieron ante los negociadores de la FBI; se les otorgó lo que el preso Coy había buscado con todo esto, a Coy no solo lo sacaron del patio, sino que eventualmente lo transfirieron a una prisión del estado en el este del país, más cerca de su familia.

Dos semanas después Roger recibió la orden de transferencia, fue después de la medianoche cuando el capitán golpeó su bastón contra el tubo inferior de su litera y le dijo que era hora de irse; después de empacar sus cosas y caminar por una última vez a través de las puertas de la prisión de máxima seguridad, el alambre de púas del complejo se iluminó en el resplandor de las luces de sodio de la prisión, era el mismo lugar donde había encontrado la biblia atorada a la puerta hacía menos de un año.

A la distancia pudo ver la torre de vigilancia del patio Morey inminente, rodeada por kilómetros de barda de alambre, llena de luces radiantes y en operación de nuevo. El crujido que hacían sus botas en la grava interrumpía la calma de la noche mientras caminaba hacia el patio Bachman; al cerrarse las puertas de metal del patio Stiner sintió la revelación del propósito en su vida que venía del tiempo que había pasado en el patio de alta seguridad, sintió como se movía el espíritu de paz de Jesucristo, haciéndole saber que los nueve meses que había puesto su atención completa a las enseñanzas del consejero de Dios, lo habían preparado para el siguiente nivel de su misión dentro de los confines de la cosecha abundante de la prisión.

# CAPÍTULO XXXVIII

**Jueves, 9 de diciembre de 2004**
**11:42 A.M.**

· · · · · · · · · · · · · · · · · · · · · · · · · · · · · · · · · ·

Los pantalones de mezclilla le daban comezón en la piel, eran parte del uniforme de prisión del estado, pero los pantalones le colgaban a la cadera, la camisa de mezclilla era dos tallas más grandes y le nadaba, pero se sentía bien al usar algo diferente que el overol naranja; mientras estaba sentado en la banca astillada de la oficina de proceso Roger volteó a ver el reloj que marcaba la hora en la pared de ladrillo, en doce minutos la puerta de metal frente a él comenzaría a abrirse y saldría en libertad.

Dios usó su tiempo en los confines de la prisión de máxima seguridad en el patio Stiner para que se acercara al Espíritu Santo y le permitiera instruirlo y darle una nueva visión; luego lo llevó al patio de seguridad mediana de Bachman donde tuvo suficiente libertad para convertir en realidad la visión que Dios tenía planeada para su vida. Había también política en la prisión en Bachman, pero el estar en seguridad media significaba que te quedaban de tres a cuatro años para salir y la mayoría de los presos estaban más preocupados con pasar el resto de la condena sin dar problemas y no querían meterse en peleas de poder; los líderes de raza eran más flexibles permitiendo que los de su raza se juntaran con otros grupos.

El patio de Bachman le dio a Roger la oportunidad de echar a andar su ministerio, tenía la libertad de llevar a cabo regularmente estudios de la biblia, de hacer ministerio con todas las razas y usar el dinero de su cuenta para ayudar a vestir y alimentar a los presos menos afortunados. Los confines del patio de Stiner le habían permitido madurar en su conocimiento de la palabra de Dios, en Bachman Dios le dio la facultad de ejercer lo que había aprendido de la palabra de Dios. La promesa de Dios en Proverbios 3:5: "Confía en el Señor de todo corazón, y no en tu propia inteligencia." lo había protegido en Stiner y el versículo de Santiago 2:26: "Pues, como el cuerpo sin el espíritu está muerto, así también la fe sin obras está muerta" lo había inspirado para poner la verdad de Dios en práctica dentro de Bachman.

Estando en Bachman tenía el privilegio de una visita extra a la semana, el sábado era su día de visita familiar y Sirarpi venia sola los domingos, lo que les permitía pasar el día entero juntos; fue en esos momentos que Roger conoció la bendición verdadera de Dios dentro de su matrimonio, a pesar de los barrotes y las cadenas se acercaron uno al otro. El tiempo que pasaban juntos cada domingo leyendo la palabra de Dios no solo los llevó a una relación íntima con Jesucristo sino los unió más, su unión se fortaleció de formas que Roger jamás habría imaginado y pudo constatar la verdad de la promesa de Dios en Jeremías 33:3: "Clama a mí y te responderé, y te daré a conocer cosas grandes y ocultas que tú no sabes".

Las cosas tan grandes y numerosas que Dios le estaba mostrando acerca de su matrimonio y la profundidad increíble de su relación con Sirarpi era eternamente incalculable. El alambre de púas, las puertas gruesas y las cadenas no podían destruir o romper lo que Dios había unido, muy al contrario, su confianza en el amor y la gracia de Dios fue remunerada con un amor increíble y una intimidad única con su esposa, así como un lazo irrompible que culminaba en sus hijos.

El reloj marcaba la hora lentamente, acercándose al medio día; mientras tanto, Roger estaba sentado con su biblia en su regazo, leyendo Deuteronomio, capítulo 8. En el patio les había enseñado a los otros presos que Deuteronomio 8 era lectura obligatoria para cada preso que iba a ser liberado, era la instrucción de Dios a Josué y los israelitas antes de liberarlos de sus cuarenta años de vagar por el desierto y permitirles la entrada a la Tierra Prometida.

Versículo 2-3: "Recuerda que durante cuarenta años el Señor tu Dios te llevó por todo el camino del desierto y te humilló y te puso a prueba para conocer lo que había en tu corazón y ver si cumplirías o no sus mandamientos. Te humilló y te hizo pasar hambre, pero luego te alimentó con maná, comida que ni tu ni tus antepasados habían conocido, con lo que te enseño que no solo de pan vive el hombre, sino de todo lo que sale de la boca del Señor"

Por cuarenta años Dios mantuvo a su gente en la maleza cerca de Él y durante ese tiempo Dios fue fiel, proveyó todas sus necesidades, reveló su carácter, sus promesas y su amor y gracia inquebrantables, más que eso, lo que hizo fue prepararlos. La Tierra prometida iba a ser un lugar santo de adoración pero había sido un lugar lleno de ídolos y pecado.

Dios usó el tiempo en el desierto para probar a Su gente y hacerla más humilde, para levantar grandes guerreros como Josué para la guerra que venía más adelante, para limpiar y preparar el lugar prometido para Su gloria. Mientras Roger veía la puerta de la prisión cerrada, la cual se abriría para darle libertad, sintió la paz del Espíritu Santo que le hacía saber que su entrenamiento había terminado; iba a caminar a través de esa puerta como Josué cruzó el Río Jordán, listo y con el entrenamiento necesario para las batallas que venían. Afuera de la puerta había un mundo perdido, un campo lleno de almas perdidas que necesitaban a Cristo desesperadamente; Dios había obtenido su atención utilizando una pared de contención, un choque automovilístico y muerte, usó también un sistema legal corrupto, el encarcelamiento y la soledad para lograr terminar de prepararlo y hacerlo humilde. Ahora, el Dios de amor eterno y restauración completa estaba a punto de enviarlo a la guerra.

El reloj marcó las doce y las puertas se abrieron, se puso de pie y comenzó a caminar hacia su libertad; sus pantalones rozaban sus muslos, su uniforme se quedó hecho bulto en el piso de la prisión. Al pasar el umbral de la puerta de la prisión su corazón se regocijó cuando vio a Sirarpi caminando hacia él en el estacionamiento, era libre, sus brazos se abrieron para estrecharlo; Romanos 8:28 se apoderó de su corazón: "Ahora bien, sabemos que Dios dispone todas las cosas para el bien de quienes lo aman, los que han sido llamados de acuerdo con su propósito"

–Aquí estoy Señor –dijo–. Son pocos los obreros y he visto cuán abundante es la cosecha, mi entrenamiento está completo. Aquí estoy Señor, estoy listo, listo para la batalla.

# EPÍLOGO
(Un mensaje personal de Roger)

¿Cómo describe un hombre el momento en que pasa del encierro a la libertad?, cuando escucha las puertas de la prisión cerrarse tras de él, los rieles de metal sonar para cerrar la compuerta, cuando concluye el episodio de cadenas y de alambre de púas en su vida de una vez por todas ¿Cómo describe un hombre sus primeros pasos de libertad, caminando hacia los brazos ansiosos de estrecharlo de su esposa, para besarla con pasión?, esta vez libre de los confines de paredes de ladrillo y cadenas, limpiando las lágrimas de gozo y felicidad de sus mejillas.

Siempre pensé que el término "agridulce" era un cliché demasiado utilizado hasta que caminé a través de la puerta de la Prisión Lewis por última vez; de verdad no hay forma para describir la felicidad que sentí al abrazar a Sirarpi como un hombre libre nuevamente y la euforia al regresar a casa con mi familia después de veinte meses lejos de ellos. Lo que no esperaba era sentir un dolor de corazón tan atroz pues dejaba algo importante atrás de mí en la prisión, algo que jamás volvería a tener, algo que jamás volvería a experimentar: tiempo, todo el tiempo del mundo con Dios y esto me afectó de una forma profunda cuando el aire de afuera giró a mi alrededor, pero ahora como un hombre libre, el aroma de la flora del desierto, el olor del perfume de Sirarpi y el hecho de saber que nunca jamás tendría la oportunidad de pasar tanto tiempo de intimidad con mi Dios Jesucristo.

Cuando entras a la prisión, te enseñan rápidamente cómo funcionan las cosas en ese lugar, lo primero que te dicen es que el tiempo no importa allí: "acostúmbrate hijo, no tienes nada que hacer y todo el tiempo para hacer nada", pero están equivocados, la realidad es que todo lo que tienes allí adentro es tiempo y rápidamente aprendí a ser egoísta con mi tiempo; todo lo que tenía era tiempo, tiempo preciado para estar con Dios.

Mi tiempo de encarcelamiento no fue un castigo por mi vida pasada sino tiempo para acercarme íntimamente con Jesucristo; construí una relación personal intensa con Él que jamás habría soñado. Sabía bien que Jesús nunca me dejaría y no me abandonaría, pero al salir de la prisión a los brazos de mi esposa sentí la separación de Él que dejó un hoyo en mi estómago que el día de hoy todavía duele.

El dolor me hizo pensar en el tiempo que Jesús estuvo en la Tierra, Jesús se separó de la mano derecha de su Padre para descender de la majestuosidad del paraíso y los símbolos celestiales de Su Reino a este caos que la gente de Dios había hecho en la Tierra; debió haber sido como una sentencia de prisión para Él. De hecho, se volvió prisionero, encerrado en una celda en forma de cruz con dos criminales, uno a su derecha y otro a su izquierda y el primer creyente en entrar al cielo fue en realidad el compañero de celda de Jesús.

Dios lo quebrantó, al punto que sus huesos fueron dislocados de sus articulaciones (Salmo 22:14), fue despreciado y rechazado por ser escogido por Dios, fue golpeado por gente a la que Él amaba; fue un varón de dolores y hecho para el sufrimiento (Isaías 53:3). Aceptó con valor su llamado como un hombre inocente quien iba a ser crucificado y abatido por nuestras iniquidades, las cuales Él no cometió (Isaías 53:5); el llamado de Jesús fue un golpe fatal para el enemigo y por esa razón Satanás se apresuró y comenzó a actuar para tratar de ganarle el juego, primero tratando de hacerlo dudar de quien era ("Si eres el Hijo de Dios…" -Mateo 4:3), luego tratando de hacerlo dudar y poner a prueba a su Padre celestial ("Si eres el Hijo de Dios, tírate abajo. Porque escrito está: 'Ordenará que sus ángeles te sostengan en sus manos…' " -Mateo 4:6) y finalmente tentando a Jesús con posesiones de este mundo ("Todo esto te daré si te postras y me adoras" -Mateo 4:9). Jesús perseveró sobre los ataques de Satanás y aceptó el llamado de Dios valientemente.

Dios entonces lo refinó a través de pruebas y sufrimiento, lo rodeó con doce discípulos necios y renegados hasta llevarlo a la crucifixión, habiendo sido golpeado, atado, clavado en la cruz y con las manos y pies perforados; al refinarlo Dios lo preparó para finalizar Su misión y después lo liberó. Hoy día está reunido con su Padre Celestial, sentado a la derecha de Dios Todopoderoso; su majestuosidad ha sido restaurada, es Dios de dioses, su nombre está por encima de todos los nombres.

Dios quebranta, Dios llama, Dios refina. Dios libera.

Ese es el proceso que Dios sigue para salvar un alma, es el método de rescate de Dios y no puede ser evitado; así llamó a su único Hijo a la misión, ¿qué puede hacernos pensar que será de manera diferente para nosotros?

Dios me quebrantó usando maquinaria de precisión y una pared de contención, yo respondí a Su llamado y enseguida Satanás se dio al ataque y dudé, puse a Dios a prueba en vez de actuar con fe. El diablo me tentó para regresar a lo que me ofrecía este mundo pero perseveré, acepté el llamado de Dios, pensando que esto significaba que las cosas mejorarían, pero Dios me metió a un proceso de refinamiento, primero pasé por bancarrota, luego a un sistema legal usualmente corrupto, el encarcelamiento y la separación con mi familia. Dios me preparó para después liberarme y Dios utilizó pruebas en mi vida para Su último rescate y la restauración total.

Dios utilizó mi encarcelamiento para plantar en mí la visión del renacimiento de la iglesia del libro de Hechos, me dio una visión para alcanzar de forma única a los hermanos más pequeños tras las rejas y para retar a la Iglesia a amar y perdonar a los pecadores como lo hizo la Iglesia del libro de Hechos dos mil años atrás.

Después de mi liberación solicite inmediatamente un permiso de voluntario para tener acceso y poder regresar a las prisiones del estado; sabía bien que la ley estatal prohibía que ex convictos fueran voluntarios en el sistema correccional, pero recordé a Earl con su cabeza llena de manchas y su frágil esposa Bea, que Dios los bendiga, quienes visitaban la prisión tratando de tocar el corazón de aquellos que estaban perdidos incluso cuando sus propios huesos continuaban deteriorándose. Si Dios realmente me necesitaba allá adentro entonces Él proveería una forma para que yo pudiera entrar de nuevo a la prisión; todo es posible con Dios, y por Su gracia divina recibí una carta de aceptación en el correo con mi credencial para entrar de nuevo a la prisión. Al día siguiente regresé al Patio de Stiner llevándole la palabra de Cristo a mis hermanos, pero sin las cadenas, sin barrotes ni las políticas internas de la prisión.

Dios refina y luego refina un poco más, y un poco más.

No mucho tiempo después de lanzar mi ministerio en el mismo patio donde había pasado veinte meses de encarcelamiento, el Estado se percató del error que había cometido y confiscaron mi credencial de acceso, aquello me rompió el corazón pensando en los hermanos que ya no podría visitar tras las rejas, también sentí pena por los jóvenes delincuentes a los que quería traer la Palabra de Dios.

Después de ser confiscada mi credencial de acceso me quedaba prohibido entrar a las correccionales para delincuentes juveniles; ¡imagínense lo que esto significaba!, yo había comenzado mi vida de crimen cuando era joven, fumé mi primer churro de mariguana a los dieciséis años cuando era parte del equipo titular de fútbol y estaba enfrentando pena de muerte tan solo nueve años después. Los delincuentes juveniles necesitaban conocer mi historia, necesitaban aprender de mis errores; sin embargo, muy pronto aprendí que las paredes de la burocracia eran más gruesas que las paredes de alambre del patio de la prisión.Pero Dios también refina y Dios dio un cambio a mi dirección, el Sistema de correccionales del condado le permite a los ex convictos hacer trabajo voluntario después de estar libre por dos años, sin reincidir, así es que finalmente pude conseguir un permiso en la oficina del Alguacil del condado de Maricopa y comencé a dar tutoría uno a uno con los presos; esto se dio de manera lenta en un principio, pero después de que mi testimonio fue publicado en la revista "Prison Living Magazine" (Revista de Vida en Prisión), el ministerio creció exponencialmente.

Comencé a entrenar voluntarios y eventualmente mi Iglesia: "Christ Church of the Valley" (Iglesia de Cristo del Valle de Phoenix, conocida como CCV), adoptó mi misión como la base para su ministerio de prisión, adoptaron mi visión para tocar el corazón de los pecadores, incluyendo aquellos con ofensas sexuales (quienes son los leprosos de la sociedad contemporánea) sin juzgarlos por sus pecados pasados. A finales del año 2012 nuestra organización se convirtió en una entidad independiente conocida como "Rescued Not Arrested" (Rescatado No Arrestado o RNA), patrocinada por

CCV a través de una organización llamada "Mission Create"; a través de esta sociedad Dios abrió puertas para que pudiéramos llevar el mensaje a las Iglesias a nivel nacional, y poco después por gracia de Dios, al mundo entero.

Nuestro principal propósito era establecer una misión con bases sólidas para lograr conciencia de las necesidades reales de aquellos hermanos y hermanas encarcelados y educar a las iglesias para que pudieran ayudar efectivamente a los hijos de Dios sin categorizar sus pecados. Nuestro equipo de ministerio creció rápidamente a 100 voluntarios, todos dando su tiempo sin un sueldo; sobrepasamos rápidamente tres mil presos que eran contactados cada mes, así como sus familiares, y logramos comenzar bautizos en prisiones del condado de manera regular. A través de la librería de CCV logramos ser el primer ministerio de prisión que proveía Biblias de Estudio (Nueva Versión Internacional) a aquellos hermanos y hermanas en prisión que lo requerían; el primero año nuestro ministerio de biblia distribuyó más de mil biblias.

El reto más grande al iniciar este ministerio de prisión fue poder llegar a los delincuentes juveniles, por seis años sentía que mi corazón se rompía diariamente por el hecho de que no se me permitía entrar al sistema correccional de delincuencia juvenil. Había dos correccionales localizadas entre mi casa y CCV: "Adobe Mountain" (Montaña Adobe) y "Black Canyon Juvenile Corrections" (Correccional de delincuencia juvenil Cañón Negro); yo sentía mi espíritu agitarse a diario al manejar por sus edificios, en mi camino a las prisiones del Condado, sabiendo bien que Dios quería que encontrara la forma de llegar a ellos y utilizara los recursos de CCV, así como su gente, para poder tener una conexión con esos jóvenes. Tuve la oportunidad de entrar a la correccional una vez con un pase de visitante por un día, pero se me informó que mis antecedentes penales hacían que regresar al lugar me fuera prohibido.

Sin embargo, las demoras de Dios no siempre son negativas de Dios; continúe trabajando desde afuera y Dios me bendijo con un equipo de hermanos y hermanas que formaron un equipo de alcance que podía visitar a estos muchachos en las correccionales, dándoles ministerio a través de servicios religiosos, de tutoría y de eventos como clínicas de futbol soccer, fiestas con pizza, eventos de títeres, conciertos durante celebraciones religiosas y donaciones de pavo cada año que aseguraban que estos muchachos detenidos en la correccional pudieran experimentar la celebración del día de gracias cada año.

A pesar de la bendición continua de Dios con el ministerio dentro de las correccionales juveniles, mi corazón seguía doliendo, deseando entrar a estos lugares e impactar a la juventud de manera personal.; continué confiando en Dios, creyendo en Él, pues nada es imposible para Él y fue en Julio del 2011 que el Director de Correccionales de delincuencia juvenil del Estado de Arizona anunció su retiro. Al tomar posesión su reemplazo, lo primero que hizo fue introducir legislación nueva que le permitiría a algunos ex convictos ser considerados para sacar un permiso de acceso a las correccionales de delincuencia juvenil.

En noviembre del 2012, el Gobernador Jan Brewer pasó la ley, sin embargo, debido a mi archivo criminal en Arizona, no califiqué para el permiso, pero la oficina y los líderes del Departamento de Correccionales de delincuencia juvenil de Arizona se quedaron sorprendidos con el compromiso que mostré con estos muchachos y encontraron una forma de que entrara yo a la Correccional.

El 1º. De diciembre del 2012 fue el primer día que pude entrar a "Adobe Mountain" después de seis años; mi pasión y entusiasmo por llegar a estos jóvenes impactó de manera positiva a los líderes de la Correccional de delincuencia juvenil, que por primera vez en la historia de la Correccional le pidieron a un exconvicto que fuera parte del Comité Ejecutivo Consejero Religioso. Esto me permitió reunirme regularmente con aquellas personas que tomaban decisiones importantes en las Correccionales de delincuencia juvenil, permitiéndole así a nuestra organización tener mayor impacto y que hubiera una conexión con estos jóvenes para lograr cambiar sus vidas. Dios libera.

No menciono estas estadísticas y números para impresionarlos, sino para que vean que Dios tiene un plan con su vida y que Él se dedica a liberar gente; necesitas ver tu situación no como un castigo o mala fortuna. Escogimos el nombre "Rescatado No Arrestado" porque creemos que Dios nunca deja de intentar rescatarnos del camino equivocado que hemos escogido; Dios sabía qué me esperaba a la vuelta de la esquina mientras corría fuera de control en una autopista llena de drogas y violencia, de no haberme detenido con ese muro de contención y haber llamado mi atención en una celda apestosa de la cárcel del condado, habría seguido profundamente inmiscuido en el cartel de drogas cuando los Federales infiltraron la organización y seguramente habría sido mandado a prisión por el resto de mi vida.

Habría terminado con una sentencia de condena perpetua o habría encontrado la muerte después de estar del lado equivocado de una pistola o por un negocio de drogas que hubiera salido mal por enésima vez; esas eran las únicas dos opciones en mi camino roto y estoy seguro que son las únicas dos opciones en tu camino si continúas rehusando escuchar el llamado de Dios.

Aun si estas leyendo esto y no estás en la cárcel o viviendo una vida de crimen, pero vives desobedeciendo a Dios, no tan solo estás perdiéndote de sus grandes bendiciones y de una relación personal con El Señor que te ama locamente, pero tu camino es el mismo que aquellos que se encuentran encarcelados, la única diferencia es que Dios permitió que ellos terminaran en una celda de prisión para que ésta fuera el instrumento de su corrección. Pregúntate, ¿qué está a punto de usar Él para llamar tu atención?

Si es desobediencia sexual seguramente terminarás con una enfermedad que podrá matarte, si es alcohol o drogas será un volantazo o una luz roja ignorada lo que tomará para que se desfigure tu rostro permanentemente o te lleve a la muerte a ti o a una víctima inocente. Si estás contemplando divorcio, la disolución de una unión de dos personas unidas por Dios es lo mismo que mil muertes.

Deja de escuchar las mentiras de Satanás, acepta el rescate de Dios, Él está tratando de alcanzarte, de llegar a ti en este momento.

Donde te encuentres, Dios quiere que regreses a casa y que plantes tus pies firmemente en el camino que Él ha ordenado para ti, un camino de libertad, un camino de propósito, un plan que fue formulado antes de que existieran los días (Salmo 139:16); Dios es un Dios celoso (Éxodo 34:14), y no quiere que tengas otros dioses antes de Él (sexo, drogas o dinero) y Él permitirá que entre el sufrimiento en tu vida porque Él desea llevarte a un lugar donde te pueda mostrar que todo es posible a través de Él. Solo Él puede cumplir Su promesa eterna para acomodar todas las cosas para el bien de quienes lo aman (Romanos 8:28)

Dios quebranta, Dios llama y Dios refina, y confía en mí, Dios siempre libera.

Desafortunadamente la mayoría no llega más allá de la parte rota del camino de Dios a la libertad; nos rompe el corazón darnos cuenta que la mayoría de la gente no llega ni a un cuarto del camino a la libertad por las cadenas que los atan, continúan dependiendo del dios que los ató con cadenas desde un principio y, como es costumbre con un dios falso, las consecuencias son desastrosas.

Mi camino se ha cruzado de nuevo con muchos de los personajes de mi pasado mientras ha ido creciendo mi ministerio, Simen decidió ir a la corte y se salió con la suya, mientras el estado de Arizona escogía al jurado de su caso, él visitó a un cirujano plástico quien alteró su rostro lo suficiente como para que los testigos no pudieran identificarlo positivamente. Salió de ahí, libre, pero, aunque su cirujano logró cambiar sus facciones para que saliera libre, el talentoso cirujano no pudo cambiar su corazón y acabó siendo aniquilado en una pelea de drogas contra federales años más tarde.

Las decisiones de Sally D lo llevaron a terminar viviendo en la calle y vendiendo droga para sobrevivir, no lo reconocí cuando solicitó una visita a la que yo respondí, era su grito de ayuda desde su celda; lo fui a visitar en la cárcel de la 4ª. Avenida y no fue sino hasta la mitad de mi visita que lo reconocí a través de esos ojos afligidos que suplicaban.

–¿Te conozco, o no? –le dije.

–Si, soy yo hombre, Sally D, fui tu DJ en alguna ocasión, me apuntaste con una pistola.

–Y ahora quiero poner una biblia en tu mano.

–Hombre, era exitoso en ese entonces, ¿o no?, ¿qué me sucedió?

Había cometido tantos crímenes que finalmente lo sentenciaron a diez años en prisión por su último crimen, el cual había sido un robo insignificante de una pipa de droga de una tienda de fumadores en el centro de la ciudad.

Tony Rizzo cambió su vida, sin embargo, todavía no había encontrado la paz que traía Cristo cuando es Él quien borra tu pasado. No mucho tiempo después, en un viaje a esquiar vi a Tony delante de mí en la cola al teleférico; caminé hacia él y de broma le puse mis dedos en la espalda.

–Aquí se acabó todo Tony –le dije.

Su cara se puso tan pálida y casi mancha la nieve a nuestro alrededor de amarillo y no comprendió cuando lo llamé "hermano" y le dije que todo estaba perdonado. Sí, estaba viviendo una vida correcta, pero seguía volteando a sus espaldas, con miedo de que alguien llegara por atrás con una pistola de verdad.

Y, a pesar de mis esfuerzos con Arnulfo, continuó entrando y saliendo por la puerta de la prisión, cayendo en la prisión una y otra vez por disputas domésticas con la novia del día y por peleas por robo; no parecía entender que no era el rey del asalto del año. Por ahora ha desaparecido del radar, seguramente nuestros caminos volverán a cruzarse un día de estos y espero verlo en el hoyo de una correccional y no en un cementerio del condado, pero mientras siga vivo hay esperanza de que Dios lo rescate.

Proverbios 26:11: "Como vuelve el perro a su vómito, así el necio insiste en su necedad"

Así como el día en que el doctor tuvo que romper de nuevo mi pierna para poder arreglarla, ¿cuántas veces hemos vuelto a nuestro propio vómito, ignorando al maestro cirujano y tratando de depender en nosotros mismos para una total sanación?, y solamente para que Dios nos vuelva a romper para que sanemos de acuerdo a Su plan. Pero cada vez que tiene que quebrantarnos de nuevo es más doloroso y toma más tiempo sanar que lo que Él planeó, pero Él es un Dios egoísta, egoísta por ti. Él es eterno y desea pasar el resto de la eternidad contigo y hará lo que sea para que regreses a Él, porque una vez que esas puertas se cierran al final del tiempo será muy tarde, Dios no desea que ni uno solo de sus hijos se quede perdido eternamente y atrapado por el enemigo de forma tormentosa.

Dios está loco por ti; si estás leyendo esto y nunca te has rendido ante Jesucristo, ¿no crees que es hora de escuchar Su llamado?, ¿no crees que es hora de usar tus circunstancias, las cadenas que te atan hoy, para encontrar la libertad de Su amor perfecto, a través de la sangre derramada por ti?

Si crees que eres un cristiano, si puedes decir esas palabras de aceptación de Cristo y aún así sientes la condena de pecado en tu vida, puede que sea finalmente el momento de preguntarte: "¿Soy cristiano solo de nombre, etiquetado cristiano, pero sin realmente serlo?

Yo era un cristiano etiquetado desde que nací hasta los veinticinco años de edad, profesando ser cristiano porque nací en un país cristiano; me tomó el estar en la ruina total y me tomó ver muerte para darme cuenta lo destructivo que era vivir esa mentira. Quizás tú seas como era yo, profesando ser cristiano por herencia o quizás basado en momentos emocionales en el pasado al alzar tu mano frente a un altar al ser invitado por un Pastor y haber repetido la oración del pecador; quizás has estado caminando con la etiqueta de cristiano, pero ¿realmente te has comprometido a entender la verdad de la palabra de Dios?, ¿o has continuado viviendo una vida de pecado sin intención de comprometerte y obedecer a Dios?

Muchas generaciones atrás las oraciones de los pecadores y los llamados a caminar al altar eran efectivos porque había una fundación bíblica sólida y un compromiso con la verdad de Dios; sin embargo, al pasar las generaciones nos hemos alejado más y más de Dios y nuestra tolerancia del pecado ha aumentado, aun dentro de la iglesia, la erosión de la obediencia de la palabra de Dios ha permitido que haya grados de pecado que llegan a ser aceptables.

Rápidamente se hace evidente que el mundo está impactando la iglesia de manera negativa, en vez de que la iglesia impacte al mundo, pero las bondades de Dios se renuevan cada mañana (Lamentaciones 3:23). Él es fiel y sigue trayendo a Su lado a los que están perdidos.

¿En dónde estás tú?, ¿te ha llevado Dios a un lugar donde lo has perdido todo, donde no hay esperanza?, ¿donde la intensidad de la obscuridad te acecha más de lo que puedes soportar?, si es así, date cuenta que no te está juzgando Dios, te está llamando.

Él ha permitido que entre obscuridad en tu vida para borrar la pizarra y comenzar a escribir Su historia en tu vida, comenzando desde hoy; regresa a Él y recibe su instrucción. Job 22:22-23 promete: "Acepta la enseñanza que mana de su boca; ¡grábate sus palabras en el corazón! Si te vuelves al Todopoderoso y alejas de tu casa la maldad, serás del todo restaurado"

Dios quebranta, Dios llama, Dios refina. Dios libera.

Tu momento "camino a Damasco" ha llegado trayendo el amanecer de un nuevo comienzo; escoge responder y recoger la cosecha del amanecer de un nuevo día, de un futuro brillante viviendo en la luz eterna de Jesucristo. Tu momento camino a Damasco ha llegado con el amanecer, no necesitas quedarte en cadenas y permitirte permanecer bajo el arresto de tus circunstancias.

Amigo, has sido rescatado, no arrestado.

FIN

# TESTIMONIOS

El decir que miles de almas al mes son alcanzadas a través del ministerio de Rescatado no Arrestado es una estafa a Dios, porque tratar de contar las bendiciones infinitas de Dios y Su habilidad para restaurar vidas es simplemente imposible. Creo que es parte de la razón por la que Dios se enfureció con David al hacer un censo y contar a los israelitas (2 Samuel 24:1-3); es como si Dios le hubiera estado diciendo a David: "Has tu trabajo y déjame a mi preocuparme por la cuenta. Tú no puedes imaginarte las vidas que yo estoy cambiando hoy, estoy construyendo un ejército poderoso mientras restauro vidas". Y esta es la razón del por qué David consideró a su gente en todo Israel para el día de la batalla que enfrentaba; Dios vio a Su gente a través de los ojos del mundo futuro, y para la batalla eterna del mañana. Así mismo Él vio tu vida y vio mi vida; vio toda vida rota que Él estaba preparado para liberar de las cadenas y del cautiverio de este mundo roto: las cadenas de adicción, las cadenas de odio, la agonía de un corazón roto. La restauración de Dios, la cual es eterna y tiene significado, le da un propósito a cada vida rota, les otorga ciudadanía, los hace residentes del cielo y los enlista en su ejército poderoso, marchando hacia la victoria contra Satanás y su ejército rebelde; también rescata a los perdidos y los trae de regreso a casa junto a Él.

Pero Dios usa testimonios de los salvos para entrenar a su gente, inspirarlos y para derrotar al Diablo; Dios promete en Apocalipsis 12:11: "Ellos lo han vencido por medio de la sangre del Cordero y por el mensaje del cual dieron testimonio; no valoraron tanto su vida como para evitar la muerte" (versión Nueva Internacional). A continuación publicamos algunos de los muchos testimonios que nos han llegado acerca de cómo el ministerio de Rescatado No Arrestado continúa alcanzando almas detrás de las rejas, incluyéndome a mí. Como el autor del testimonio de Roger puedo decir que enfrenté un reto insuperable que no había previsto, pero es un reto que Dios utilizó para revelarme la profundidad de Su amor eterno por mí y clarificar la misión increíble que tiene para mí para continuar siendo un soldado leal en su ejército de justicia.

Es mi oración, queridos hermanos y hermanas, que la historia de Roger y estos testimonios sirvan para inspirarte y que le ofrezcas tu vida a Jesucristo y le permitas desatar las cadenas que te atan hoy día y así tengas libertad de experimentar todo lo que Él tiene preparado para ti, es un viaje increíble.

Con el amor eterno de Jesucristo
H. Joseph Gammage

## Testimonio inesperado del Autor de recuperación y restauración al escribir la historia de Roger

Tuve la bendición de descubrir el talento que Dios me dio para escribir a una edad temprana, antes de cumplir dieciséis años ya había escrito mi primera novela, era una historia de crimen, impregnada de violencia de pandillas, un tema que por alguna razón me fascinó desde joven. Cuando fui llamado al ministerio de Dios, Él usó mi talento para escribir parodias y obras para el ministerio de niños de mi Iglesia, pero mi pasión verdadera continuó siendo el escribir novelas de crimen, mis novelas de misterio y suspenso no eran historias cristianas, muy al contrario, estaban arraigadas en los valores de un mundo torcido y caído; ni idea tenía yo de que el día que conocí a un exconvicto con doce felonías, llamado Roger Munchian, Dios iba a usar mi talento para escribir historias de crimen ficticio para este mundo y servir al Reino eterno de Dios.

Mientras servía en el ministerio de mi Iglesia, CCV, la mujer que era mi esposa en ese entonces y yo nos unimos a un grupo pequeño de CCV en nuestra colonia, era el grupo al que pertenecía Roger; raramente pasaba una semana en que Roger no compartiera su testimonio como un capo de drogas en el pasado, viviendo una vida imprudente y a alta velocidad. Me inspiraba el escuchar cómo Dios usó un auto yendo a gran velocidad, una curva en la carretera y un impacto de auto manejando a ciento treinta y cinco kilómetros por hora con un muro de contención para ponerle un alto y llamar su atención; era precisamente el tipo de intriga intrépida que me fascinaba relatar. ¡Vaya!, de todas los cientos y cientos de páginas repletas de historias de crimen que había escrito, de todos las miles y miles de palabras de historias de matones que había escrito, la historia de la vida de Roger era una que no podía crear en mi mente; la vida que Roger había vivido iba más allá de lo que yo podía siquiera imaginar.

Cuando se cruzaron nuestras vidas Roger apenas comenzaba su ministerio de prisión, estaba dando tutoría uno a uno a algunos presos cada semana en las cárceles del condado de Maricopa y todavía no tenía voluntarios bajo él, pero al ser publicado su testimonio en la revista "Prison Living Magazine" (Vida en Prisión) y circular dicha revista por el sistema del Condado, cientos de peticiones a la semana comenzaron a llegar pidiendo tutoría. En una de las sesiones de nuestro grupo pequeño de la iglesia Roger compartió su visión, dijo que, si un artículo de revista podía alcanzar cientos de vidas en prisión, ¿qué podría lograr la historia completa de su vida?; Dios me empujó a acercarme a Roger, su testimonio era sumamente poderoso, seguramente había una docena de autores compitiendo por escribir su historia. Cuando le pregunté nerviosamente si ya tenía un escritor para el proyecto, me dijo que no; luego me dijo que una señora había comenzado a escribir su historia, pero abandonó el proyecto después de que su matrimonio comenzó a ser atacado por el enemigo. Me dio una copia del manuscrito y me dijo que le hiciera saber si éste era un proyecto que yo deseaba hacer.

Mi esposa y yo fuimos de vacaciones a bucear a las islas Turcas y Caicos, en el Caribe, y me llevé el manuscrito sin terminar con el objetivo de leerlo. Hermanos y hermanas, deben saber que jamás había tenido una visión más clara de lo que Dios quería que hiciera con la historia como me la dio en ese viaje; había manejado un negocio de Reclutamiento de Ejecutivos muy exitoso por más de diecisiete años, pero en esos momentos estábamos en la cúspide de la crisis financiera del 2009. Teníamos dos hogares por los cuales debíamos más dinero de lo que valían en el mercado y una propiedad en la que habíamos invertido en el norte de Arizona cuyo valor se había desplomado; muy por dentro sabía bien que mi negocio se había terminado, pero sentí paz después de la visión, pues Dios me dijo: "He bendecido tu carrera y tu negocio todos estos años y tú has sido fiel con el talento que te di para escribir, esto es lo que quiero que hagas ahora, confía en mí, yo proveeré"

Mi esposa, tristemente, no recibió el memorándum, al tomar el proyecto no me percaté que al escribir la historia de Roger mi propia historia iba a convertirse en un testimonio de la misma forma y ahí es donde comienza mi historia.

En Mateo 14:22-23 Jesús mandó a sus discípulos delante de Él a que atravesaran el Mar de Galilea en su primer viaje de ministerio, por así decirlo, sin que Él estuviese presente; ellos obedecieron e inmediatamente fueron atacados por Satanás con una tormenta feroz, eso es lo mismo que pienso que ocurrió conmigo. Después de comenzar el proyecto, llegó la tormenta, perdimos nuestros dos hogares y mi negocio quebró, pero seguí adelante; no solo me puso Dios a escribir el testimonio de Roger, sino que también me llamó a participar en el ministerio de prisión, fui al entrenamiento para sacar mi credencial como voluntario religioso en la oficina del Alguacil del Condado de Maricopa y mi fe, mi sabiduría y mi camino con Cristo crecieron de forma profunda al dar tutoría, uno a uno, a los presos que se encontraban en ese lugar obscuro del sistema de cárcel del Condado de Maricopa. Después de haber participado por más de quince años en el ministerio de niños de mi iglesia, la verdad de Hebreos 5:12-14 me fue revelada: "En realidad, a estas alturas ya deberían ser maestros, y sin embargo necesitan que alguien vuelva a enseñarles las verdades más elementales de la palabra de Dios. Dicho de otro modo, necesitan leche en vez de alimento sólido. El que solo se alimenta de leche es inexperto en el mensaje de justicia; es como un niño de pecho. En cambio, el alimento sólido es para los adultos, para los que tienen la capacidad de distinguir entre lo bueno y lo malo, pues han ejercitado su facultad de percepción espiritual" (Nueva versión internacional). Quince años de ministerio y yo todavía bebía leche como un infante en Cristo. Dios me hizo sentir culpable diciéndome que si iba a servir para alcanzar a los que estaban perdidos en lugares obscuros como lo eran las cárceles del condado, necesitaba aprender a consumir comida sólida de la verdad de Jesucristo.

Pero la tormenta se intensificó, mi esposa decidió poner punto final a nuestro matrimonio, forzándome a abandonar mi hogar; todo lo que tenía, excepto lo que pude guardar en una unidad de almacenamiento de 1.5m de ancho x 2.5 metros de largo y en mi cajuela, fue recogido por un camión de la Organización St. Vincent DePaul de beneficencia. Tal y como Satanás intentó detener el ministerio de los apóstoles, así mismo trató de detenerme y básicamente lo hizo con éxito; cuando Satanás atacó a los apóstoles en la tormenta, Pedro por lo menos tuvo la valentía de saltar del barco y caminar hacia Jesús, yo escogí acobardarme en el barco y encontré la botella. Enfrentando el ser un padre divorciado, en bancarrota y con un futuro incierto, encontré calma en el alcohol y en una forma de vida imprudente que pensé podía mantener en secreto; para el mundo era un padre devoto, un empleado fiel y un servidor dedicado, pero por dentro moría lentamente y me sentía aplastado, me medicaba con alcohol y andaba en fiestas de borrachera, en relaciones descuidadas y patológicas, las cuales pensé que podían enmendar mi corazón roto y llenar el vacío insoportable que había dejado el divorcio en mi alma. Recuerdo una ocasión que salí de un bar para ir a una junta del ministerio de prisión, me metí a la boca varios dulces de menta, haciéndome tonto yo solo, pensando que podía cubrir el olor a alcohol, pero a Roger no lo engañé; al día siguiente me llamó, yo pensé que estaría furioso, pero no fue así.

–Joe, te amo hermano y estoy preocupado por ti.

–Me siento muerto por dentro Roger, siento mucho haberte defraudado, me siento completamente muerto por dentro.

–No me has defraudado Joe, aquí estoy si necesitas hablar con alguien.

Ese es el corazón genuino de Roger Munchian, lleno del amor incondicional y la compasión que solo puede provenir de caminar sólidamente con Cristo.

Y sí aproveche la oferta de Roger de hablar, pero fue para decirle que iba a salirme del ministerio de prisión pero que no quería dejar de escribir su historia; algo muy dentro de mí, en el fondo de la muerte y la descomposición que sentía en mi corazón y mi alma, se rehusaba a darse por vencido con el libro. No deseaba que Roger encontrara otro autor que tuviera que retomar un manuscrito de un autor más que había fallado en escribir la historia de Roger, pero aunque le dije que seguía trabajando en el libro, no era así, me sentaba y escribía unas líneas aquí y allá entre crudas y entre sentir auto compasión, pero no estaba avanzando.

Pero Dios nunca se dio por vencido conmigo, abrió mis ojos crudos una mañana y vi en la televisión un mensaje de Joyce Meyers que predicaba un mensaje de Juan 5:8 del estanque de Betzatá donde Jesús miró a un inválido y le dijo: "Levántate, recoge tu camilla y anda". Dios me estaba diciendo: "¡Levántate!, estas actuando como si lo que te pasó te hubiera hecho un inválido. Levántate, toma tus problemas y ponte a trabajar"

Tomé mi camilla, pero el alcohol tóxico no me dejó ir muy lejos, eventualmente fui a casa de Roger para decirle que me daba por vencido, pero antes de poder decir una palabra él abrió la biblia en Hechos 22:10 donde Pablo había sido derribado y le preguntó a Jesús: "¿Qué debo hacer Señor?", Jesús simplemente respondió: "Levántate Pablo". Jesús me estaba diciendo: "¡Levántate!"

Y me levanté entonces, cuando le dije a Roger que quería regresar al Ministerio de Prisión, pensé que tendría que volver a pasar por el proceso para renovar mi credencial de voluntario, pero para mi sorpresa Roger me dijo que jamás había cancelado la credencial, me dijo: "Sabía que ibas a regresar", típico de Roger, él tuvo fe en mi aun cuando yo había perdido la fe en mí mismo.

Viendo un rayo de esperanza, comencé a forzarme a levantarme temprano cada mañana y proseguí con el libro; mi cita con Dios era cada mañana a las horas ridículas de las 4:30 AM a 6 AM. Cada nuevo día me despertaba sin tener idea de qué iba a escribir, lo único que me revitalizaba era el olor del café y la palabra de Dios, me sentaba frente a la computadora y dejaba que el Espíritu Santo tomara el control; para mi asombro, las palabras fluían en la pantalla, mañana tras mañana Dios llenaba las páginas de palabras que Él escogía, no eran mis palabras, de verdad que jamás he experimentado la presencia del Espíritu Santo como en ese momento. Después de varios meses maravillosos transcurridos de esa forma, sintiendo el trabajo de Dios, día tras día, a través de mis dedos que golpeteaban el teclado, escribí la palabra más atesorada para un autor: "FIN"

El libro había sido terminado pero mi trayecto a la sobriedad apenas comenzaba, cada día es un nuevo día de victoria para Jesucristo sobre el vicio del alcohol; para todo aquel que tiene una adicción esta batalla no es fácil pero mientras cada día tome mi camilla, Él me da la fuerza para terminar el día, recordándome que Él me ha rescatado de las cadenas que yo mismo creé. También me ha liberado de mi deseo de buscar relaciones poco sanas, me liberó y me rescató antes de que fuera arrestado o tuviese que enfrentar la destrucción del destino certero del camino secreto por el que yo viajaba; solo Él sabía a dónde llegaba ese camino obscuro y solitario y escogió rescatarme y seguiré en ese camino mientras permanezca agradecido, busque Su Reino primero y mantuve mis pies firmemente plantados en el camino que Él ordenó para mí, Su camino, no mi camino, Su voluntad, no la mía. Como Dios promete en Proverbios 16:9: "El corazón del hombre traza su rumbo, pero sus pasos los dirige el Señor" (Nueva Versión Internacional).

He visto a Dios hacer cosas increíbles mientras he servido en el ministerio de Prisión, he visto a hombres masivos, cubiertos en tatuajes quienes han visto sangre y muerte toda su vida derribarse por completo, derramando lágrimas que seguro no habían sido derramadas desde que el doctor les dio una nalgada cuando nacieron; he visto líderes de pandillas de la prisión transformarse de un líder de violencia y mano dura, así como de intimidación bruta, a líderes de cientos de hombres presos que se reúnen en oración. Tuve la oportunidad de escuchar el testimonio de un joven de veintitantos años que me dijo: "Puedo pasar los siguientes veintiocho años en prisión, pero lo que no puedo enfrentar es una eternidad en el infierno sin poder hacer nada al respecto y no hay nada que pueda hacer al respecto, me voy a ir al infierno por lo que he hecho" y pude ver miedo palpable y sufrimiento en sus ojos disiparse y ser remplazado por paz y gozo cuando le contesté: "¡El infierno no es para ti!, tú le perteneces a Jesucristo, Él pagó tu precio con Su sangre para que estuvieras con Él; no hay nada que hayas hecho que no pueda ser perdonado por Su sangre". En ese momento pude ver la transformación completa, al aceptar a Cristo ese día, al punto de sentir el manto de maldad levantarse de él; nunca olvidaré el gozo en su rostro, su modo de caminar liviano al regresar a su celda, con la biblia en su mano, siendo un nuevo ciudadano del Reino de Cristo. Rescatado No Arrestado.

Afuera de ahí veo las noticias en la televisión y veo un mundo roto y perdido, ¡Tras del alambre de púas y las paredes frías de ladrillo de la prisión veo renacimiento!, y lo más importante que he visto es mi propia vida transformarse, este ministerio toca a gente a ambos lados de las paredes de la prisión. Espero con anticipación el ver lo que Jesucristo tiene preparado para mí en este viaje increíble, y también anhelo escuchar de ti, querido hermano o hermana en Cristo; puedes contactarme a través del sitio de internet de Rescatado no Arrestado: www.rescuednotarrested.org o mi página de internet: www.hjosephgammage.com, me encantaría saber cómo nuestro Señor y salvador Jesucristo ha tocado tu vida y ha comenzado una restauración eterna que tan solo puede provenir del auténtico Maestro.

–H. Joseph Gammage, Quebrantado y Renovado por las manos amorosas de Cristo

## Testimonio de Ex "Nazi Skinhead" (neo-Nazi) que hoy día es Líder de grupos de oración tras las rejas

No recuerdo cuando elegí estar lleno de odio y qué me llevó a reconocer mi identidad como un neo Nazi; para ser honesto ni siquiera recuerdo qué me hizo sentir tan enojado con todo, pero la primera mitad de mi vida era un neo-Nazi de alto rango y entraba y salía de la prisión.

En el 2009 iba de regreso a la prisión, permitiendo al odio continuar consumiéndome, cuando llegó mi hermano Roger; estábamos a la mitad de una huelga de hambre en la Cárcel del Condado de Maricopa, estaba aburrido y había leído el testimonio de Roger en la Revista "Prison Living". Le mandé una postal sin esperar respuesta, o quizás esperaba recibir algo pidiendo dinero para oraciones; lo que recibí de Roger es algo que el dinero no puede comprar y solo a través de Dios mi "arresto" llego a ser un "rescate".

Roger vino a visitarme una semana después o algo así y logró hacer algo que nadie había podido hacer por mí en mi vida entera, Roger me presentó un Dios que me ama, quien siempre estará allí para apoyarme y quien ofrece una amistad que jamás muere. Roger jamás se ha dado por vencido conmigo y le ha enseñado a este pandillero enojado neo-Nazi cómo amar.

Verme a mí, este neo-Nazi tatuado de pies a cabeza, siendo líder del grupo de oración cada noche, enseñándole a otros hombres el amor de Dios es solamente el resultado de lo que Dios ha hecho en mi corazón; Roger Munchian y Rescatado No Arrestado me han amado lo suficiente, viendo más allá de mi exterior pintado con odio, y presentándome a Dios.

-Garret Deetz, ex neo-Nazi, hoy día un discípulo fiel de Cristo

## Testimonio de una madre que descubrió esperanza nueva cuando su hijo, un criminal joven, encontró a Cristo tras las rejas

Justo después del arresto de mi hijo, durante los momentos más aterradores y abrumadores de su vida, Roger lo visitó en la cárcel del Condado; yo había encontrado el nombre y el número de teléfono de Roger en el sitio de internet de nuestra Iglesia, su información estaba en la lista de la sección de Ministerio de Prisión.

Sin saber a quién acudir o en quién confiar, un hombre de Dios fue lo más reconfortante para una madre preocupada; Roger le presentó el Evangelio a mi hijo y le dio esperanza para un mejor futuro sin importar qué le ocurriera. Esto fue algo que siempre había deseado para mi hijo, pero jamás pensé que ocurriría mientras estaba tras las rejas; Roger tenía un modo de tratar a mi hijo que lo hacía sentirse apreciado y aceptado mientras que poco a poco le presentó la verdad y la paz de la palabra de Dios.

El interés de mi hijo por la biblia creció, Roger invirtió tiempo como tutor de mi hijo, en visitas individuales, y lo ayudó a aprender a tener una perspectiva eterna de su vida. Había servicios de la Iglesia que se llevaban a cabo en la cárcel y mi hijo, junto con otros presos, comenzaron a atender dichos servicios. La voz corrió rápidamente del ministerio de Roger, un ministerio que los aceptaba sin condiciones y sin importarle qué cargos estaban enfrentando; en sus ojos todos eran iguales y aprendieron que Jesús nos ve a todos como pecadores que necesitan un Salvador.

Pequeños grupos de estudio de la biblia comenzaron a brotar entre los presos y mi hijo tomó la iniciativa de ser el líder de uno de ellos; mientras las semillas eran plantadas, yo pude ver un cambio en mi hijo y él comenzó a aceptar su situación, así como las consecuencias que enfrentaba. Una situación muy estresante se convirtió en una oportunidad de tremendo crecimiento y madurez en su camino con El Señor, ¡mi hijo aceptó a Jesús como su salvador personal!

Roger continúa en contacto con mi hijo mientras él sirve su sentencia en la prisión y otro voluntario de Rescatado No Arrestado se ha estado escribiendo con mi hijo, este voluntario escribe a cientos de presos fielmente. Roger ha sido un apoyo invaluable para mí también, él está disponible cuando necesito llamarlo para pedir ayuda o necesito consejo.

Se me llenan los ojos de lágrimas al escuchar las cosas tan maravillosas que están ocurriendo a través de Rescatado No Arrestado; no tan solo hay criminales que están siendo rescatados de una vida de obscuridad, algunos están regresando a las cárceles después de haber sido liberados para apoyar al ministerio y ayudar con bautismos.

La dedicación de Roger y su compromiso le ha permitido a RNA pasar de ser un ministerio pequeño de una sola persona a una influencia muy poderosa dentro de las cárceles y prisiones; ha sido obediente con el llamado de Dios y está inspirando a muchas personas a seguirlo y a servir, y más que nada a confiar en Dios con los resultados.

-Nancy A. Morrow, madre fiel y agradecida por el amor
incondicional de Cristo.

## A través de una perdida trágica y de encarcelamiento el patio de la prisión es ahora su campo de misión

En enero del 2011 había sido arrestado y encerrado en la cárcel, sin saber que muy pronto sería rescatado; como muchos otros, sentí que ya no estaba al alcance de la salvación, había tenido muchas oportunidades en mi pasado para cambiar mi vida...pero no quise. En la cárcel del condado había varios servicios religiosos de diferente denominación que eran ofrecidos a los presos y, además de esos, estaba el servicio que ofrecía Roger; tantas veces como la cárcel ofrecía este servicio religioso, lleno del Espíritu Santo, yo asistía, era inspirador. La cárcel limitaba el número de presos que podían atender este servicio religioso, así que las veces que mi celda no se abría para el servicio me quedaba decepcionado pues era algo que realmente anhelaba cada semana; en este servicio se hacía énfasis en buscar la verdad, en desarrollar una relación con Jesús y leer las escrituras en contexto, aprendiendo realmente de dónde viene la salvación y todo lo que Jesús hizo por nosotros: "El Evangelio de la gracia de Dios".

Continúe mis estudios personales de la Biblia y allí veía a Roger; no fue, sin embargo, hasta un año después que comencé a reunirme con Roger de manera personal a través de la tutoría individual que él ofrecía. Esto era mucho mejor, me sentía tan bien después de nuestras reuniones y normalmente compartía lo que había discutido con él con otros compañeros; con su ayuda mis raíces continuaron creciendo a la par que continuaba con mis estudios bíblicos. También me registré en el curso de estudio de la biblia por correspondencia, el cual me recomendó Roger.

En la cárcel, hay un entorno muy negativo y deprimente con el cual tuve que luchar y fui forzado a depender de la Palabra de Dios para obtener la fuerza que necesitaba. El Diablo está presente allí y listo para arrancar tus raíces si se lo permites; mi prueba más fuerte fue el dieciséis de febrero del 2013, cuando me hizo una video llamada mi hermano para decirme que mi esposa, con quien había estado casado por más de treinta y cuatro años había fallecido. Entre lágrimas oraba y preguntaba: "¿Por qué?", pensé en la esposa de Ezequiel a quien se llevaron cautiva en Ezequiel 24:15-18 e inmediatamente le di gracias a Dios por todos los años que tuvimos juntos, no iba a permitirle al Diablo que me hiciera sentir culpable; lo que no sabía es que antes de que me llamara mi hermano, él recordó que yo había mencionado el nombre de Roger, él no sabía su apellido, pero encontró su información en su sitio de internet: www. rescuedonotarrested.org, había llamado a Roger y le había explicado lo que había sucedido. Tras recibir la triste noticia Roger vino a visitarme a la cárcel ese mismo fin de semana, para ver cómo estaba yo y para darme fuerza con escritura que hablaba al respecto; no lo hizo por obligación, lo hizo de corazón. El hecho de que que viniera a visitarme y estuviera presente para ayudarme en un momento tan terrible de mi vida significó mucho para mí; como lo dije antes, no fue por obligación, simplemente siguió la voluntad de Dios.

Roger y su ministerio han hecho una gran diferencia en la vida de muchas personas, él pone una biblia en las manos de quien lo requiera y lo pida; así como dijo Jesús en Mateo 7:7-8: "Pidan y se les dará; busquen, y encontrarán; llamen, y se les abrirá. Porque todo el que pide, recibe; el que busca, encuentra; y al que llama, se le abre." Roger actúa de acuerdo a este par de versículos, él me ha inspirado a comenzar y ser líder de varios estudios de la biblia y ayudar a otros a crecer en su camino con Cristo.

Después de pasar tres años en la cárcel del condado, fui sentenciado a quince años en prisión; estoy escribiendo esto tras las rejas y las paredes de la prisión; incluyendo el tiempo que pasé en la cárcel, antes de la sentencia. El Estado ha elegido castigarme con dieciocho años de encarcelamiento por mis crímenes, pero Cristo ha escogido perdonarme, olvidar mi pasado por completo y bendecirme con una eternidad de libertad de las cadenas de este mundo y de las cadenas que yo mismo creé.

Después de la noticia del fallecimiento de mi esposa sabía que lo había perdido todo allá afuera, no hay nada esperándome afuera; esta prisión es ahora mi campo de misión y continúo compartiendo "la buena nueva". A pesar de las paredes gruesas y el alambre de púas, yo estoy completamente libre en Cristo y tengo el privilegio de mostrarle a otros presos esta libertad que pueden alcanzar; no puedo imaginar una misión más importante. Cristo ha elegido usar mi quebrantamiento para liberar a aquellos que están perdidos y sin esperanza.

Continúo en contacto con Roger y Rescatado No Arrestado, e incluyo su ministerio en mis oraciones. Roger, gracias por hacer la voluntad de Dios, ayudándonos a todos a ser rescatados a través de Jesús nuestro Señor; El Señor es realmente número uno en mi vida y oro porque le permita a tu equipo de Rescatado No Arrestado a ayudarte y a guiarte en la verdad.

Roger compartió conmigo lo importante que es nuestro testimonio, haciendo referencia a Apocalipsis 12:11: "Ellos lo han vencido por medio de la sangre del Cordero y por el mensaje del cual dieron testimonio; no valoraron tanto su vida como para evitar la muerte." Roger, que Dios te bendiga en abundancia a través de la sabiduría de Dios y de Jesús nuestro Señor.

-Dan Wharton, misionero de Cristo tras las rejas

## Maestro de escuela y Entrenador de futbol soccer aprende que es hijo de Dios, no un leproso de la sociedad contemporánea

Nunca olvidaré ese día, en septiembre del 2006, cuando el director de la Escuela "Liberty Elementary School" entró a mi salón de clases junto con varios oficiales de la policía del condado de Buckeye, y me dijeron que estaba bajo arresto, después me procesaron para ingresar a la cárcel del condado de Maricopa. Estando encerrado en el tanque, sintiéndome solo y como un número más, no tenía idea que afuera mi nombre estaba siendo reportado en las noticias, todos los noticieros más fuertes de Phoenix anunciaban la noticia del maestro de Educación Física de Primaria quien era un depredador sexual.

Pagué fianza para salir de la cárcel y estuve los siguientes nueve meses pasando por el sistema judicial; el día de mi sentencia llegó y pasé de ser Josh Jacobsen, maestro del distrito escolar de la primaria Libertad y entrenador de futbol soccer, a "depredador sexual". El titular del periódico "The Arizona Republic" del día veintidós de agosto del 2007 leía: "Ex maestro de escuela será sentenciado por abuso sexual". Vamos, tener la noticia titular en el periódico "The Arizona Republic" y tener a cada noticiero compitiendo por una

331

entrevista, el tener a todos mencionando mi nombre en público era algo con lo que había soñado, con un día ser una celebridad, pero no de esa forma.

El mundo escuchó "depredador sexual", y yo todo lo que escuché fue "ex maestro", mi pasión de educar a la juventud y de enseñar los fundamentos de mi otra pasión, el futbol soccer, habían desaparecido para siempre.

No era una celebridad, sino un miembro de lo que hoy día equivale a los leprosos de los tiempos de Jesús: un depredador sexual.

Sí, había tomado elecciones erróneas, hasta el momento de mi arresto pensaba que yo era una buena persona; nunca use drogas, raramente tomaba alcohol y siempre trataba a la gente con amabilidad. Conocía a Dios y creía en Dios, lo cual me llevó a creer que con todas esas cosas seguramente iría al cielo; digo, era mejor que la mayoría de las personas, ¿no? Dios respondió esa pregunta de manera clara y fuerte cuando mi celda se cerró: "NO". Tras las rejas era donde mis elecciones me habían llevado, pero Dios tenía un plan muy diferente para mi vida.

En octubre del 2007 firmé un acuerdo con la fiscalía y me sentenciaron a nueve meses en la cárcel del Condado de Maricopa, con libertad condicional de por vida; con mi uniforme de rayas negras y blancas, me percaté de que podía convertir estos nueve meses en los más miserables de mi vida, o utilizarlos para hacer algo positivo en mi vida. No tenía idea de que al elegir esa opción estaría en el camino a encontrarme con Jesucristo cara a cara.

El Año Nuevo del 2007 llamé a mi novia, María, lo cual hacía cada noche; ese día me dijo que alguien de la Iglesia CCV iba a visitarme pero que no estaba segura cuándo. Al mencionar CCV sabía de qué hablaba porque al estar libre bajo fianza el amigo con quien vivía nos había invitado a asistir allí un par de veces; yo había jugado en el equipo mixto de soccer de CCV.

Sin saber qué esperar, pensé que tomaría varios días, pero estaba equivocado, la siguiente mañana, en Año Nuevo, me dijeron que tenía visita, lo cual se me hizo raro pues solo el miércoles era día de visita, de 12 PM a 2 PM. Entré al cuarto de visitas y vi a Roger, quien venía del ministerio de Prisión de CCV, ese fue mi primer encuentro con Jesús cara a cara, hablamos de cómo había crecido y mis creencias, le dije que creía en Dios, lo cual para mi significaba que estaba en buenos términos con Él. En ese momento me mostró lo que la biblia dice en Santiago 2:19: "¿Tú crees que hay un solo Dios? ¡Magnífico! También los demonios lo creen y tiemblan". Compartió conmigo su testimonio lo cual fue maravilloso al ver la mano de Jesús trabajando para cambiar la vida de alguien de forma dramática; regresé a mi celda ese día con muchas preguntas y auto analizando mi vida de manera profunda, así como mis elecciones. Oré a Jesús y le pedí perdón y lo acepté como mi Salvador y Señor esa noche; mi plan de vida dio un giro de 180 grados esa noche y jamás regresaré en la dirección opuesta.

Roger continuó siendo mi Pastor por el resto de mi sentencia, pero no se detuvo allí, cuando salí en libertad y sabía bien que mi nueva libertad abría muchas opciones que podía elegir y caminos ilimitados que podía tomar, la mayoría de ellos dirigidos a malas elecciones si no me mantenía conectado a gente que caminara con Dios, Roger me conectó con un grupo de estudio de la biblia y con la iglesia para que pudiera mantener mis pies bien afianzados en Su camino y poder vivir plenamente con la verdad de uno de mis versículos favoritos, Juan 15:5: "Yo soy la vid y ustedes son las ramas. El que permanece en mí, como yo en él, dará mucho fruto; separados de mí no pueden ustedes hacer nada" (Nueva versión internacional).

Hoy día estoy casado con mi bella esposa María y tenemos dos hijos maravillosos, regalos de Dios. Sí, estaré registrado como un depredador sexual el resto de mi vida, nosotros usamos el término "leprosos de la sociedad contemporánea" porque nuestras ofensas son los únicos crímenes que requieren que usemos una etiqueta vergonzosa por el resto de nuestras vidas, la cual nos convierte en rechazados ya que la mayoría de las iglesias no nos aceptan. Le doy gracias a Dios que CCV no es una de esas iglesias, mi familia ha sido bienvenida como miembros queridos de la congregación y soy ayudante de líder de un grupo de hombres que acepta a cualquiera sin importar las elecciones de su pasado; le doy toda la gloria a Dios.

No puedo imaginar dónde estaría sin Jesús y la gente que Él ha traído a mi vida; tomó una condena de nueve meses para que llegara a ser el hombre que Dios quería que fuera. Cada día hago mi mejor esfuerzo para comprender el plan que Él tiene para mi vida y vivirlo, especialmente reconociendo que mi plan simplemente lleva a las cadenas; no es fácil ser cristiano, debo tener una intención sólida cada día para orar y leer la biblia, pero siento paz ahora con la perspectiva de que mi vida es temporal y de que mi vida no es mía.

Gracias a aquellos que dan tutoría y siguen el ministerio en el territorio del Diablo en las cárceles y la prisión; quiero agradecer de manera especial a Roger Munchian y reconocer su pasión y visión, que son un don de Dios.

-En Cristo, Joshua Jacobsen, discípulo redimido de Cristo

## La nueva fe de un esposo ateo, tras las rejas, toca a su familia

Mi esposo Brian fue arrestado el veintiocho de diciembre del 2012, y durante su proceso para entrar a la cárcel del condado de Maricopa le dieron una biblia, lo cual no es usual; después de que el preso es procesado, entra a la cárcel y llega a su dormitorio una solicitud debe ser llenada para requerir una biblia. Recibir una biblia al ser procesado era considerado "contrabando" por lo cual esto fue un milagro; de cualquier forma, Brian era ateo así que recibir una biblia en el punto más bajo de su vida simplemente lo hizo enojarse todavía más. El ingreso en la cárcel es un proceso aparentemente largo y sin fin; ser movido de edificio a edificio, esperando a ser visto por un juez, lo hizo abrir el libro y comenzar a leer, fue en ese momento que Dios comenzó a tocar su corazón.

Una vez que fue transferido a la cárcel de Lower Buckeye y puesto en su celda, se quedó con la biblia y la mantuvo cerca de él. Unas semanas después escuchó de "este hombre" quien tenía una historia interesante de cómo Dios había llamado su atención; escéptico, llenó una solicitud para que lo viniera a visitar. Unos días después conoció a Roger Munchian en el cuarto de visitas, separado por una red de metal, Roger compartió con él su interesante historia, pero más que nada, compartió el amor y la gracia gratis de Jesucristo, eventualmente Brian se convirtió en creyente y aceptó a Jesús como su salvador personal.

La conversión de Brian era genuina y no solo una oración en la cárcel, logró salir bajo fianza y continuó su nuevo camino con Cristo afuera; se convirtió en un líder espiritual en nuestro hogar, con Cristo al centro de su vida, y me guio a buscar a Cristo de la misma forma. Siempre creí en Dios, pero nunca sentí que merecía su amor; el compromiso de Brian con Cristo me mostró qué tan equivocada estaba.

Nuestra familia comenzó a asistir a CCV y nos integramos a los mítines del grupo de vecinos al que asistía Roger; Brian comenzó también a asistir al estudio de la Biblia de hombres de Roger los miércoles por la noche. Roger se me acercó un día y compartió conmigo que había la necesidad de un estudio de biblia para mujeres similar al de ellos y me preguntó si deseaba ser líder de ese grupo; no pensé estar calificada para el trabajo al ser joven en mi fe, pero obedecí a Dios y he sido líder de dicho grupo desde entonces.

La fe de Brian no solo me tocó a mí, también a su hermana Kelly. El diecinueve de mayo del 2013 Roger nos bautizó a los tres en CCV; poco después Brian fue sentenciado a un año en la cárcel del condado. Esa sentencia no fue una sentencia en sus ojos sino el ser asignado por Dios para tocar a los perdidos en la obscuridad de la cárcel; se convirtió en líder de un estudio de biblia en su dormitorio y usó su tiempo de encarcelamiento para acercarse a Dios y enseñar la verdad de la gracia de Dios que salva y del amor profundo de Jesucristo.

Mientras tanto yo continúo siendo líder del estudio de la biblia de mujeres los miércoles por la noche y me he unido al grupo de voluntarios de Rescatado No Arrestado para aconsejar a otras esposas, hijas y madres que enfrentan retos similares al que yo enfrenté; las ayudo dándoles paz y esperanza, mismas que yo recibí a través del amor y la gracia que solo Cristo puede ofrecer. También estoy activamente sirviendo en CCV. La vida sigue teniendo sus retos, pero el saber que El Señor camina a nuestro lado y nos guía ha levantado el yugo del Diablo de mis hombros y de los de mi marido y nos ha permitido mostrar nuestra fortaleza; ¡es maravilloso el cambio que trae Dios consigo!, es un cambio de paz que trae confianza. Le damos gracias a Dios cada día por darnos aliento y lo adoramos por todo lo que ha hecho en nuestras vidas; no es siempre fácil, pero el saber que Dios nuestro Padre está con nosotros a cada paso del camino y que Él siempre está en control de todo trae su recompensa.

Le damos gracias a Dios, a Rescatado No Arrestado y a CCV.

-Tina and Brian McInerney, fieles servidores de Su Reino.

## Un preso encuentra vida eterna al ser diagnosticado con una enfermedad terminal detrás de las rejas

Comencé a ir al servicio religioso con Roger mientras estaba en la cárcel de la 4ª Avenida del Condado de Maricopa, era la primera vez que estaba en la cárcel así que esta experiencia era muy estresante para mí y mi familia.

Comencé a asistir al servicio porque había escuchado que Roger iba a CCV, la iglesia a la cual yo había asistido antes de entrar a la cárcel. Era tan fácil relacionarme con su estilo de enseñar porque él había estado en mis zapatos, él sabía por lo que estaba pasando yo; aun cuando iba a la Iglesia no era salvo ni había aceptado a Cristo como mi salvador, eso sucedió gracias a la tutoría espiritual de Roger.

Unos meses después de aceptar a Jesucristo como mi salvador personal fui diagnosticado con Leucemia de células pilosas; me pusieron en total aislamiento en la enfermería de la cárcel, me quitaron todas mis posesiones personales y me encerraron en una celda de paredes de vidrio en la enfermería. Roger vino a visitarme y trató de darme una biblia, pero no se lo permitieron, él discutió con el personal y no se dio por vencido, sabía muy bien que yo necesitaba tener la Palabra de Dios conmigo en esa celda de aislamiento; finalmente le dijeron que la única forma que permitirían que hubiera una biblia en mi celda sería si era nueva y venia empaquetada. Roger se fue y regresó rápidamente con una biblia nueva empaquetada que puso en mis manos; ¡no puedo ni imaginarme las caras de los empleados al ver a Roger regresar con la biblia nueva!

Roger oró conmigo y me sentí en paz sabiendo que sin importar si vivía o moría estaría con Jesús y le daría todo a Él, y por ello siempre estaré en deuda con Roger por guiarme a ese punto en mi vida a través de su ministerio.

-Darren Stanley, ciudadano eterno del Paraíso

## De tener pensamientos suicidas a vivir por el Reino de Dios

En octubre del 2010 mientras estaba sentado en esa capilla pequeña y fría del segundo piso de la cárcel de la 4ª avenida del condado de Maricopa me sentía todo, menos rescatado. El Pastor que dio el servicio nos hizo abrir la biblia en Colosenses 1:13-14. Explico que mi vida de pecado me había llevado al predicamento donde me encontraba, me dijo: "¡Dios te ha rescatado y, te está dando una oportunidad para cambiar tu vida de pecado a una vida llena de esperanza y propósito en Jesucristo!

Enfrentando una posible condena de veintiocho años en prisión, sin esperanza y con tendencias suicidas, le di mi vida a Cristo y comencé a contar los días para el siguiente servicio religioso de cada semana, así como a las visitas, uno a uno, con Roger Munchian. Sé bien que no le gustan los títulos y prefiere que lo llamemos "hermano" pero yo considero a Roger ser un Pastor que Dios mandó para guiarme en esos dos años en la jungla de la cárcel del condado.

Roger tocó mi corazón, como si estuviera leyendo mi correspondencia; fue obvio, aun antes de escuchar su testimonio, que lo que él compartía venía de su propia experiencia y que sabía perfectamente bien por lo que estaba yo pasando. Recuerdo mensajes de esperanza y propósito, de caminar la caminata y no solo hablar de palabra, también que el arrepentimiento sincero conlleva a un cambio de vida verdadero, de hacer lo mejor que podamos y dejarle el resto a Dios. El ministerio de Roger se aseguró de que todos tuviéramos una biblia de estudio; tanto él como sus fieles voluntarios nos enseñaron, semana a semana, cómo estudiar y aplicar la palabra de Dios a nuestras vidas. Mateo 6:33-34 eran versículos que eran impartidos a menudo, así como buscar Su Reino y Su justicia primero, aprender a tener esperanza y pensar de forma eterna; Roger daba escritura como la mencionada en Mateo para enseñarnos cuál era el camino y mitigar todas las preocupaciones que inundan a un preso antes de la sentencia, como: fechas para la corte, el pecado y las fallas de la vida pasada, el "hubiera".

Es maravilloso ver como Dios está usando a Roger y a su equipo para tocar a los "más pequeños", incluyendo a lo peor de lo peor, a los cuales la mayoría de los ministerios de prisión e iglesias abandonan.

Me siento tan agradecido con mi Señor y salvador Jesucristo al traer a un hombre fiel como Roger en mi vida; estoy ansioso de poder leer su libro y ver el camino que lo llevó a conocerme en esa capilla fría del segundo piso de la cárcel, y más ganas tengo de un día, si Dios lo permite, unirme al equipo de ministerio de Roger.

-Kirk Holloway, guiado por Cristo y viviendo por Su Reino.

## Cadenas de adicción liberadas por el amor y la gracia de Jesucristo

Rescatado No Arrestado tuvo un fuerte impacto en mi vida, soy una de tantas historias de éxito que han nacido de este increíble ministerio; mi historia con el ministerio comenzó en el 2008, era una adicta a la heroína y mi adicción me llevó a la cárcel.

Después de que mis padres pagaran la fianza y de darnos todos cuenta de la severidad de los cargos que enfrentaba, corrimos a la Iglesia. Nuestra iglesia: CCV, nos recomendó el ministerio de prisión y ahí fue donde conocí a Roger por primera vez; estaba aterrada, sentía tanto miedo del caos que había hecho de mi vida, no sabía qué esperar y me sentía tan avergonzada y asustada.

Roger habló con mi familia y conmigo y nos aseguró que todo estaría bien, solo teníamos que confiar en el plan perfecto de Dios; Roger estuvo conmigo por los siguientes nueve meses mientras peleaba mi caso, me acompañó varias veces al juzgado y habló con el juez en mi favor. Después de que todo esto pasó fui sentenciada a prisión, mis miedos más profundos se hacían realidad, pero aun en esos momentos Roger me recordó: "Recuerda, hermana Jenny, que Dios tiene un plan para ti"

De una condena de un año solo tuve que servir cuatro meses y veintitrés días en prisión, ¡gloria a Dios!; utilicé ese tiempo para acercarme a Dios y para compartir mi experiencia, de dónde viene mi fuerza y mi esperanza con otras presas a mi alrededor. Durante ese tiempo obtuve una biblia y materiales de estudio para ayudarme a crecer en mi conocimiento de Dios.

Después de salir libre tuve unos años difíciles, finalmente entré a rehabilitación y por gracia de Dios me reencontré de nuevo. A través de todos los años y todas mis batallas me apantalló cuántas cosas cambiaron, pero siempre supe que Roger me apoyaba, haciéndome saber que el ministerio crecía y él necesitaba un soldado como yo en el ejército de Dios para hacer cosas grandiosas en el ministerio.

Estoy orgullosa de poder decir que ahora sirvo como cabeza del programa de correspondencia de mujeres con Rescatado No Arrestado y he tramitado mi credencial de voluntaria para regresar a las cárceles y aconsejar a las presas de manera individual. Las oportunidades que tengo a través de este ministerio nunca dejan de asombrarme; comparto mi testimonio frecuentemente y tomo cada oportunidad que tengo para ayudar a otros a saber que siempre hay esperanza.

Fui rescatada, no arrestada, ha sido un viaje algo loco, pero uno que no cambiaría por nada en el mundo, el viaje tuvo curvas y fue algo aparatoso, pero me llevó a los brazos de amor de Jesucristo. Soy una adicta en recuperación agradecida y no deseo nada más que ayudar a aquellos que siguen sufriendo; este ministerio ayudó a salvarme y ahora es mi deber ayudar a otros. Gracias Roger y gracias a todos aquellos que están involucrados en este ministerio que cambia vidas.

-Jenny, salvada por la Gracia de Dios, a través de la fe.

# El Autor

**Photo tomada por Ovadia Milan**

H. Joseph Gammage obtuvo su maestría en administración de empresas en la Universidad "Grand Canyon" en el 2012 y pasó más de quince años escribiendo y produciendo obras dramáticas para el ministerio de niños mientras educaba a sus hijos y construía una carrera en el negocio de Reclutamiento de Ejecutivos. Inspirado por su investigación para escribir "Rescued Not Arrested" siguió la dirección que Dios le puso en el corazón de entrar al ministerio de la prisión y hoy día aconseja a presos en las cárceles del condado. Joe es padre de dos hijos, reside en Phoenix, Arizona y asiste a la Iglesia "Christ Church of the Valley" (CCV)